실패로 배우는 리더십

독 되는 리더, 득 되는 리더

서유정

Leadership

박영story

들어가며

우리나라에는 다양한 리더들이 있습니다. 사장님, 회장님, 원장님, 실장님, 본부장님, 팀장님, 종교적 지도자들이 있고, 온라인에는 카페 매니저와 방장이 있습니다. 두어 명 이상의 사람이 모이기 시작하면 그 안에서 리더(또는 갑자) 역할을 하는 사람이 나타납니다.

리더는 조직문화와 분위기를 만드는 사람입니다. 조직에 독이 될 수도 살이 될 수도 있고, 조직을 죽일 수도 살릴 수도 있는 사람입니다. 리더가 조직을 운영하는 방식에 따라 조직에 비극이 펼쳐질 수도, 희극이 펼쳐질 수도 있습니다.

리더가 강압적이면 강압적인 조직문화가 만들어집니다. 리더가 우유부단하면 조직이 방향성을 잡지 못하고 우왕좌왕하게 됩니다. 리더가 게으르면 조직도 나태해지고, 리더가 바른 방향으로 부지런해지면 조직도 생산적이 됩니다. 리더가 인권과 노동권을 가볍게 여기면 그것이 조직문화가 되고, 그런 문화가 사회에 퍼지면 미래 세대 전체가 인권과 노동권을 무시당하며 일하게 됩니다. 그토록 힘겹게 일하게 될 미래의 인력 중에는 리더 본인의 자녀나 손자도 포함될 수 있습니다.

리더의 역할이 중요한 만큼, 리더십 역시 중요하다는 것을 모르시는 분들은 없을 겁니다. 그럼 우리의 리더십은 얼마나 건강할까요? 내가 있는 조직의 리더는 좋은 리더십으로 바탕으로 조직을 운영하고 있을까요? '사람'이 가장 중요하다는 것을 아는 리더십을 보이고 있을까요?

이 책 한 권으로 '사람'을 보지 않던 리더들이 갑자기 사람 중심 리더십을 발휘하게 될 것이라고 기대하진 않습니다. 다만, 본문에 나오는 사례들을 바탕으로 본인이 어떤 리더였는지 돌아보는 계기가 된다면 그것만으로도 책의 의의는 달성했다고 생각합니다.

이 책을 쓰는 시간은 저에게도 리더의 자리에 있을 때 저의 태도나 행동이 과연 어땠는가 성찰해보는 기회가 되었습니다. 이래저래 참 부족한 리더였던 제가 과연 책을 쓸 자격은 되는지 의심이 들기도 했고, 나부터 잘해야지 싶기도 했습니다. 힘들 때 오히려 저를 위로해줬던 팀원들과 각자 제 갈 길을 찾아간 지금도 연락을 주는 팀원들이 참 고맙기도 했습니다.

부족한 제가 책임을 맡았던 부서와 팀에서 고생해 준 팀원분들에게 참 수고 많았고, 고마웠다는 말을 전하고 싶습니다. 그분들이 있었기에 부서가 운영될 수 있었고, 과제를 무사히 마칠 수 있었고, 성과를 낼 수 있었습니다. 그분들 덕분에 혼자 일하는 것을 선호하던 제가 팀으로 함께 일하는 의미를 깨달을 수 있었습니다.

이 책을 집필할 수 있도록 격려해주시고, 사례를 공유해주신 분들과 책이 출간될 수 있도록 힘써 주신 출판사 관계자분들께도 감사의 말씀을 드립니다. 또한 유독 짓기 어려웠던 이 책의 제목을 결정하는 데 도움을 주신 분들께도 감사의 마음을 전합니다. 리더십과 관련된 책은 워낙 많고, 이거다 싶은 제목은 이미 다른 책의 제목이 되어 있곤 했습니다. 다른 제목과 겹치지 않으면서도, 이 책의 정체성을 보여줄 제목을 찾는 것이 쉽지 않았습니다. 자신의 일처럼 나서서 의견을 주신 분들의 도움이 있었기에 책이 제 이름을 찾아 세상에 나올 수 있었습니다.

2022년 9월
서 유 정

차례

I 리더, 당신은 조직의 정체성

Ⅱ   리더, 직원 안에 사람 있다

Ⅲ 리더, 당신이 가해자가 될 때

리더, 당신에게도 힘든 세상

 ## 리더, 당신과 내가 '우리'가 되는 순간

I

리더, 당신은 조직의 정체성

I
리더, 당신은 조직의 정체성

우리 속담에 윗물이 맑아야 아랫물이 맑다는 말이 있습니다. 리더나 기득권층으로부터 시작해 아래로 퍼지는 조직문화의 특성을 무척 잘 묘사하는 표현이지요. 리더가 바른 가치관을 갖고 그런 가치관을 독려하면 조직 전체에 바른 가치관이 정립됩니다. 반대로 리더가 그릇된 가치관을 가지면 조직 전체에 비뚤어진 가치관이 자리잡게 됩니다. 리더가 가진 생각과 태도, 가치관이 곧 조직의 특징이 됩니다. 그런 점에서 리더의 특성이 곧 조직의 정체성이라고 볼 수 있습니다.

▎1. 조직을 괴물로도 천사로도 만들 수 있는 리더

리더는 결정하고 구성원은 지시를 따르는 패턴은 모든 조직의 공통사항입니다. 리더는 의사결정권자이자 주요 권한자의 위치에 있으므로 위에서 아래로 전해지는 조직문화의 시작점에 자리 잡고 있습니다. 리더가 직원을 대하는 방식을 간부들이 배우고, 그 아래 관리직들이 또 간부들로부터 배우고, 일반 직원들이 관리직으로부터 배웁니다. 리더의 결정과 태도와 가치관이 위에서 아래로 전달되어 조직 전체로 퍼지는 것입니다.

리더가 그릇된 의사결정을 하거나, 그릇된 태도와 가치관을 전파했을 때, 조직에는 어떤 문제가 발생할 수 있을까요?

90년대 군대 내에서 폭력으로 사망한 병사의 사건이 보도되고, 군대 의문사 중 상당수가 자살 등으로 조작되었음이 알려졌습니다.[1][2] 더불어 탈영병으로 알려진 병사 중 최소한 일부가 가혹행위로 사망하거나 자살했을 가능성도 제기되었습니다. 군대에 갔던 아들이 탈영 또는 자살했다는 소식에 충격받았던 부모님들은 이 사건으로 또 다른 충격을 경험하고 고통받았습니다.

이후 군대 문화를 개선하려는 노력이 보도되기도 했으나,[3] 비슷한 사건은 계속 발생했습니다. 가혹행위로 병사가 사망한 사건, 가혹행위를 견디다 못한 병사가 총기를 난사한 사건, 가혹행위와 연관된 병사의 사망 원인을 조작한 사건, 성범죄를 은폐하려던 과정 중 피해자에 대한 2차 가해가 발생하고 견디다 못한 피해자가 자살한 사건 등이 언론을 통해 알려졌습니다.[4][5][6] 가혹행위로 인해 끝내 사망한 윤 일병과 가혹행위를 참다못해 총기를 난사한 임 병장의 사건에 빗대어 '참으면 윤 일병, 못 참으면 임 병장'이라는 말이 유행어처럼 번지기도 했습니다.[7]

이런 사건들이 발생한 것 자체도 분명 큰 문제입니다. 거기에 더해 군대에서는 이런 큰 사건들을 은폐하려 했습니다. 문제를 해결하기보다는 책임회피를 우선시한 것이 군대 내 리더들의 결정이었던 것입니다.

군대 밖에서도 구성원의 권익과 존엄성을 훼손한 사건은 지속적으로 발생해 왔습니다.

모 병원에서는 의료진이 당직 중 사망한 사건이 발생했습니다. 당시 병원의 리더들은 의료진에게 과도한 당직을 요구해 왔으며, 그 사실을 숨기기 위해 사망한 직원의 당직 시간을 조작했습니다.8)

모 대기업에서도 해외 근무 중 사망한 직원의 죽음에 대해 명확한 진상 규명이 이뤄지지 않은 사례, 여러 직원의 백혈병 사망에 대한 책임을 인정하지 않으려 했던 사례 등이 보도된 바 있습니다.9)10) 조직의 이기심 앞에서 생명의 존엄함은 잊혔고, 오직 리더의 책임회피만 남은 것입니다.

정상적인 시민에게 요구되는 일반적인 수준의 상식, 양심, 준법정신을 생각한다면 이런 문제는 발생하기 어려울 것입니다. 하지만 조직이 개입하면 상황은 달라집니다. 조직에 이익이 된다는 명목으로 위의 사례를 넘어서는 극심한 인권유린이나 범죄도 가능해집니다. 나치 정권하에 독일이 수백만 명의 유태인과 집시족 학살을 감행할 수 있었던 것처럼 말이죠.

나치 정권은 1차 세계 대전 직후 극도로 침체된 독일 시민들에게 마음껏 증오할 대상을 주기 위해 유태인을 희생양으로 선택했습니다. 유럽의 유태인 혐오사상(anti-semitism)은 중세 때부터 이미 존재해왔으며, 유독 유태인 혐오가 강했던 히틀러의 생각과 태도가 거기에 더해져 불을 붙였습니다.11) 독일 시민들은 이내 1차 세계 대전의 패배를 잊고, 하나의 '적' 앞에 단결할 수 있었죠. 유태인들이 상당한 부를 축적하고 있었던 만큼, 그들의 재산을 빼앗는 것도 독일 정부의 재정에 도움이 되었을 것입니다.

[그림 1] 아돌프 아이히만

나치 정권의 간부들이 특별히 비상식적이거나 범죄 성향을 가졌던 것은 결코 아니었습니다. 그저 평범한 사람들이 대부분이었습니다. 유태인 대학살을 주도했던 아돌프 아이히만 (Adolf Eichmann)이 그랬듯이 말이죠.12) 아이히만은 일상에서 볼 수 있는 이웃과도 같은 사람, 지시받은 일을 열심히 수행하는 성실한 사람이었습니다. 범죄적인 성향을 갖고 있지도 않았습니다.

법정에서 그를 직접 대면한 아우슈비츠 캠프의 생존자 디누르 (Dinur)는 유태인 수백만 명의 학살을 주도한 아이히만이 너무나도 평범해 보인다는 사실에 충격받고, 그 자리에서 쓰러져 흐느꼈습니다. 그리고 "아이히만은 우리 모두의 안에 있다."는 말을 남겼습니다.13)

지극히 평범하던 아이히만과 같은 사람도 조직 속에서는 '괴물' 이 될 수 있었다는 점, 그것이 바로 '조직'이 가진 무서움입니다. 리더는 지시를 내리지만 직접 수행하지는 않기 때문에 죄책감을 느끼지 않습니다. 구성원은 그저 지시받은 대로 행한 것이기 때문에 죄책감과 책임 의식이 희석됩니다. 그들의 역할 분담 속에서 지극히 냉정하게, 아무런 감정 없이 극악한 범죄가 자행될 수 있는 것입니다.

아이히만은 법정에서 '자신은 어떤 유태인도, 비유태인도 죽인 적이 없으며', 단지 '명령을 따랐을 뿐'이라는 이유로 끝까지 무죄를 주장했습니다.14) 본인이 수행한 임무 때문에 수백만 명이 죄없이 가스실에서 목숨을 잃었으나, 죽는 순간까지 어떤 죄책감도 보이지 않았습니다. 그의 말처럼 단 한명도 직접 죽인 적이 없었기 때문입니다.

게다가 아이히만의 입장에서 본인은 소속된 조직의 이익을 위해 전문성을 발휘했을 뿐이었습니다. 조직을 위해서 전략을 세웠고, 그 전략에 유태인 학살이 포함된 것일 뿐이었습니다. 모든 나치 조직원들이 유태인들을 학대하고 학살하는 절차에 참여하고 있었고, 그 역시 동참했을 뿐이었습니다. 조직의 리더가, 의사결정권자가 그것을 원했으니까요. 명령을 따랐을 뿐이고, 모두가 그렇게 하고 있었으니 그에겐 아무 책임 의식도 죄책감도 없었던 것입니다.

아이히만의 진술에서 확인된 그의 심리상태를 통해 우리나라에서 발생한 행위도 설명해 볼 수 있습니다. 모두가 그렇게 하고 있으니까(그런 문화가 팽배해 있으니까), 그리고 리더가 그렇게 지시했으니까(리더 스스로 그것이 조직에 이익이 된다고 생각하니까)라는 논리로 말이죠.

군대에서 반복적으로 가혹행위가 발생해 온 이유가 무엇일까요? 폭력과 폭언, 또는 그에 가까운 행위들이 이미 군대 내 조직문화에 팽배해 있고, 군인들이 일상적으로 그런 행위를 하고 있기 때문입니다. 그중 유독 심하거나, 발각된 사례가 언론에 보도되는 것이고요.

유튜브에서 인기를 끌었던 프로그램 '가짜 사나이'에서도 직업군인 출신 조교들은 카메라 앞에서 욕설과 조롱, 폭력에 가까운 행위를 하는데 전혀 개의치 않습니다. 그들에게 인격적 문제가 있어서가 아니라, 그것이 바로 그들이 아는 군대의 문화이기 때문입니다. 군대가 처음 만들어진 순간 리더의 역할을 하던 사람들이 후임들을 그렇게 대했고, 그것이 계속 전해져 왔기 때문입니다.

폭력과 폭언이 흔한 군대에서도 유독 극심한 가혹행위가 발생하는 이유는 무엇일까요? 함부로 대해도 되는 소수의 약자 또는 적을 지정해두면 조직의 단결력에 도움이 되고, 구성원들을 다루기 쉬워지기 때문입니다. 리더 본인보다 신체능력이 우월할 수도 있는 수많은 장병들을 쉽게 통제하기 위해 희생양을 두는 것이죠. 리더가 지정한 주요 타겟이 아닌 구성원들은 혹시 본인이 타겟이 될까 봐 군말 없이 복종하게 되고, 본인들에게 가해지는 괴롭힘은 비교적 심하지 않다는 사실에 위안하며 불만을 덜 갖게 됩니다.

병원에서 직원이 과로사할 만큼 과도한 당직을 시켰던 이유는 무엇일까요? 직원의 장시간 근무를 통해 인건비를 아끼면서도 병원의 이익을 최대화할 수 있기 때문입니다. 우리나라의 의료시스템은 공공이지만, 병원은 민영입니다. 민영 병원은 이윤을 추구하기 마련이고, 최대한 비용의 부담을 줄이려 합니다. 그 안에서 희생되는 것은 의료진입니다. 밀려드는 환자를 방치할 수는 없으니 개별 부담이 증가하고, 근무시간이 늘어납니다.

법적으로 근무시간 제한이 생겼지만, 병원은 제한을 지키기보다는 기록 조작을 하는 것이 병원에 더 이득이 되니 그쪽을 선택합니다. 병원 측 리더의 의사결정이 그러니 조직원은 그대로 따릅니다. 다른 모두가 그렇게 리더의 지시에 따라왔고, 리더가 그것을 원하고 있으니까요.

기업도 마찬가지입니다. 직원의 사망에 대한 책임이 없다는 것을 입증하기 위해 자료를 만들고 비싼 변호사를 고용하는 것이 책임을 인정하고 보상해주고 재발을 예방하기 위한 조치를 하는 것보다 비용이 적게 들고 일이 쉬워집니다. 당장은 사회에 부정적인 인식이 퍼지지만, 법적으로 책임이 없다고 인정받으면 몇 년 안에 사람들의 관심이 사그라듭니다. 반면 한번 책임을 인정하면 이후 다른 죽음에 대해서도 인정하고 배상을 해야 합니다. 부정적인 이슈로 언론에 반복 노출될 가능성이 커집니다. 따라서 기업의 리더는 책임을 회피할 길을 찾도록 지시합니다. 직원은 그 지시에 따라 일하고요.

리더는 조직에 이익이 된다는 생각으로 의사결정을 하고 지시를 내리며, 직원은 그 지시를 따릅니다. 결정된 결과가 범죄, 위법, 인권유린 행위라도 역할이 분담되었기 때문에 죄책감과 책임 의식이 줄어듭니다. 구성원 중 누군가 한 사람이 특별히 악랄해서가 아니라 리더로부터 시작되어 구성원들이 그를 따른 결과의 산물인 것입니다.

이렇듯 리더가 그릇된 방식으로 이익을 추구하면 위의 사례와 같은 문제들이 발생할 수 있습니다. 반대로 리더가 바르게 방향성을 잡는다면 직원은 행복하고, 기업의 경쟁력과 사회적 이미지는 발전

할 수 있습니다. 리더가 설정하는 방향이 곧 그 조직이 나아가게 될 길입니다. 리더의 가치관은 조직의 핵심 가치를 형성합니다. 리더가 직원을 대하는 방식은 직원들이 서로를 대하는 태도가 됩니다.

리더는 조직을 괴물로도, 천사로도 만들 수 있습니다. 그것이 리더가 누릴 수 있는 특권이자 어깨에 지고 갈 책임이기도 합니다.

2. 구시대적인 리더십을 가진 리더

우리가 흔히 생각하는 리더의 이미지는 어떤 것일까요? 나를 따르라 하는 리더? 아니면 돌격 앞으로 하는 리더?

혹시 주변에서 보는 리더의 모습이 아래의 그림과 비슷하지는 않나요?

[그림 2] 군림하는 리더, 직원을 희생시키는 리더

첫 번째 그림은 군림하는 리더, 지시를 내시고 그대로 직원이 따르길 원하는 리더의 모습을 보여줍니다. 이런 리더는 본인이 실무를 하는 일을 드뭅니다. 지시를 하고 따르도록 만드는 것이 자신의 역할이라고 생각하며, 실무는 '아랫사람'이나 하는 것이라고 생각하니까요. 지시를 내렸지만 일이 제대로 해결되지 않았다면, 그것은 본인의 지시를 제대로 이행하지 못한 직원의 탓이고요.

두 번째 그림은 자신의 목표를 위해 직원을 희생시키는 리더입니다. 리더 본인은 승승장구하겠지만, 그 과정에서 직원들은 실적을 빼앗기기도 하고, 승진과 같은 기회를 박탈당하기도 합니다.

군림하는 리더와 직원을 희생시키는 리더, 둘 다 과거에 매우 흔히 볼 수 있는 리더십의 형태였고, 현재도 여전히 남아있는 리더십이기도 합니다. 아니다, 내 주변에는 더 이상 이런 리더가 없다, 우리 리더는 좋은 사람이다라고 확고하게 말할 수 있는 사람은 과연 얼마나 될까요? 우리나라의 사례들을 보면 리더와 조직에 대한 직원들의 신뢰도가 높다고 보기는 다소 어려운 면이 있습니다. 대체로 리더의 지시를 잘 따르는 것과는 다르게 말이죠.

물론 경제·사회적으로 성공한 리더를 존경하는 직원은 꽤 많을지도 모릅니다. 리더의 모습을 보며 자신이 목표로 하는 미래상을 그려보는 직원도 있을 것이고요. 회사의 행사에서 리더가 하는 연설을 들으며 공감하고, 참 멋진 사람이라고 생각하는 직원도 있을 겁니다.

하지만 리더를 존경하는 것과 신뢰하는 것이 항상 함께 가진 않습니다. 존경하는 리더와 함께 일하긴 하지만, 정작 본인이 기여하는 만큼 공정하게 평가와 보상을 받고 있다고 믿는 사람들은 과연 얼마나 될까요? 직장 내 괴롭힘이나 성희롱 같은 피해를 겪었을 때, 리더가 나를 보호하고 지켜 줄 것이라고 믿는 사람은 또 얼마나 될까요? 조직이 위기 상황에 부닥쳐도 리더가 자신을 함께 안고 가 줄 것이라고 믿을 수 있는 사람은 또 몇이나 될까요?

게다가 직원만 리더를 신뢰하지 않는 것이 아닙니다. 리더 중에서도 직원을 신뢰하지 않는 사람을 찾는 게 결코 어렵지 않습니다. 직원이 휴식 시간을 지키는지 감시하는 리더, 업무 중인 직원의 등 뒤를 지나다니며 스크린을 확인하는 리더, 매일매일 시간대별로 무슨 일을 했는지 정리한 상세 보고서를 제출하게 하는 리더, 화장실 갈 때마다 보고하게 하는 리더, 심지어 퇴근 시간 이후에도 직원에게 감시 전화를 거는 리더도 있습니다.

직원이 먼저 신뢰를 어겼기 때문에 리더가 더 엄격하게 근태 관리를 하기도 하지만, 직원이 제 역할을 하고 있음에도 불구하고 신뢰를 주지 않는 리더들도 있습니다. 리더와 직원이 서로 신뢰하지 않는 이 상황, 대체 언제부터 시작된 걸까요?

역사 전체를 보며 시작점을 찾으려 한다면 오랜 과거로 거슬러 올라가야겠지요. 우리가 비교적 잘 알고 있는 조선시대부터 본다면, 사농공상에 따른 차별을 생각해 볼 수 있을 것이고요. 조선시대 생산을 담당하던 계층은 열심히 일해도 빈곤했으나, 정작 생산활동에 참여하지 않는 양반과 그 외 기득권층들이 부와 권리의 대부분을 차지했습니다. 생산 계층이 보면 재주는 곰이 넘는데, 돈은 엉뚱한 놈이 가져가는 상황이었겠죠. 양반과 기득권층은 그들의 노동력을 더욱 쥐어짜야 본인의 부가 커지니, 그들을 조금이라도 더 일하게 하려고 했을 것이고요.

일제 강점기로 들어서면서 우리나라에 대규모 공장, 정미소 등이 생겨났습니다. 사장과 관리자 역할을 하는 것은 일본인과 친일파였죠. 우리나라 국민들은 박한 급여와 허름한 숙소, 굶주림을 면하기 힘든 빈약한 식사를 대가로 과중한 노동에 시달렸습니다.

시키는 대로 열심히 일을 해봤자 일본인과 친일파의 배만 불리는 꼴이었으니, 국민들은 최대한 몸을 사리며 감독관의 눈을 피해 순간의 휴식을 취하곤 했습니다. 그나마도 손을 쉬고 있는 것을 들키면, 감독관이 매나 채찍을 날리기도 했다고 합니다. 죽도록 일만 시키고 휴식 시간은 제대로 주지 않았으면서 말이죠. 부당한 노동 착취에 대한 보상 심리로 우리 국민들은 물품이나 곡식 등을 조금씩 빼돌렸다고 합니다. 굶어 죽지 않기 위해서이기도 했고, 얼른 정미소나 공장을 그만두고 더 이상 노동 착취를 당하지 않기 위해서이기도 했습니다. 감독관은 그런 우리 국민을 도둑질하는 데다 게으른 민족이라며 매도했고요.

나라의 독립을 되찾고 일본인들은 물러갔지만, 조직을 경영하는 자리에 친일파들이 남았습니다. 더불어 일제시대 때 자행되었던 저임금 고강도 노동력 착취의 경영방식도 남게 되었죠. 경영진 세대교체가 일어난 뒤에도 그 흔적이 남아있었는지, 우리나라가 빠른 경제발전을 이룩하고 회사가 성장해도 그 혜택은 근로자들에게 별로 닿지 않았습니다.

나라를 위해 참아라, 회사를 위해 참아라, 그러면 언젠가는 근로자도 보상받게 될 것이라는 낙수효과의 기대 심리로 부족한 급여를 대신하면서 수년을 흘려보냈습니다.

민주화 운동이 시작되고, 국민의 인권과 근로자의 노동권 보장을 위한 투쟁이 이뤄졌습니다. 국민과 근로자의 처지에서는 당연히 받아야 할 것을 요구하는 것이었고, 그 요구에 따라 더 받게 된 것은 정당한 보상이었습니다.

하지만 기득권층은 오래도록 자신들만이 누려왔던 혜택과 이익을 나눠야 한다는 사실이 맘에 들지 않았겠지요. 진작부터 줘야 했던 것을 뒤늦게나마 준다고 생각하기보다는, 더 주는 만큼 일도 더 해야 한다고 생각했을 것입니다. 여기서 또 노사간의 의견충돌이 발생하 불신이 깊어졌을 것입니다.

거기에 IMF 국제금융위기와 여러 조직의 대량 정리해고 사태까지 일어났습니다. 노사관계는 더욱 악화되었습니다. 조직이 근로자를 소모품처럼 취급한다는 인식이 남았고, 근로자들은 굳이 기업을 위해 노력할 필요를 느끼지 못하게 되었습니다. 이제는 월급 루팡을 꿈꾼다는 근로자들마저 나타나기 시작했습니다. 기업이 잘 되어도 근로자가 잘되는 것은 아니었고, 기업이 힘들 때는 언제든 버려질 수 있다는 걸 깨닫게 되었으니까요.

상황이 이렇게까지 악화됐는데도 여전히 직원들에게 예전처럼 일을 시킬 수 없다는 것만 한탄할 수는 없겠지요. 리더는 조직의 문화를 주도할 수 있는 권한과 책임을 갖고 있습니다. 직원들이 다시금 회사를 위해 최대한의 능력을 발휘하도록 할 수 있는 것이 리더의 능력입니다. 이전처럼 지시하고 따르길 요구하는 독재적인 리더십에는 한계가 있음이 분명해졌습니다.

이제는 리더 스스로 직원을 자신의 아래로 보지 않고, 함께 일해나갈 동반자로 생각해야 함께 노력해서 경쟁력을 키울 수 있게 되었습니다. 지시만 하는 리더가 아니라 직원과 함께 뛰는 리더, 직원이 최대한의 역량을 발휘할 수 있도록 직원을 뒷받침하는 리더가 필요해진 것입니다.

이제는 리더 혼자서 빛날 수가 없습니다. 리더 한 사람의 카리스마로 조직을 이끌어 나가는 것에는 한계가 있습니다. 직원들이 열심히 일하고 싶은 조직문화를 만들고, 직원이 역량개발을 할 수 있도록 돕고, 그 역량이 조직을 위해 쓰일 수 있도록 기회를 제공해야 리더도 직원들과 함께 빛날 수 있게 되었습니다.

직원의 위에 군림하는 방식의 리더십으로는 이제 미래를 기약하기 어렵게 되었습니다. 리더 스스로 직원과 눈높이를 맞추고, 직원들이 필요로 하는 것이 무엇인지 파악하는 자세를 갖춰야 생산성을 유지할 수 있게 되었습니다. 리더의 성과를 위해서가 아니라, 조직의 성과를 위해 리더와 직원이 함께 뭉쳐야 경쟁에서 뒤처지지 않게 되었습니다.

섬김의 리더십(Servant Leadership), 임파워먼트(Empowerment), 변혁적

[그림 3] 미래를 위한 리더십

리더십(Transformational Leadership), 모두 리더십 교육을 통해 리더들에게 익숙해진 단어입니다. 이런 리더십이 필요한 세상이 왔기에 수많은 리더십 교육에서도 이런 리더십을 얘기하고 있는 것이겠죠.

리더십 진단 : 내내 리데는 어떤 리더인가?

구시대적이고 강압적인 리더십을 가진 사람이 스스로를 뛰어난 리더라고 착각할 때가 의외로 많습니다. 경직된 조직문화에서 빠르게, 실적을 낼 수 있는 리더십이긴 했으니까요. 그 속에서 시달리는 직원들의 고통을 감안하지 않는다면요.

본인도 모르게 구시대적인 리더가 되어 있는 것은 아닌지, 그런 리더십을 부추기는 사람들을 가까이하고 있지는 않은지 아래의 내용을 통해 확인해보시기 바랍니다. 직원의 관점에서 나를 이끄는 리더가 그런 구시대적 리더인 것은 아닌지 살펴보는 것도 좋겠지요.

1. 내 의견에 직원들이 모두 동의해주는 것이 좋다. vs	1. 직원들이 내게 자유롭게 의견을 말해주는 것이 좋다.
2. 직원 간담회에서 내 리더십을 칭찬하는 소리가 주로 들리는 것이 좋다. vs	2. 젊은 직원들이 적극적으로 건의사항을 말하는 것이 좋다.
3. 내 취향에 맞는 식당과 메뉴로 회식하는 것이 좋다. vs	3. 젊은 직원들이 좋아하는 식당과 메뉴를 알게 되는 것이 좋다.
4. 내 의견에 따라 일사천리로 업무가 추진되는 것이 좋다. vs	4. 직원들의 의견을 반영하여 다양한 시도를 해보는 것이 좋다.
5. 내가 지나가듯 얘기한 것도 그대로 적용된 것을 보는 것이 좋다. vs	5. 나는 필요하다고 생각해도, 직원들이 아니라고 말할 수 있는 것이 좋다.

6. 회의할 때, 아이디어를 만드 는 리더가 되고 싶다.   vs   6. 회의할 때, 직원의 아이디어를 듣는 리더가 되고 싶다.

7. 직원들이 내게 인사할 때 반 듯하게 허리를 굽히는 것이 좋다.   vs   7. 가벼운 목례나 캐주얼한 인사가 좋다.

8. 엄격한 의전도 잘 챙기는 것 을 보면 흐뭇하다.   vs   8. 복잡한 의전 절차를 보면 내 골 치가 아프다.

9. 내가 지나갈 때 직원들이 하 던 일을 멈추고 내 존재를 인식하는 것이 좋다.   vs   9. 일에 집중해서 내가 지나가도 모르는 직원을 보면 흐뭇하다.

10. 내가 개인적인 일까지 직 원들이 알아서 잘 챙겨주면 기분이 좋다.   vs   10. 내 일은 내가 스스로 챙기는 것이 좋다.

11. 직원과 함께 하는 식사, 골 프, 등산이 좋다.   vs   11. 내 식사, 골프, 등산 등에 자주 동행하는 직원을 보면 일은 제 대로 하는지, 가정은 챙기는지 염려된다.

12. 직원과 의견이 다르면, 왜 내 의견이 옳은지 설명한다   vs   12. 직원과 의견이 다를 때, 어떤 의견이 더 나을지 함께 여럿이 함께 논의한다.

13. 출장 갈 때마다 내 선물을 꼬박꼬박 챙기는 직원을 보 면 흐뭇하다.   vs   13. 직원이 출장을 다녀오며 내 선 물을 챙기는 것이 부담스럽다.

14. 급한 마감을 앞두고 추가 근무는 당연하다.   vs   14. 급한 마감이 없도록 일정을 잘 조율하는 것이 리더의 역할 이다.

15. 갈등이 생기면 아랫사람이 윗사람에게 사과하는 것이 무난한 해결 방법이다.   vs   15. 갈등이 생기면 정확한 상황을 파악한 다음 조율해야 한다.

16. 회식 때, 직원들에게 건배 사를 시키는 것이 즐겁다.	vs	16. 회식 때 각자 알아서 편하게 먹는 것이 좋다.
17. 사측이 지정한 고충상담창 구가 있지만, 직원들은 다른 창구를 활용한다(예: 노조, 다른 직원, 외부 소통창구, 개인적 뒷담화 등).	vs	17. 직원들이 사측이 지정한 고충 상담창구를 잘 활용한다.
18. 나는 직원들의 말을 잘 들 어주는 리더다.	vs	18. 내가 과연 직원들의 말을 잘 들어주고 있는지 계속 성찰한 다.

왼쪽 목록에 해당 사항이 많을수록 리더십에 대한 성찰이 필요하다는 의미가 되겠지요. 또는 측근으로 가까이하는 사람들이 구시대적 리더십을 부추겨 조직문화를 악화시키는 주요 원인일 가능성도 있고요.

▌3. 상은 모르고 벌만 아는 리더

몇 년 전, 타 조직에서 직장 내 괴롭힘에 대한 예방과 대응 수칙을 만드는 TF에 참여한 적이 있습니다. 그때 제안했던 내용 중 하나가 문제가 발생했을 때 잘 대응해서 이후의 피해를 줄이고 조직문화를 개선한 우수 사례도 함께 발굴하자는 것이었습니다. 물론 괴롭힘 발생과 부적절한 대응에 대한 처벌 조항을 만드는 건 당연한 것이었고요.

우수 사례를 발굴하면 다른 피해 사례가 발생했을 때 대응에 참고할 수 있고, 조직의 이미지 개선을 위한 홍보에도 활용할 수 있기 때문에 이런 제안을 했었습니다. 그 조직은 이미지 개선의 필요성을 느끼고 있었으니까요.

TF 책임자는 제 제안에 관심을 가졌으나, 그 위의 상사는 비웃었습니다. 잘하는 것은 당연한데 왜 우수 사례로 만들어줘야 하냐는 것이었습니다.

왜 우수 사례로 만들어줘야 하냐는 언급을 통해 평소 인력관리를 하는 그의 관점이 어떤지 살펴볼 수 있습니다. '못하는 것은 처벌해야 하지만, 잘하는 것은 당연한 거다'라는 관점, 우리나라의 여러 리더가 실제로 보여주는 인력관리 방식입니다. 직장 내 괴롭힘 관련 문제뿐만 아니라, 일반 업무 수행 중에서도 마찬가지지요.

이런 인력관리 방식이 왜 문제일까요? 리더를 부모, 직원을 자녀에 대입해서 보면 이해하기 쉽습니다. 평소에 얌전히 지내고 알아서할 일을 잘하는 자녀는 당연히 그래야겠거니 하며 방치하고, 자녀가 잘못을 저지르고 소란을 피울 때만 관심을 주고 꾸짖는 부모, 과연 현명한 부모로 볼 수 있을까요? 바로 이런 부모의 모습이 우리나라여러 리더의 모습이기도 한 것입니다.

이런 관점은 직원을 사람으로 보지 않고, 조직의 부품으로 생각하는 데서 나오기도 합니다. 기계 부품이 제 기능을 한다고 좋은 부품이라며 평가하고 아껴주진 않습니다. 부품이 소모되거나 말썽을 일으키기 시작하면 그제야 수리하거나 교체해야 한다는 사용자의 의사결정이 내려집니다.

하지만 직원은 부품이 아닙니다. 이성적인 판단도 하지만, 감정에도 영향을 받는 '사람'입니다. 무작정 '안 좋은 행동을 하지 마라, 하면 처벌받는다.'라는 것만 강조한다면, 조직이 직원을 관리의 대상으로 볼 뿐, 함께 문제를 해결해나갈 동료로 신뢰하지는 않는다는 인식을 주게 됩니다. 조직이 직원을 믿지 않는데, 직원이 조직을 믿을 이유는 없지요. 조직이 은근히 자신을 부품, 소모품처럼 보고 있다는 것을 직원은 이내 눈치로 파악합니다. 그렇게 파악하고 나면 조직을 위해 노력할 필요성 자체를 느끼지 못하게 되지요.

'사람'의 행동을 개선하고, 옳은 행동을 더 많이 하도록 유도하는 가장 기본적인 방법은 '상'과 '벌'의 병행입니다. 영어의 '스틱 앤 캐럿(Stick and Carrot)', 심리학의 행동주의 이론 모두 같은 맥락입니다. '벌'만 주는 것으로는 큰 효과를 기대하기 어렵고, '벌'보다 '상'을 줄 때의 행동 교정의 효과가 훨씬 큽니다.

'벌'을 사용할 때는 문제가 발생할 때마다, 최대한 빨리, 잘못된 행동에 따른 적절한 수준으로 처벌이 이뤄져야 효과가 있습니다. 잘못된 방식으로 '벌'을 주면, 그것이 도리어 '상'처럼 작용해서 잘못된 행동을 강화하기도 합니다. 너무 약한 처벌을 하면 처벌처럼 느껴지질 않고, 너무 과도한 처벌을 하면 억울함 때문에 도리어 역효과가 납니다. 바른 방향으로 행동 교정의 효과를 발휘하기 위한 조건이 상당히 까다로운 것입니다.

'벌'과 달리 '상'은 가끔씩, 한참 뒤에 주어져도 상당한 효과를 발휘합니다. 유일한 전제는 공정한 상이어야 한다는 것입니다. 엉뚱한 사람에게 '상'을 주는 것은 받은 사람에겐 '상'이 되지 않고, 실제로 받았어야 할 사람에게는 '벌'처럼 작용하므로 주의가 필요합니다.

공정성이 확보되었다는 전제하에 '상'은 활용도 쉽고, 효과도 좋습니다. 여기에 잘못된 행동에 대한 '벌'이 병행되면, 더욱 큰 효과를 볼 수 있습니다.

이토록 효과적인 '상'을 배제한 채, '벌'에 집중하는 것은 게으른 경영을 보여주는 것이기도 합니다. 공정한 근평 제도를 수립하고, 받을 자격이 있는 직원에게 상을 주기 위해서는 리더 스스로가 직원들의 행동에 관심을 두고, 꾸준히 지켜보며, 여러 직원들의 의견을 들어보는 노력을 해야 합니다.

반면 '벌'의 적용은 문제가 발생했을 때만 생기며, 직원 개인을 처벌함으로써 리더는 모든 책임을 그 직원에게 돌릴 수 있습니다. 즉, '벌'에만 집중하는 건 리더의 개입을 최소화하고. 책임을 회피하기 위한 무책임한 관리 방식입니다. 정해진 임기만 끝내고 가면 된다는 리더들, 근본적인 문제 해결이나 조직문화 개선에는 관심을 두지 않는 리더들의 방식이기도 하지요.

'사람'인 직원들이 상처받고, 조직에 대한 신뢰를 잃고, 조직을 위해 열심히 일할 의욕을 상실하고 있지만, 여러 리더들이 그런 문제를 보려 하지 않고 있습니다. 리더들 다수가 연령대가 높거나 은퇴 시기가 가까운 만큼, 조직문화가 악화하고 조직 경쟁력이 떨어져도 본인은 별다른 영향을 받지 않기 때문이지요. 리더가 무책임하게 행동하면 고통받는 건 회사에 계속 남아있어야 하는 직원들과 앞으로 입사하게 될 젊은 세대들입니다. 그렇게 고통받는 직원들 속에 리더 본인의 자녀도 포함될 수 있겠지요.

4. 모두에게 좋은 사람이 되고 싶은 리더

서로 다투던 종들 중 하나가 찾아와 하소연하니 "네 말이 옳구나."

다른 종이 찾아오니 "네 말도 옳구나."

어째서 둘 다 옳다고 하느냐는 부인의 말에 "당신 말도 옳구려."

라고 했다는 황희 정승의 이야기, 많이들 들어보셨을 겁니다. 개인사에서는 한없이 너그럽고 평화주의자였던 황희 정승의 면모를 보여준 일화였지요.

하지만 황희 정승은 공적인 일, 특히 큰일에 대해서는 시시비비를 확실히 가리며 결코 고집을 굽히지 않았다고 합니다. 공명정대하게 원칙을 지키면서도, 서로 다른 의견들을 조율하며 최상의 결과를 유도하는 능력이 매우 뛰어났다고도 합니다. 진정한 리더의 모델을 보여준 것이죠.

리더가 된 이상 때로는 누군가에게 싫은 소리를 해야 할 수도 있습니다. 황희 정승이 김종서를 아끼면서도 그의 지나치게 강한 성향을 경계하여 꾸짖고 바로잡으려 한 것처럼 말이죠. 리더로서 모두에게 그저 좋은 사람이 되려고 한다면, 그 결과는 흐지부지되는 업무 추진과 해결되지 않은 문제점들로 남기 쉽습니다. 리더로서 해야 할 우선순위 결정이나 중재를 제대로 해내지 못할 테니까요. 좋은 사람이 되려다가 결국 모두에게 '이도 저도 아닌 리더'가 되는 것입니다.

관련된 사례로 마냥 좋은 사람이 되고자 했던 한 리더가 있었습니다. 처음 리더의 자리에 올랐을 때는 이것저것 직원을 위해 뭔가를 하려는 것 같았습니다. 비록 그것이 중요한 영역에서가 아닌, 소소한 것들에서였지만요. 회사 전체 행사를 젊은 직원들이 원하는 방식으로 운영한다든지, 리더의 개인 돈으로 직원들 전체에게 작은 선물을 한다든지, 문제를 하소연하러 오는 직원이 있으면 마냥 그들을 이해한다며 긍정해준다든지 하는 방식으로 말이죠.

하지만 갈등과 문제가 발생하고 해결해야 할 상황이 되자 그런 리더십에는 한계가 발생했습니다. 한쪽 부서에 좋은 사람이 되고 싶었던 그는 그들의 말에 휘둘렸고, 그 결과 다른 업무를 추진하는 부서에 문제가 터져 나왔습니다.

리더는 불만의 여지가 있는 이슈는 직원에게 해결을 떠맡겼습니다. 리더로서 나서서 대응하는 것을 꺼렸기 때문에 중간에 끼인 사람만이 이리저리 시달렸습니다. 직원의 의견을 수렴하는 자리가 마련되고, 이런저런 의견이 제시되면 리더는 좋은 의견이라며 긍정했습니다. 하지만 실제로 추진된 의견은 극히 드물었습니다.

리더가 리더의 역할을 하지 못하면서 혼란과 갈등은 커졌고, 직원들의 조직 신뢰도는 더욱 하락했습니다. 그러자 갈피를 잡지 못하던 그의 리더십은 힘의 논리대로 휘둘리는 것으로 바뀌기 시작했습니다. 더 힘이 강한 쪽의 손을 들어주고, 상대적으로 만만한 쪽에 귀찮은 일을 떠맡기거나, 부당한 일들을 참으라고 하는 방식으로요.

협력 조직의 과도한 갑질과 무리한 요구로 직원이 하소연했지만, 협력 조직에 좋은 사람이 되고 싶었던 그는 말로만 직원이 고생하고 있음을 안다고 할 뿐 아무 조치도 해주지 않았습니다. 직원들이 다들 하기를 꺼리는 업무가 생기자 젊은 직원에게 떠맡기고, 나이 든 직원들은 본인의 말도 잘 안 들으니 어쩔 수 없다고 핑계를 댔습니다.

거의 마무리가 되어가던 프로젝트의 책임자를 급변경해야 했을 때도 프로젝트에 관여한 적도 없는 젊은 직원을 책임자로 밀어 넣으려고 했습니다. 고위 직급자가 많았던 프로젝트의 팀원들이 책임자 역할을 맡기 싫어했기 때문입니다. 회사의 규정상 팀원으로 일하던 사람 중 하나가 책임자가 되어야 한다는 조항이 있었으나, 고위 직급자에게 좋은 사람이 되고 싶었던 리더는 그런 규정을 밀어붙이지도 못했습니다.

책임을 맡기 싫은 직원들 사이에 갈등이 발생하자 리더는 아예 손을 놔버리고, 상황을 정리할 책임을 젊은 직원에게 떠맡겼습니다. 그 직원은 아무것도 모르는 상태에서 혼자 상황을 파악하고, 정리하고, 팀원들에게 개별적으로 읍소하며 책임자 역할을 부탁해야 했습니다. 리더가 무책임하게 갈등 상황을 회피했기에, 그 뒷일을 권한도 없는 젊은 직원이 억지로 대신 감당하게 된 것입니다. 그에 대한 뒷말 역시 직원이 감당해야 했고요.

싫은 소리가 듣기 싫어 무엇 하나 제대로 해결하지 못하고 책임을 놓아버린 리더, 직원들은 그의 리더십을 '고구마 리더십'이라고 표현했습니다.

임기가 끝날 무렵, 리더는 직원들과 돌아가며 간담회를 갖고, 본인의 상황이 어쩔 수 없었음을 해명하려 했습니다. 본인 스스로도 리더의 역할을 제대로 하지 못했다는 것을 안 것이죠. 직원들 다수는 어차피 떠날 사람이니 좋게 보내주자는 생각으로 해명을 들어줬지만, 일부는 그 해명에 대해서조차 부정적이었습니다. 그만큼 그 리더에 대한 불만이 높았던 것이죠.

이렇듯 모두에게 좋은 사람이 되려는 리더는 제 역할을 잘 해내기 어렵습니다. 리더가 아닌 일반 직원조차도 공적인 업무를 수행할 때는 마냥 좋은 사람만 될 수가 없습니다. 때로는 거절할 것은 거절해야 하고, 개선 요구가 필요한 점은 요구해야 하니까요. 리더가 마냥 좋은 사람이 되어도 괜찮은 개인적인 일과 그렇지 않은 공적인 일을 구분하지 못한다면, 위의 사례에서처럼 '고구마 리더십'이라는 불만이 나오게 될 수도 있습니다.

▌5. 마음에 드는 사람과 리더 자격이 있는 사람을 구분 하지 못하는 리더

리더는 또 다른 리더를 선별할 권한과 의무를 갖고 있기도 합니다. 사장이 본부장, 실장과 같은 부서장을 임명하듯이 말입니다.

이렇게 다른 사람을 리더로 임명하려고 할 때는 그 사람이 과연 리더의 역할에 적합한 사람인지, 아니면 그저 본인의 마음에 드는 사람인지를 구별할 수 있어야겠지요. 하지만 구분하지 못하고 내가 좋아하는 사람이면 리더에도 적합하다고 착각하는 사람들도 있습니다.

A씨는 규모가 제법 큰 회사를 운영하는 사장이었습니다. A씨의 회사에는 회사 임원들 모두가 좋아하는 한 직원이 있었습니다. 그는 회사 야유회 때마다 손수 만든 맛있는 음식을 가져와서 임원들에게

대접하고, 함께 골프를 치러 가거나 등산을 갔을 때, 무엇 하나 불편한 점이 없도록 곁에서 수발을 들었습니다.

그가 일반 직원일 때는 아무 문제가 없었습니다. 그가 소속된 부서의 부서장도 무척 만족했고, 근평도 무척 좋았습니다. A씨는 그 직원을 리더의 자리로 승진시키고 싶었고, 임원들 모두 '저런 사람이 또 없다'며 그의 승진을 적극적으로 밀어주었습니다.

문제는 그때부터 터져 나왔습니다. 그는 누군가의 시중을 들고, 지시받은 대로 성실하게 일하는 데는 탁월한 능력을 발휘했지만, 스스로 의사결정을 하고, 부서원을 이끄는 역할에는 적합하지 않은 사람이었습니다. 부서의 방향성과 역할 수행을 위한 큰 그림을 볼 수 있는 시야도 없었습니다. 직원들과의 회의를 통해 업무 추진을 하는 것이 아니라, 상사가 골프나 술 자리에서 스치듯 말한 내용에 따라 일을 진행시켰습니다. 현장의 상황은 모르고 하는 말일 때가 많았음에도 말입니다.

부서 내부 상황은 엉망이 되었고, 업무는 좀처럼 진척되지 않았습니다. A씨와 임원진이 리더의 역할을 잘 해낼 수 있는 사람과 그저 본인들의 마음에 드는 사람을 구분하지 못했기에 발생한 문제였습니다. A씨는 뒤늦게야 인사 선택이 잘못되었음을 깨달았지만 이미 체계가 무너진 부서를 되살리는 일은 결코 쉽지 않았습니다.

또 다른 리더인 B씨 역시 골프를 치러 갈 때마다 직접 운전해서 자신을 모시며, 곁에서 모든 수발을 들어주는 직원을 무척 좋게 보았습니다. B씨의 주요 골프 파트너인 다른 임원들도 그 직원을 '재미있는 농담을 잘하는 사람', '함께 있으면 즐거운 사람'이라며 무척 호의적으로 평가하고 있었고요. B씨는 다른 임원들의 동의로 그 직원을 리더의 자리에 앉혔습니다. 그리고 그 부서 소속 직원들은 어마어마한 갑질에 시달리기 시작했습니다.

리더의 자리에 앉은 그는 직원들에게 인간적으로 모멸감을 느끼게 하는 발언을 서슴지 않고, 부서장으로서 마땅히 해야 할 일을 직원에게 떠맡기고도 일이 잘되지 않는다며 질책만 했습니다. 개인적으로 법인카드를 쓴 뒤 허위 영수증 처리는 직원에게 떠맡기고, 비정규직 직원에게 논문이나 각종 페이퍼를 쓰게 한 뒤 본인은 첫 번째 저자로 이름만 올리기도 했습니다. 타의 추종을 불허하는 그의 갑질 때문에 직원들의 고충은 이만저만이 아니었습니다. 하지만 그가 B씨와 친하다는 것을 알고 있었기 때문에 직원들은 신고조차 하지 못했습니다. 이런 직원들의 상황을 B씨는 한참 뒤에야 다른 부서를 맡고 있던 부서장을 통해 알게 되었습니다.

최상위급 리더의 자리에 앉은 사람들이 흔히 그렇듯, B씨와 임원들 역시 자신들에게 입안의 혀처럼 구는 사람은 그 스트레스를 만만한 다른 상대에게 푼다는 것을 알지 못했습니다. 사장과 임원들의 온갖 모임에 항상 따라다닌다는 건 그만큼 회사 업무는 하지 않는다는 의미라는 것도 생각하지 못했습니다. 자신들에게 잘하니 일도 잘하겠거니 싶었던 그들의 막연한 기대감과 안일함 때문에 직원들이 고통받는 상황이 발생한 것입니다.

그나마 A씨와 B씨는 뒤늦게라도 적합하지 않은 사람을 리더에 앉혔던 본인들의 실수를 깨닫긴 했습니다. 하지만 그런 성찰조차 회피하는 리더들도 있습니다. 그저 체면이 상하지 않는 것을 우선으로 생각하며 더더욱 잘못을 인정하지 않으려고 하지요. 때로는 "그 사람이 그럴 사람이 아니다."라며 갑질하는 사람을 두둔하기도 하고요.

▎6. 장시간 근무와 과중한 업무를 미덕으로 생각하는 리더

과거 우리나라의 여러 조직은 참 신기한 문화를 갖고 있었습니다. 부서장이 퇴근하지 않으면 부서원들은 일을 다 끝냈어도 퇴근할 수 없는 분위기와 매일 야근하면서 오랫동안 회사에 남아있는 직원이 좋은 직원이라는 근거 없는 믿음 말입니다.

그나마 이제는 많이 개선된 편이긴 합니다. 몇 년 전 모 기업의 리더 역시 저녁 6시에는 모두 퇴근하도록 하라는 지시를 내렸다고 합니다. 비록 직원의 업무량 조절과 추가 인력 확보도 필요하다는 지시는 함께 내리지 않아서 직원들이 새벽부터 나와서 일해야 했다는 뒷얘기가 있긴 하지만요.

최대 근무시간이 주 52시간으로 제한되고, 연차휴가 사용이 권장되면서 직원의 워라밸과 정시 퇴근이 존중되기 시작했습니다. 실제로 존중하는 조직문화를 성공적으로 조성한 리더들도 있었고, 표면적으로만 존중할 뿐 속으로는 전혀 그렇지 않은 리더들도 있긴 했지만요.

A씨가 근무하던 조직에서도 52시간 제한과 연차휴가 사용이 공문을 통해 지침으로 내려왔습니다. A씨의 조직에서는 야근 수당과

미사용 연차 보상제도가 없었기 때문에 젊은 직원들을 중심으로 되도록 연차를 모두 사용하고, 야근하지 않는 분위기가 형성되기 시작했죠.

공문은 내렸지만, 정작 그런 직원들을 보는 리더의 눈은 곱지 않았습니다. 측근들과 함께하는 술자리에서 요즘 사람들은 너무 일을 안 한다, 6시 되기도 전부터 퇴근 준비하고 땡 하자마자 나가버린다며 불만을 토로하곤 했습니다.

리더와 접촉이 많던 A씨는 눈치 때문에 휴가를 마음대로 사용할 수 없었고, 종종 하는 일 없이도 늦게까지 회사에 남아 야근하는 시늉을 해야 했습니다. 리더는 A씨를 칭찬하며, 간혹 야근하는 A씨를 찾아와 격려하기도 했습니다. 언제 리더가 찾아올지 알 수 없었기에 A씨의 생산성 없는 야근은 더욱 늘어갔습니다.

12월이 되어 직원들의 미사용 연차를 확인하는 절차가 진행되었고, 리더는 연차가 유독 많이 남은 A씨를 불러 우려를 표했습니다. 직원의 미사용 연차가 많으면 회사에 문제가 된다는 것이었죠. 연말이라 업무 마감이 밀려있던 A씨는 서류상으로만 휴가를 모두 낸 채 출근해서 일했습니다. 리더는 그런 A씨를 칭찬했습니다.

사례 속 리더의 태도는 이중적이었습니다. 제도적으로 연차 사용과 정시 퇴근을 권장해야 하니 공문으로는 그렇게 지침을 내렸지만, 정작 직원을 대할 때의 태도는 정반대의 메시지를 전달했습니다. 장시간 일하는 직원이 좋은 직원이라는 구시대적 가치관을 드러냈기에, 직원이 눈치를 보며 억지로 야근하고, 휴가를 낸 상태에서도 출근하게 했습니다.

근무한 시간을 기준으로 직원을 판단하는 것은 무척 게으른 인력관리 방식입니다. 직원들이 한 일이 무엇인지, 어떤 실적과 성과물을 냈는지 살펴볼 생각이 없는 리더들이 종종 선택하는 판단기준이기도 하고요. 직원이 실제로 한 업무의 결과물과 수준을 확인하는 것은 상당한 노력과 시간이 필요하지만, 근무시간을 확인하는 것은 어떤 노력도 시간도 필요하지 않으며 훨씬 간편하기 때문입니다.

이런 리더가 관리하는 조직에서는 하는 일 없이 시간만 보내며 오래 머무는 사람이 우수한 직원이 될 수 있습니다. 정해진 근무시간 동안 집중하며 일하다가 가는 사람은 오히려 불성실한 직원이 될 수 있고요.

유태인 랍비 마빈 토카이어는 그의 저서인 탈무드의 지혜에서 일꾼을 관리하는 왕의 사례를 이야기했습니다.15) 사례 속 왕은 종일 일한 일꾼과 2시간 일한 일꾼에게 같은 급여를 지급했습니다. 종일 일한 일꾼들은 불만을 애기하지만, 왕은 그들에게 말하지요. 비록 2시간만 일했지만, 그는 너희들보다 더 많은 일을 해냈다고요.

여기서 왕은 일꾼들 중 누가 얼마나 많은 일을 해냈는지를 잘 파악하는 좋은 리더의 자세를 보여줍니다, 물론 2시간 일하고 더 많은 일을 해낸 일꾼에게 더 많은 급여를 지급하지 않았다는 점은 공정성 면에서 아쉬움이 남을 수는 있습니다. 하지만 만약 왕이 2시간 일한 일꾼에게 더 많은 급여를 지급하면서, 일한 만큼 돈을 주겠다고 했다면 이후에 어떤 상황이 닥칠 수 있을까요?

이미 조금만 일하는 것에 익숙한 다른 일꾼들이 일을 더 하려고 할 리는 없습니다. 그렇다면 단시간 동안 많은 일을 해내는 일꾼이

더는 그렇게 하지 못하도록 해를 끼치거나, 그가 한 일을 빼앗아 자기가 한 것처럼 속이려 하겠지요. 일 잘하는 일꾼은 하나, 그렇지 않은 일꾼은 다수인 상황이고, 다수가 원하는 것을 위해 약자가 희생되는 일은 흔하니까요. 왕이 매번 개입해서 그를 지켜줄 수 있는 것도 아닐 테고 말입니다. 이런 점까지 고려할 때 왕은 리더로서 가장 효과적인 보상 방법을 사용한 것입니다.

본인에게만 편한 방식(근무시간 확인)으로 직원을 판단하는 리더와 직원이 실제로 한 일을 파악하고 분쟁이 없도록 조정하여 보상하는 리더, 어떤 리더가 더 좋은 리더인지는 더 설명할 필요도 없겠지요. 리더가 게으를수록 조직도 게을러지고 비생산적이 됩니다. 리더가 바른 방향으로 부지런해지면 조직도 부지런해지고 경쟁력이 향상할 것이고요.

▍7. 강자에게 절대복종하는 리더

주변에서 존경받는 리더들 중에는 자신의 책임하에 있는 직원들을 잘 챙기고, 온갖 위험으로부터 보호해 준 사람을 쉽게 찾을 수 있습니다. 직원들에게 피해가 갈 수 있는 상부나 외부의 압력에 저항하고, 부당함에는 항거한 리더들도 있고요.

하지만 본인보다 위에 군림하는 강자에게 절대복종하며 직원을 전혀 보호하지 않는 리더도 있습니다. 이런 리더는 하위 직급자일 때는 리더에게 사랑받는 직원이었을 것입니다. 하지만 리더가 되는 순간, 부서원으로부터 신뢰받지 못하는 사람이 되었겠지요.

A씨의 부서장이 바로 이런 리더였습니다.16) 부서원들이 부당한 일을 당해도 조직이 지시한 것이니 어쩔 수 없다는 반응이었고, 협력업체로부터 갑질을 당해도 그냥 받아주라는 반응을 보일 따름이었습니다.

A씨의 부서원 중 하나가 협력업체 담당자로부터 폭언을 듣고 그에 대해 항의를 한 적이 있다고 합니다. 담당자는 적반하장으로 부서장에게 찾아와 사과하게 만들라며 요구했고, 부서장은 담당자의 요구대로 그 부서원에게 사과할 것을 지시했습니다. 실제로 폭언이 발생했다는 점은 부서장에게 중요하지 않았던 것이죠. 협력업체는 '갑'이었고, 협력업체 담당자는 본인보다 강자였으니까요.

A씨의 부서장뿐만 아니라 옆 부서의 부서장 역시 비슷한 성향을 가진 사람이었다고 합니다. A씨가 근무하는 조직에서는 절대복종하는 성향이 있는 사람들이 부서장으로 선호되었던 것입니다. 그래야 조직의 지시에 아무 말 없이 따를 테니까요.

옆 부서에서는 대형 프로젝트를 진행해 왔고, 다수의 비정규직 직원들이 일하고 있었습니다. 하지만 조직의 수장이 협력업체와 힘겨루기를 하면서 그 프로젝트가 중단되게 되었습니다. 프로젝트 예산에서 비정규직들의 인건비가 나오기 때문에, 프로젝트 중단 여부는 비정규직 직원들에게 매우 중요한 사안이었습니다. 그런데도 이런 상황에 대한 정보는 그들에게 마지막 순간까지 제대로 공유되지 않았습니다.

수장은 갑작스럽게 비정규직 직원들에게 사직서를 받으라는 지시를 내렸고, 부서장은 군말 없이 지시에 따랐습니다. 이전까지 비정규직 직원들에게 계약이 연장될 것이라며 안내했던 것은 무시한 채, 계약 종료일 일주일도 채 남지 않은 시점에서 사직서를 쓰게 했습니다. 사직서를 쓰면 직원들이 실업급여를 받을 수 없게 된다는 것도 무시한 채로 말입니다. 그나마 프로젝트를 새로 맡게 될 조직에서 그 직원들을 대부분 채용해주기로 했으나, 본인들의 의사와 상관없이 갑작스레 이직해야 했던 직원들에게는 상처가 남았습니다.

직원들을 생각했다면 부서장은 조직이 그릇된 결정을 내리려고 할 때, 그에 저항하고 바른 길로 갈 것을 요구할 수 있는 무게중심의 미덕을 발휘했을 것입니다. 그저 위쪽에서 내려오는 지시대로 아무것도 묻지 않은 채 따라가는게 아니라요. 물론 강압적인 조직문화를 갖고 있거나 보수성이 강한 조직은 이런 사람들이 부서장에 있는 것을 선호할 것입니다. 조직의 수장이 원하는 대로 척척 일이 진행되는 조직이 만들어질 테니까요. 그리고 그 조직은 점점 더 경직된 조직문화가 강화되겠지요.

8. 소통의 중요성을 모르는 리더

위에서 절대복종하는 리더의 사례에서 비정규직 직원들의 계약과 깊은 연관이 있는 프로젝트의 중단을 최후까지 알리지 않았던 리더가 등장했었습니다. 문제가 발생하고 악화되어 가는 시점에서 리더는 미리 직원들에게 상황을 알리고 마음의 준비를 할 수 있게 해줬어야 하지 않았을까요?

계약 종료일을 며칠 남기지도 않은 채 사직서를 쓰도록 요구하는 것은 근로기준법 위반이기도 합니다. 계약기간 연장을 언급한 적이 없어도 미리 계약 종료 한 달 전에 연장이 없을 것임을 알려주는 것이 직원에 대한 존중이 될 수 있겠지요. 직원들이 새로운 일자리를 찾거나, 다른 일을 준비하기 위해서도 시간이 필요하니 말입니다.

이렇듯 직원의 권익과 밀접하게 연관된 사항을 사전 소통하지 않는 리더들의 사례는 그 외에도 있습니다.

A씨가 근무하는 공공기관에서는 비정규직을 정규직으로 전환하라는 정부 측의 요구를 받았습니다. 하지만 전환을 위해 필요한 비용을 정부에서 지원해주는 건 아니었습니다. 기관이 스스로 확보할 수 있는 인건비 안에서 전환을 진행해야 했지요. 전환될 직원들의 임금 상승분이나 승진 비용까지 고려해야 하는 복잡한 상황이었던 것입니다.

기관은 기존에 비정규직 근로자의 인건비로 쓰이던 비용을 정규직 전환에 쓰기로 했습니다. 정규직 전환 대상인 직원들의 급여를 현재와 동일하게 보존하고, 다른 정규직 직원들과 같은 임금 상승률을 적용하는 걸 전제로 시뮬레이션을 돌렸습니다. 그 결과는 몇 년 안에는 기존 정규직들의 성과금이 줄어들고, 이후에는 급여 자체도 줄게 된다는 것이었습니다.

기관은 이런 시뮬레이션 결과를 정규직 직원들에게 몇 차례에 걸쳐 공유했고 의견을 수렴하는 자리도 가졌습니다. 하지만 전환 대상이 되는 비정규직 직원들은 의견 수렴에서 배제되었습니다. 기관 내에서 여러 논의가 오가는 동안 그들은 기관에 실망했고, 같은 직원으로 인정받지 못한다는 박탈감을 느끼게 됐습니다. 일부는 정규직 전환을 포기하고 다른 일자리를 찾아 떠나기도 했습니다.

일부 정규직들은 정규직 전환이 진행되면 본인들의 급여가 영향을 받을 수 있다는 점 때문에 정규직 전환 대상인 비정규직 직원들을 힐난하기도 했습니다. 마치 그들이 본인의 급여를 빼앗아 가는 사람인 것처럼 말이죠. 정규직 전환이 진행되었을 때의 비용 문제 외에는 다른 정보 공유가 마땅히 없는 상태로 논의를 진행한 결과였습니다. 즉, 정규직에게도 균형 잡히지 않은 정보를 전달한 채 논의에 참여하도록 한 것입니다.

정규직 전환이 진행되긴 했지만, 전환 시험에 불합격된 직원과 스스로 떠난 직원, 시험에 응시하지 않은 직원 중 기관에 대한 상처를 안고 간 사람이 적지 않았습니다. 오랫동안 함께 일하며 동료라고 생각했던 사람들과 소중한 직장으로 생각했던 기관으로부터 배척당한 기분, 사실은 동료이자 구성원으로 인정받지 못하고 있었다는 상처를 안고 간 것입니다.

게다가 정규직 전환 이후에도 전환된 직원들에 대한 차별이 남았습니다. 일부 정규직들은 여전히 그들을 자신의 급여를 깎아먹는 사람으로 취급했습니다. 그들을 처음부터 정규직으로서 입사한 직원들과 별개의 집단처럼 구분하고 차별적으로 대하는 사람들도 있었습니다.

만약 리더 측이 다른 방식으로 정규직 전환을 추진했다면 과연 어땠을까요? 정부에서 시키니 어쩔 수 없다며 정규직 전환의 비용에만 치중하는 것이 아니라, 정규직 전환 대상인 직원들이 얼마나 많은 일을 해 왔고 얼마나 크게 조직에 기여해 왔는지, 그들을 조직이 품에 안지 않을 경우 발생할 수 있는 상황은 무엇인지, 그들이 없으면 정규직들의 업무 부담이 얼마나 늘어날지 이런 점을 강조해서 설명했다면 어땠을까요?

그동안 비정규직 직원들이 열심히 일해줬기에 정규직이 받을 수 있었던 성과금을 얘기하고, 비정규직 직원들이 없었다면 그런 성과금을 받을 만큼의 일을 해내지 못했을 것이라는 걸 공유했다면 어땠을까요?

리더 측이 나서서 의사결정 과정에 정규직 전환 대상인 당사자들의 의견을 적극적으로 수렴하려는 모습을 보였다면 또 어땠을까요?

같은 일을 추진하더라도 그 일에 대해 어떤 정보를 공유하는가, 어떻게 공유하는가, 누구에게까지 공유하는가에 따라 그 일을 받아들이는 직원들의 마음가짐이 달라질 수 있습니다.

▌9. 문제를 호소하는 직원이 곧 문제라는 리더

직원이 조직의 문제를 지적하고 개선을 요구한다는 것은 그만큼 조직에 관심과 애정을 갖고 있다는 말을 의미합니다. 물론 개중에는 이것저것에 대해 다 불평하고 보는 사람도 있을 수 있지만, 그조차도 조직에 대한 관심이 남아있기 때문에 할 수 있는 일입니다. 이미 조직에 대해 아무런 미련이 없고 조직이 어떻게 되건 상관 없는 사람들이라면 아무 말도 하지 않을테니까요.

하지만 많은 리더들이 조직에 문제점이 있다는 것을 듣기 싫어합니다. 본인의 리더십에 문제가 있다는 의미가 되기 때문에 그런 사람도 있고, 그냥 안 좋은 얘기 자체를 듣기 싫어하는 사람도 있습니다. 당연한 얘기지만, 리더가 문제를 인식하지 않으려고 하면 그 조직은 발전하기 어렵습니다. 고쳐져야 할 것들이 고쳐지지 못하니까요.

A씨는 조직 내에 성희롱이 빈번히 발생하는 것을 목격했습니다. 회사에서 임명한 고충 상담원이 있었지만, 다들 연령대가 높았거나 인사부서 담당자였기 때문에 피해자들이 접근하기 어려웠습니다.

A씨는 조직의 수장과 부서장들이 함께 한 자리에서 그런 상황을 알리고, 개선이 필요함을 호소했습니다. 하지만 부서장들은 오직 가해자가 누구인지만 궁금해할 뿐이었고, 수장은 공개적인 자리에서 문제를 제기했다며 언짢아했습니다.

수장은 사소한 일로 A씨의 꼬투리를 잡아 A씨와 A씨 소속 부서의 부서장을 불러 문책했습니다. A씨의 부서장에게 A씨를 꾸짖도록 유도한 것입니다. 수장이 지적한 점은 A씨뿐만 아니라 다른 부서원 모두가 하고 있는 일이었음에도 말이죠.

이후 수장은 A씨를 고충 상담원으로 임명했습니다. 하지만 정작 신고를 접수한 A씨가 보고를 해도 어떤 대응도 하지 않은 채 무시했습니다. 조직의 규정상 오직 수장이 조사가 필요하다고 판단할 때만 조사가 이뤄질 수 있었습니다. 그 권한을 바탕으로 수장은 A씨가 접수한 신고를 모두 무시한 것입니다.

그러던 중 A씨는 또 다른 신고를 접수했습니다. 피해자는 이미 퇴사한 상황이었기 때문에 본인이 아니라 사건을 아는 다른 직원들이 와서 신고한 건이었습니다. 그런데 신고자 중 하나가 신고 접수 후, 사건과 관련된 내용을 다른 직원들에게도 이야기했고, 회사 전체에 소문이 퍼졌습니다. 수장은 그 책임도 A씨에게 돌렸습니다. 마치 A씨가 일부러 소문을 회사에 퍼지게 한 것처럼 말입니다.

조직에 성희롱이 흔히 발생한다는 것을 알렸다는 이유로 리더는 A씨를 문제가 있는 사람으로 봤고, 이후에도 문제 상황에 대한 책임을 거듭 A씨의 책임으로 몰았습니다. 그런 리더가 과연 본인의 역할은 제대로 수행했을까요? 아니었습니다. 그는 그동안 조직을 스쳐 간 리더 중 가장 무능력하고 판단력이 떨어지는 리더로 손꼽혔습니다. 가장 부패한 리더였지만, 스스로 그것이 부정부패인지도 모르는 리더로 꼽히기도 했습니다.

역사적으로 현명한 리더는 쓴소리를 기피하지 않고 조직을 위해 적극적으로 활용해 왔습니다. 직원의 문제 제기를 바탕으로 문제점은 고치고, 현행 되는 것보다 더 나은 것을 찾아 개선하기 위해 노력했습니다.

현군의 대명사인 세종대왕은 특히나 쓴소리를 더욱 가까이한 것으로 유명합니다. 세종대왕은 직언을 서슴지 않던 형조참판 고약해 (高若海) 때문에 골머리를 앓으면서도 단 1년간을 제외하고는 그를 내치지 않고 곁에 두었습니다. 그나마 그 1년도 고약해의 직언이 지나쳐 불충과 무례가 되었기 때문이었죠.

그가 불충하게 굴었어도 세종대왕은 그를 크게 벌하면 이후 간언을 두려워하는 신하들이 생길 것이라고 우려하며 다른 처벌 없이 1년간 파직하는 것에 그쳤습니다. 또한 고약해의 사망 후에도 그의 직언을 아껴 강직하고 너그럽다는 뜻의 정혜(貞惠)라는 시호를 내리기도 했습니다.

세종대왕 시절의 빛나는 업적 뒤에는 여러 명신(名臣)이 있었고, 그런 명신들이 제 역할을 할 수 있었던 데에는 그들의 의견을 적극적으로 수렴하고 활용하는 세종대왕의 지도력이 있었습니다. 지금보다도 상하관계가 엄격하고 왕권이 강하던 조선시대 초기에 세종대왕은 이미 전제적 리더십이 아닌, 현대적인 리더십을 발휘했던 것입니다.

▎10. 일 잘하는 직원에게 업무를 몰아주는 리더

일 못하는 사람 붙들고 일 시키기 귀찮으니, 대충 일 잘하는 사람에게 몰아주는 리더. 이미 많은 근로자가 경험해 온 리더지요. 참 게으른 경영방식이기도 하지만 동시에 괴롭힘이기도 합니다. 과중한 업무를 부담시키는 것 자체도 괴롭힘이고, 직원에 따라 수행하는 업무량을 다르게 준다는 점에서 차별하는 괴롭힘이 되기도 합니다.

리더 본인에게는 참 편안하고 쉬운 경영방식일 겁니다. '아'하면 '어'하고 찰떡같이 알아듣고 일 잘해 오는 사람에게 다 떠맡겨버리면 딱히 신경 쓸 일이 없을 테니까요. 그 속에서 갈려 나가는 직원의 심정은 무시한 채 말입니다.

의외로 이런 리더 밑에서도 업무 추진이 잘 되긴 합니다. 일 잘하는 직원들의 희생을 바탕으로 말이지요. 그 윗급의 리더들이 보기에는 부서가 참 잘 되어 가는 것처럼 보일 겁니다. 속에서 직원들의 속내가 곪아가는 것은 모를 테니까요.

일 잘하는 직원들은 보통 책임감도 강한 직원들이기 때문에 힘든 상황에서도 어떻게든 일을 해냅니다. 하지만 그것도 마냥 오래갈 수는 없습니다. 사람의 에너지에는 한계가 있고, 그 한계를 넘어서면 정신적·신체적 건강에 악신호가 오기 시작하니까요.

무책임하고 게으른 리더들은 오래도록 고생하다가 건강을 잃은 직원을 배려하지도 않습니다. 그동안 열심히 일해준 것을 기억하기보다는, 앞으로는 전처럼 일을 시킬 수 없다는 마음이 우선이기 때문입니다. 심지어 그동안 열심히 일했던 직원이 건강 문제로 업무 추진 속도가 느려진 것을 질책하기도 합니다. 본인이 과도하게 일을 맡겨서 생긴 건강 문제라는 건 생각하지도 않는 것입니다.

이런 리더들은 직원이 산재를 신청하면 배신자처럼 보기도 합니다. '내가 그동안 너한테 얼마나 잘해줬는데.' 하는 생각을 하면서요. 직원이 그동안 얼마나 희생해왔는데, 그건 완전히 잊은 채로 말입니다.

A씨도 젊은 시절 죽도록 회사를 위해 일하다가 이른 나이에 건강을 잃은 사람이었습니다. 몇 차례 수술을 받았고, 이후에도 자주 병원에 가서 진료받아야 했습니다. 하지만 조직의 리더급들은 A씨

의 건강 악화를 개인의 문제로만 생각했습니다. A씨를 염려한다며 하는 말도 "원래부터 약한 체질인 거 같다."였습니다. 회사 업무가 과중했기에 아픈 것이라는 걸 모르는 것처럼 말이죠.

A씨의 상사는 그런 A씨에게 병가를 많이 쓰면 나중에 조직에 불리할 수 있으니 연차를 쓰고 병원에 다녀오라고 지시했습니다. 조직 내에서 명예퇴직 얘기가 나오자 A씨부터 불러 권고하기도 했습니다. A씨가 예전처럼 많은 일을 해낼 수 없게 되자 마치 기다렸다는 듯이 그를 내보내려 한 것입니다.

B씨 역시 A씨처럼 과중한 업무에 시달리던 사람이었습니다. 워낙 맡은 일이 많다 보니, 관련된 이슈도 많았고 그때마다 적극적으로 나서서 해결하곤 했습니다. 하지만 리더들의 눈에는 일을 많이 하며 이슈가 많은 B씨보다는, 일을 거의 하지 않고 이슈도 없는 다른 직원들이 더 우수 직원이었습니다. 근평 제도 자체가 그런 직원들에게 더 유리하게 되어 있었죠.

조직 내부에서 B씨는 일을 잘하는 사람이라는 인정은 받았지만, 좋은 근평은 받지 못했습니다. B씨의 건강 악화로 업무 수행량이 줄어들자, 이전까지 B씨를 곁에 끼고 온갖 일을 시키던 부서장은 초심을 잃었다며 못마땅해 했습니다. 그 역시 A씨의 리더와 같은 사고방식을 가진 사람이었던 것입니다.

사례에서 나오듯이, 게으르고 무책임한 리더는 직원의 건강도 해치는 원인이 됩니다. 일 잘하는 사람에게 일을 떠맡기다가, 직원이 건강을 잃고 이전처럼 일하지 못하게 되면 마치 다 쓴 소모품처럼 취급하기도 하지요.

한 사람이 이런 취급을 당하면, 그 사람만 피해를 보는 것이 아닙니다. 곁에서 지켜본 다른 직원들에게까지 영향이 가게 됩니다. 조직이 직원을 소모품처럼 대하는 태도를 목격한 다른 직원들도 조직에 대한 신뢰를 잃고 의욕을 상실하게 될테니까요.

▌11. 직원 간에 계급 문화를 만드는 리더

"당신이 왜 내 동료야?"

우리 모두 동료이지 않으냐는 다른 직군 근로자의 말에 대해 모 조직의 부서장이 한 말입니다. 같은 조직안에 근무하는 이상, 직군이 다르건 직급이 다르건 서로 동료가 아닌가요?

"왜 당신이 그 사람들하고 친하게 지내?"

서로 다른 직군의 근로자들 간에 친하게 지내며 교류하는 것을 못마땅해하는 간부들도 있었습니다. 어차피 같은 조직의 직원인데, 직군이 다른 게 대체 왜 중요한 걸까요?

"당신들이랑 우리는 좀 다르잖아."

비정규직 직원에게 정규직 부서장이 한 말입니다. 정규직과 비정규직은 계약 방식의 차이일 뿐입니다. 비정규직으로 입사하여 정규직보다도 훨씬 일을 잘하고 회사에 기여하는 직원들도 있습니다. 계약 방식 외에 대체 무슨 근본적인 차이라도 있다는 뜻일까요?

A씨는 비정규직으로 입사했지만 스스로 정규직 이상의 일을 하고 있다고 자부하고 있었습니다. 지시받지 않아도 스스로 야근하며

업무가 밀리지 않도록 책임감 있게 일했고, 정규직조차 모르는 업무의 세부 사항까지 모두 파악하고 있었습니다. A씨와 함께 비정규직으로 입사한 다른 직원들도 마찬가지였습니다.

새로 정규직 직원이 입사하면서 부서의 분위기가 악화되기 시작했습니다. 그 직원의 업무능력이 매우 떨어지는 탓이었습니다. 비정규직 직원 한 명이 전담으로 그 신입 직원을 지원하도록 지시받았지만, 상황은 크게 달라지지 않았습니다. 전담해야 했던 비정규직 직원은 업무를 알려주어도 이해하지를 못하니 차라리 대신해주는 것이 빠르겠다고 한탄했다고 합니다.

정규직 한 사람이 제 몫을 하지 못하면서, 그 뒷감당을 해야 하는 것은 A씨와 다른 비정규직 직원들이었고 그만큼 불만이 쌓였습니다. 정규직은 그들에 비해 급여도 많이 받고 있었고, 직급도 더 위였기 때문에 A씨와 동료들의 불만은 더했습니다.

하지만 상황을 호소해도 바뀌는 것은 없었습니다. 부서장은 그 직원이 해외 명문대 출신이라며 두둔했습니다. 조금씩이라도 성장하고 있으니 충분히 성장 가능성을 가진 사람이라면서 말입니다. 하지만 당장 그 뒷감당을 해야 하는 것은 A씨나 다른 비정규직 직원들이었습니다. 부서장의 말 때문에 A씨와 다른 직원들은 아무리 일을 열심히 하고 잘해도, 명문대 나오고 정규직 입사한 것 아니면 소용이 없는 거구나 하는 생각도 들었다고 합니다.

이렇듯 조직 내에 기득권층과 비기득권층을 만들고, 학력과 학벌, 직위, 직급, 직군, 계약 방식에 따라 차별하는 문화를 형성하는 리더들이 있습니다. 그들은 조직을 분열시키고, 조직 내부의 화합을 저해합니다. 무너진 조직문화는 구성원이 조직과 업무를 대하는 마음에도 영향을 주고, 업무 만족도와 의욕을 떨어지게 합니다. 직원의 의욕이 사라져서 생산성이 떨어지면, 조직의 경쟁력도 함께 악화됩니다. 업무능력과는 무관한 계급 문화의 조성을 통해, 리더 스스로가 조직을 쇠락의 길로 몰아가는 것입니다.

12. 분열과 갈등을 만드는 리더

리더의 잘못된 의사결정이나 부당한 행위로 문제가 발생했을 때, 책임감 있는 리더들은 그 여파를 감내합니다. 자신의 책임임을 인정하지요. 하지만 무책임한 리더는 여론을 조장하며 구성원들의 관심을 다른 곳으로 돌리곤 합니다. 구성원들이 서로 의견이 갈린 채 물고 뜯는 동안은 리더에게 책임을 물을 사람도 없을 테니까요.

우리나라의 모 온라인 커뮤니티에서도 이런 사례가 확인된 바 있습니다. 흔히 온라인 커뮤니티는 회원들의 등급제를 운영합니다. 열심히 활동하는 회원들은 점수를 축적하며 등급이 올라가고, 등급이 올라가면 닉네임 앞에 붙는 숫자나 표시가 달라지지요. 사례 속의 온라인 커뮤니티에서는 거기에 더해 최고 등급이 된 회원들의 닉네임에 커뮤니티 리더가 직접 디자인한 장식을 붙여주는 방식으로 그들의 충성도를 보상했습니다.

회원 수가 증가하고, 최고 등급이 된 회원들이 증가하자 커뮤니티 리더의 관리 부담이 커졌습니다. 리더는 그런 부담을 회원들과 소통하고 해결 방법을 찾는 대신, 모든 회원들의 활동 기록을 영점으로 되돌렸습니다. 아무런 사전 설명 없이, 이미 실행한 다음 일방적으로 회원들에게 통보했습니다.

회원들의 불만이 빗발쳤습니다. 물론 온라인 커뮤니티에서 높은 등급을 차지했다는 점은 현실 사회에서 아무런 도움도 되지 않습니다. 하지만 현실의 불공정에 지친 사람들에게는 정서적인 보상이자, 위안의 수단이 되기도 합니다. 현실 사회에서는 노력을 보상받지 못하는 일, 노력의 성과를 다른 사람에게 빼앗기는 일이 흔합니다. 반면 온라인 커뮤니티에서는 명확하게, 정해진 기준대로, 실제로 행한 사람의 등급이 올라가지요. 공정한 보상에 목마른 현대인들에게 노력 그대로를 반영하는 등급제도가 갖는 의미는 적지 않습니다. 사례 속의 커뮤니티 리더는 그런 점을 생각하지 못한 것입니다.

이후의 대처도 무책임했습니다. 회원들이 불만을 얘기하자, 커뮤니티 리더는 한두 명의 회원이 했던 코멘트를 콕 찝어서, 그런 코멘트로 인해 자신이 얼마나 상처받고 고통스러운지를 감정적으로 호소하는 글을 올렸습니다. 그 호소에 동조하는 회원들이 생겨나고, 삽시간에 리더를 상처 준 회원을 비난하는 여론과 틀린 말을 한 것은 아니지 않냐는 여론이 다투기 시작했습니다. 그런 다툼 속에서 리더의 잘못은 잊혔습니다.

온라인이 아닌, 현실 속에서도 비슷한 사례가 확인되곤 합니다. 심지어 나라 전체가 그런 다툼에 휩쓸리기도 합니다. 서로 의견이 다른 사람을 반목하거나 원색적인 비난을 일삼는 사람도 나타납니다. 근본적인 문제(리더의 잘못)를 바로잡으려던 움직임은 방향을 잃은 갈등 속에서 흐지부지해집니다. 바로 책임 없는 리더들이 원하는 상황이지요.

현실 속의 관련 사례로 A씨의 경험을 한번 살펴보겠습니다. A씨의 경영진은 노조에서 급여 인상과 성과금 지급을 요구할 때마다, 승진자의 연봉을 올려주기 위한 재원이 줄어든다는 핑계를 대곤 했습니다. 노조에서 요구하는 만큼의 급여 인상과 성과금 지급을 단행하면, 승진 예정자를 일부밖에 승진시켜줄 수 없다는 것이 경영진의 주장이었습니다. 마치 인건비에 쓸 수 있는 재원이 정해져 있어서 더는 올리지 못하는 것처럼 말입니다.

경영진은 이렇게 승진 예정자와 다른 직원들 사이에 갈등을 유발시켰습니다. 승진 예정자는 모두의 인건비 인상을 위해 자신의 승진이나 급여 인상을 포기해야 할 수도 있다는 위기감을 느꼈고, 다른 사람들은 그런 승진 예정자들을 이기적이라고 생각했습니다.

조직의 자금 사정에 별다른 문제가 없다는 전제하에, 경영진이라면 마땅히 직원에게 정당한 수준의 급여 인상과 성과금, 승진을 보장할 수 있어야겠지요. 그만큼의 재원을 확보하지 못한다면 경영진이 의도적으로 하지 않았거나 그들의 능력 부족일 뿐, 직원들끼리 서로 다퉈야 할 일은 아닙니다.

하지만 사례 속 경영진은 추가 재원을 확보할 책임을 회피하기 위해, 마치 인건비 재원이 확고하게 정해졌으며 증액할 수 없는 것처럼 직원들이 생각하도록 만들었습니다. 승진을 원하는 직원과 모두의 인건비 증액을 원하는 직원들의 갈등을 유발함으로써 본인들의 무책임을 숨기고, 직원들의 지탄을 회피했지요.

책임회피가 우선인 리더들이 의사 결정권을 쥐고 있는 조직은 다른 문제도 이런 식으로 흐지부지되기 쉽습니다. 직원들이 문제를 인식해도, 책임회피가 우선인 리더가 제대로 된 해결까지 가는 것을 방해하기 때문입니다. 당연히 조직은 계속 문제를 껴안은 채로 운영되고, 직원들의 근무 만족도와 생산성은 낮아집니다. 리더가 만들어낸 갈등 상황으로 인해 직원들 간의 대인관계에도 문제가 생기고, 업무 스트레스가 커집니다. 더불어 조직의 발전 가능성도 함께 하락하게 됩니다.

▎13. 약탈 문화를 조장하는 리더

모 유튜브 채널에서는 탈북한 유튜버가 등장해서 북한에서 겪었던 일을 공유하는 것을 컨셉으로 잡고 있습니다.17) 그의 영상 중 일부를 살펴보면 북한에서 군인들에 대한 식량 배급이 잘 이뤄지지 않는 곳이 있으며, 굶주린 군인들이 민가를 약탈해서 배를 채운다는 내용이 담겨 있습니다. 그런 민가 약탈이 일상이 되어 있었다는 것이 그의 설명이었습니다. 이미 식량자원이 지극히 부족한 상황에 분배마저 제대로 이뤄지지 않다 보니 군인들이 상대적 약자인 주민이 가진 것을 빼앗아 결핍을 채우게 되었다는 것입니다.

우리는 이런 북한의 얘기를 들으면 경악합니다. 어떻게 그토록 비참한 현실이 있을 수 있는지, 북한의 우리 동포들을 걱정하고 마음 아파하기도 합니다. 내심 북한에 태어나지 않았다는 것에 안심하기도 합니다.

하지만 형태만 다를 뿐, 우리 주변에도 약자를 약탈하는 강자의 행위는 발생하고 있습니다. 식량처럼 물질적인 것은 아니지만, 약자의 전문성과 지식, 업무능력을 약탈하는 일이 비일비재하게 발생합니다.

자원이 부족하면 경쟁이 발생하고, 경쟁이 발생하면 강자가 약자의 것을 약탈하는 일이 흔해집니다. 우리는 소위 좋은 일자리(descent job)의 부족으로 인한 극심한 경쟁을 겪고 있습니다. 위로 올라가기 위해서는 다른 사람들보다 우월한 실적과 성과를 보여야 합니다. 약탈이 발생하기 쉬운 분위기가 조성되는 것이죠.

이미 힘을 가진 사람들이 더 위로 올라가기 위한 경쟁을 하기도 합니다. 그런 실적을 혼자서 채우기는 힘드니 더 약한 사람의 노동력을 착취하여 자신의 실적처럼 만드는 강자들도 있습니다. 학생이 쓴 논문에 이름만 올리는 대학교수, 후임의 참신한 기획안을 자신의 것처럼 허위로 올리는 선임과 부서장, 책임자로 이름만 올려놓고 모든 업무와 총괄 역할까지 휘하의 팀원에게 떠맡기는 리더들도 있습니다.

때로는 조직의 평가를 잘 받기 위한 것이라고 정당화하며 직원들이 개별적으로 하는 활동에 참견하고 실적을 빼앗으려 하는 경영진도 있습니다.

A씨가 근무하는 공공기관의 평가 기준에는 지역 내 사회적 기여 활동이 포함되어 있었습니다. 그 일을 빌미로 사측은 직원들이 운영하는 봉사·후원 동아리의 실적을 요구하고, 기관에 유리한 방향으로 활동하라는 압력을 행사했습니다. 해당 동아리가 직원들의 사적

인 모임이라는 것은 무시한 채 말입니다.

하지만 기관이 위치한 지역에는 다른 공공기관이 많았고, 복지 시설의 수는 적었습니다. 즉, 다른 지역의 시설에 비해 풍족한 후원 과 봉사자의 혜택을 누리고 있었던 것입니다. 봉사·후원 동아리에 서 후원을 추진해보려고 해도 일일 간식 정도만 보내달라고 하는 곳 이 다수였으며, 봉사활동을 가려고 하면 봉사자가 너무 많아서 곤란 하다고 할 정도였습니다.

봉사·후원 동아리 측은 형편이 어렵고 절박한 시설을 후원하는 것을 우선시해 왔습니다. 이미 풍족한 지역 내 시설에 간식 정도를 지원하는 것보다는, 다른 지역에 위치했어도 수리비가 부족해 비가 샌다는 시설의 지붕 수리를 돕거나, 망가진 가전제품을 교체해주는 등의 활동을 더 선호했던 것입니다.

동아리 측은 이런 상황을 사측에 설명했으나 사측은 그를 무시 한 채, 간식 후원도 괜찮다, 대형 TV 한 대를 놔주면 좋아하지 않겠 냐, 현금 후원을 해주면 되지 않느냐고 할 뿐이었습니다. 하지만 정 작 이런 활동을 사측이 지원해 줄 수 있느냐는 질문에는 아니라고 답했습니다. 즉, 비용이나 인력 지원은 전혀 해주지 않으면서, 사적 동아리의 활동만 기관의 실적처럼 포장하려고 한 것입니다. 이런 행 위 역시 경영진의 이익을 위한 실적 약탈 행위로 볼 수 있습니다.

더 나아가 자녀를 위한다는 명목으로 약자의 능력 약탈을 하는 강자들도 있습니다. 회사의 간부들이 자녀의 과제를 후임 직원에게 대신해줄 것을 지시하기도 하고,18) 군대의 간부가 명문대 출신인 후 임에게 자녀의 무료 과외를 지시하기도 합니다. 상사가 자녀를 유학 보내려고 할 때, 해외 학교를 알아봐 주거나 자기소개서를 대신 써 줘야 했던 직원도 있었습니다.

리더의 행위나 가치관은 조직 전체에 쉽게 퍼져나가고, 리더의 약탈 행위는 조직 전체에 약탈 문화를 번지게 합니다. 리더로부터 억울하게 능력을 약탈당했던 직원들은 나중에 본인이 리더의 자리에 올랐을 때 후임의 능력을 약탈하기도 합니다. 한 번 시작된 약탈 문화가 대물림되어 계속 이어질 수 있는 것입니다.

능력 약탈이 조직문화로 자리 잡으면 근평의 공정성이 사라집니다. 자기가 하지 않은 일을 자기가 한 것처럼 보고하는 사람들이 늘어나고, 일을 다 해놓고도 성과를 빼앗겨 인정받지 못하는 피해자도 함께 증가하기 때문입니다.

덩달아 보상체계도 공정성을 잃습니다. 직원들은 공정하지 못한 조직을 위해 일할 의욕을 잃고, 조직의 생산성과 경쟁력은 하락하게 됩니다. 이기적인 리더가 시작한 행동이 나비효과처럼 퍼져나가 조직을 흔드는 돌풍이 될 수도 있습니다.

▌14. 아이디어만 많은 리더

이것저것 새로운 시도를 하는 것을 좋아하는 리더들이 있습니다. 때로는 아이디어 많은 리더가 주도한 혁신 덕분에 조직이 크게 성장하는 기회를 맞게 되기도 합니다.

하지만 아이디어가 많은 것도 정도껏 이어야겠죠. 너무 많은 아이디어는 오히려 업무 추진에 지장을 줍니다. 또한 리더가 아이디어를 실행해주는 직원들을 배려하지 않는다면, 조직은 방향성을 잡지 못하고 우왕좌왕하게 될 수 있습니다.

A씨의 리더도 바로 이렇게 아이디어가 많고 열의가 넘치는 사람이었습니다. 신입 직원들은 회의 시간에도 열정적으로 미래의 청사진을 얘기하고, 직원들의 참여를 독려하는 리더를 무척 존경스럽다고 생각했습니다. 그 나이에도 현실에 안주하지 않는 모습이 멋지다는 것이었죠.

하지만 몇 년 이상 조직에서 일한 직원들의 생각은 달랐습니다. 리더는 풍부한 아이디어를 바탕으로 많은 사업을 벌이고 일을 지시하긴 하지만 한 번도 끝마무리를 책임진 적이 없었습니다. 게다가 본인이 지시를 내리는 시간은 짧지만, 그 지시를 실행하기 위해서는 긴 시간이 필요하다는 것을 이해하지 못했습니다. 자신이 아이디어를 만들어내는 것만큼 실행이 빨리 되지 못한다는 것만 질책했지요.

리더의 아이디어가 너무 넘쳐나다 보니 모순된 지시를 내리거나, 했던 일을 다른 방법으로 여러 번 반복하게 하는 일도 빈번했습니다. 리더는 간부급들과 식사하는 자리에서는 직원들이 자신만큼의 열정을 갖고 있지 않다며 한탄했고, 정시퇴근하는 직원들에 대해 회사에 대한 충성심이 없다고 비난하기도 했습니다.

리더는 스스로가 매우 뛰어난 리더라고 착각했고, 자신의 리더십 덕분에 조직이 잘 되고 있다고 생각했습니다. 본인이 남발하는 아이디어들을 현실성 있도록 잘 다듬어서 실행해준 직원들의 공로는 쉽게 잊었습니다. 일이 잘되면 본인의 리더십이 훌륭해서고, 안

되면 직원들이 적극적으로 참여하지 않아서라고 생각했습니다.

아이디어만 내고 책임은 지지 않는 리더 밑에서 직원들의 업무능력이 빠르게 성장하긴 했습니다. 하지만 그런 성장도 알아봐 주지 않는 리더 밑에서 뛰어난 직원들이 오래 머무를 이유가 없었습니다. 실력 좋은 직원들부터 더 좋은 대우를 해주는 곳으로 이직해갔습니다.

이런 상황은 중간 관리자들에게도 무척 괴로운 일이었습니다. 신입 직원을 맞아 업무를 가르쳐놓고 함께 일할 만해지면 퇴사하는 일이 반복되었습니다. 특히 일을 잘 배우고 잘하는 직원들부터 빨리 빠져나가다 보니 그들의 공백은 컸습니다. 겨우 업무 공백을 메우다 보면 새로운 신입 직원이 와서 처음부터 다시 가르쳐야 했습니다. 자꾸만 내려오는 리더의 신규 아이디어 때문에 가뜩이나 일이 많은 상황에 신입 직원을 가르쳐야 하는 부담까지 더해지니 중간 관리자들도 버티지 못하고 퇴사하는 일이 늘었습니다.

조직은 동일 업계에서 경쟁업체가 아닌, 인력양성소로 취급을 받기 시작했습니다. 우수 인력 유출이 워낙 빈번하다 보니 조직의 경쟁력도 하락했습니다. 하지만 리더는 끝까지 자신의 문제점을 깨닫지 못했습니다. 성과물의 질이 떨어져 고객들이 떨어져 나가고, 결국 회사가 문을 닫을 때까지도 말입니다.

▌ 15. 스스로 만든 규정을 위반하는 리더

규정을 만들기 위해 최종 의사결정을 하는 것은 보통 리더들입니다. 하지만 정작 그런 리더들이 자신들이 만든 규정을 위반하곤 합니다. 다른 사람에게는 지킬 것을 요구하면서 본인만큼은 규정 위에 있는 것처럼 착각하는 사람들도 있습니다. 언론에서 간혹 보게 되는 일부 정치인과 기득권층의 뒷모습이지요.

우리나라의 국회의원 다수가 위반하는 법이 있습니다. 바로 자료 제출 요구를 하는 방식입니다. 국회의원은 개별적 지위를 이용하여 공공기관에 자료를 요구할 수 없습니다. 자료 요구를 하려면 먼저 위원회에 올리고 의결되어야 함이 국회법에 명시되어 있습니다(국회법 제128조). 폐회 중에도 사전 협의를 거친 뒤, 의장이나 위원장의 명의로 요구할 수 있습니다.

국회법 제128조(보고·서류 등의 제출 요구)

① 본회의, 위원회 또는 소위원회는 그 의결로 안건의 심의 또는 국정감사나 국정조사와 직접 관련된 보고 또는 서류와 해당 기관이 보유한 사진·영상물(이하 이 조에서 "서류등"이라 한다)의 제출을 정부, 행정기관 등에 요구할 수 있다. 다만, 위원회가 청문회, 국정감사 또는 국정조사와 관련된 서류 등의 제출을 요구하는 경우에는 그 의결 또는 재적위원 3분의 1 이상의 요구로 할 수 있다.
② 제1항에 따라 서류등의 제출을 요구할 때에는 서면, 전자문서 또는 컴퓨터의 자기테이프·자기디스크, 그 밖에 이와 유사한 매체에 기록된 상태나 전산망에 입력된 상태로 제출할 것을 요구할 수 있다.
③ 제1항에도 불구하고 폐회 중에 의원으로부터 서류 등의 제출 요구가 있을 때에는 의장 또는 위원장은 교섭단체 대표의원 또는 간사와 협의하여 이를 요구할 수 있다.
④ 위원회(소위원회를 포함한다. 이하 이 장에서 같다)가 제1항의 요구

를 할 때에는 의장에게 그 사실을 보고하여야 한다.

⑤ 제1항의 요구를 받은 정부, 행정기관 등은 기간을 따로 정하는 경우를 제외하고는 요구를 받은 날부터 10일 이내에 보고 또는 서류등을 제출하여야 한다. 다만, 특별한 사유가 있을 때에는 의장이나 위원장에게 그 사유를 보고하고 그 기간을 연장할 수 있다. 이 경우 의장이나 위원장은 제1항의 요구를 한 의원에게 그 사실을 통보한다.

⑥ 제1항의 보고 또는 서류등의 제출 요구 등에 관하여 그 밖에 필요한 절차는 다른 법률에서 정하는 바에 따른다.

하지만 현실에서는 법을 위반한 채 국회의원 개개인, 심지어 보좌관이 자료를 요구하는 경우가 비일비재합니다. 국정감사 기간뿐만 아니라, 평소에도 불쑥 자료를 요구할 때가 있으며, 여러 국회의원들이 번갈아 가며 동일한 자료를 다른 양식으로 요구하기도 합니다. 요구해서 받은 자료를 국회 내부에서조차 공유하지 않는다는 의미지요. 때로는 국회의원 측이 반대하는 특정 정책에 대한 보복 수단으로 자료 요청을 남발하기도 합니다.[19]

국회의원을 보좌하는 경험을 해본 A씨의 증언에 따르면, 정말 문제가 있다는 근거를 바탕으로 자료 요구를 하는 것이 아니라고 합니다. 이슈가 있을 법한 영역에 대해 무작정 자료 요구를 하고, 건수를 잡으면 성공 아니면 다른 자료 요구를 한다고 합니다. 사회적 이슈가 될만한 사안을 잡아내는 것이 성과가 되기 때문에 그렇게 국회의원의 권한을 앞세워 법을 위반한다는 것이죠.

요구한 자료가 별다른 문제 없이 오면 자료를 확인하지도 않을 때가 빈번하다고 합니다. 보지도 않을 자료를 만들어내라며 며칠,

심지어 몇 시간의 여유만 주고 닦달한다는 것입니다. 자료 요구를 받은 조직 측에서는 그 자료를 작성하기 위해 다른 업무가 마비되거나, 여러 직원이 야근해야 하기도 하는데 말입니다.

국회의원이 법을 위반하는 것을 알면서도 공공기관들은 어쩔 수 없이 자료 요구에 임합니다. 특히 국정감사를 받는 공공기관은 더욱 거절하기가 쉽지 않습니다. 법을 언급하며 거절하거나, 요구받은 시일 내에 자료를 제출하지 못하면 국정감사 때 힘든 상황을 겪게 될 수 있기 때문입니다.

하지만 자료를 요구받은 측이 단결하여 국회의원에게 이의를 제기한 사례도 있습니다. 몇 년전, 모 국회의원이 학교에서 사용하는 공의 브랜드를 일일이 조사해서 보내라는 요구를 한 적이 있다고 합니다. 역시나 위원회를 거치지 않고, 국회의원 개인이 요구한 것이었습니다.

교사들은 국회의원의 부당한 요구에 반발했습니다. 서로 단결하여 국회법의 관련 조항을 찾아냈고, 돌아가며 국회의원 사무실로 전화를 걸어 문의했습니다. 자료 요구가 국회법 128조에 의거하여 위원회의 의결을 거친 것인지 말입니다. 처음에는 시큰둥하게 답하던 보좌관이 나중에는 전화를 받자마자 죄송하다며 사과를 했다고 합니다. 본인들도 법을 위반하고 있다는 것을 알고 있었던 것이죠.

국회의원은 한 나라를 운영하는 최상위 리더 집단이며, 법을 만드는 사람들입니다. 그런 사람들이 법을 지키지 않는 모습이 국민의 눈에는 어떻게 비칠까요? 리더부터가 법규를 지키지 않는데, 국민들이 지켜야겠다는 생각을 하게 될까요?

▌16. 역할 분담에 매몰된 리더, 역할 분담 체계를 흐트러트리는 리더

부서나 조직별로 역할을 구분하고 담당자를 나누는 것은 업무의 효율성을 위해서입니다. 물론 리더가 지나치게 역할 분담에 연연한다면 아무도 책임지지 않는 사각지대가 발생하거나, 조직 간에 협력이 필요한 부분이 방치될 수도 있습니다. 그 속에서 고통받는 사람이 생길 수도 있고요.

복지 분야의 보호 시설을 예로 들어보겠습니다. 일부 시설들은 역할이 지나치게 세분되어 있어 도리어 어려움을 겪기도 합니다. 가해자로부터 도망쳐 나와 보호를 요청하는 피해자가 있어도 도움의 손길보다는 먼저 시설의 보호 대상에 해당하는지부터 확인해야 한다고 합니다. 피해자를 폭력 등의 범죄로부터 보호하고 안정을 찾도록 돕기보다 그런 사항을 확인하는 민감한 질문부터 해야 합니다.

일부 시설은 우선 피해자 보호를 우선으로 하고 차츰 피해자가 겪은 피해가 무엇인지를 파악한 뒤, 적합한 시설로 보내려고 하기도 합니다. 하지만 담당 공무원이 알게 되면 도움을 요청한 피해자를 내보내야 합니다. 때로 도움을 바라며 찾아온 피해자 중에는 범죄를 완전히 겪지는 않았고, 직전에서 도망쳐 나온 경우도 있었습니다. 이런 경우에도 시설의 보호 대상은 되지 않았기에 공무원은 내보낼 것을 요구했다고 합니다. 그로 인해 더욱 상처받은 피해자는 나가서 그 범죄를 다 겪고 돌아와야 하는 것이냐고 항의하기도 했고요.

하지만 담당 공무원 역시 소속 부처/청과 부서의 역할에 충실해야 하며, 그 영역을 넘어서게 되면 책임을 추궁받을 수 있습니다. 임의대로 시설의 보호대상으로 정해지지 않은 피해자 보호를 눈감아 줄 수가 없습니다. 잘한 일을 칭찬하는 것보다, 정해진 영역을 넘어섰다가 문제 상황이 발생할 때 문책하는 것이 우선되는 조직의 문제점이 여기서도 드러나는 것이죠.

반대로 역할 분담을 너무 흐트러트려서 문제가 되는 리더도 있습니다. 부서를 구분해두고 누가 어떤 일을 해야 할지 판단하지 못해 역할 분담을 엉망으로 만드는 리더가 있는가 하면, 업무 담당자가 해야 할 일을 전후 문맥도 모르는 채로 끼어들어 불필요한 갈등을 유발하는 리더도 있습니다. 이런 리더 밑에서는 실적과 성과 약탈을 하기가 쉬워지기도 하고, 리더의 부적절한 관여로 인해 업무 체계가 마비될 수도 있습니다.

A씨는 조직 내 중간 관리자급에 속한 사람이었습니다. 해외의 조직으로부터 업무 협약을 요청하는 연락을 받았으나, 그 업무는 해외 협력을 담당하는 부서에서 진행해야 할 일이었습니다. A씨는 조직의 수장과 해외 협력 부서장에게 그 상황을 공유하고, 해외 협력 부서 쪽으로 관련 업무를 전달했습니다. 하지만 해외 협력 부서장은 몇 달이 지나도록 아무런 조치를 취하지 않았습니다.

기다리던 해외의 조직은 A씨의 수장에게 연락을 했습니다. 그러자 수장은 A씨를 불러 질책했습니다. A씨가 해당 업무의 담당자가 해외 협력 부서장임을 상기시켰으나, 수장은 해외 협력부서가 바쁜 상황이라며 A씨에게 일을 추진할 것을 요구했습니다. A씨 역시 과중한 업무에 시달리고 있음을 고려하지 않은 것입니다.

A씨는 해외 협력 부서를 '도와주는 것임을' 강조한 뒤, 관련 서류를 직접 작성하고 일을 추진했습니다. 업무가 정리되자 해외 협력 부서장은 그제야 A씨에게 연락해서 본인이 수장에게 보고를 하겠다고 했습니다. 마지막 순간에만 자신이 일을 한 것처럼 실적을 가로채려는 것이었죠.

A씨는 먼저 수장에게 보고를 하고, 해당 업무와 관련하여 해외 협력부서로부터 아무 지원을 받지 못했음을 알렸습니다. 해외의 협력 요청이 다양하게 오고 있으니, 전담 인력을 키워야 한다는 것도 건의했습니다.

수장이 보인 반응은 A씨가 할 수 있으니 되었다는 것이었습니다. 수장은 A씨에게 본연의 다른 업무가 있다는 것, 해외 협력부서가 따로 있다는 것은 고려하지 않았습니다. 애초부터 부서와 역할을 구분하는 근본적인 이유를 무시한 채, 아무나 할 수 있는 사람에게 일을 시키면 된다고 생각한 것입니다. 리더로서의 판단력을 의심해 볼 수 있는 행동이었습니다.

다른 사례자인 B씨는 비영리 조직 내부의 팀에서 일하고 있었습니다. B씨가 속한 팀에는 의사결정권을 가진 팀장이 있었고, 팀장의 일을 돕는 대위원들이 있었습니다. 의사결정은 대위원들이 팀원들의 의견을 취합한 뒤, 팀장과 함께 논의하여 최종 결정을 하는 방식으로 이뤄졌습니다.

하지만 새롭게 부임한 총괄 책임자는 B씨 부서의 운영에 대한 맥락도 알지 못한 채로 부서의 업무에 참견했습니다. 자신을 찾아오는 팀원들의 말만 들은 뒤, 팀장과 상의하지 않은 채로 의사결정을 내렸고 그 결과로 발생한 문제는 해결하지 않은 채 방치했습니다.

부서의 의사결정 체계는 무너졌고, 팀장과 대위원, 팀원들 간에 갈등이 발생했습니다. 팀은 분열했고, 진행되던 프로젝트조차 중단되어야 했습니다. 문제를 만든 것은 총괄 책임자지만, 그로 인해 고통받은 것은 팀이었습니다.

사례에서 봤듯이 리더가 역할 분담의 명확성을 무너뜨리면 구성원들의 역할 분담이 모호해지고, 의사소통에 문제가 생기면서 갈등을 유발할 수 있습니다. 역할을 지나치게 구분해서 서로 협력조차 되지 않는다면 그것도 문제가 있겠지만, 기본적인 구분은 할 필요가 있겠지요. 엉뚱한 사람이 다른 사람의 업무까지 떠맡게 되거나, 상황을 모르는 사람의 관여로 일이 복잡해지지 않도록 말입니다.

▎17. 자신의 카리스마에 도취된 리더

스스로의 카리스마에 도취되어 조직을 일방적으로 휘두르는 리더, 그 밑에서 괴로워하는 구성원들은 전혀 살피려 하지 않는 리더들도 있습니다. 과거에 이런 강압적인 리더십으로 여러 차례 성공을 거둔 리더들이 비교적 자주 보이는 행동 패턴이기도 합니다. 사회가 변화하고, 직원들의 인식이 변화했음을 알지 못한 채, 과거의 성공만 생각하며 그릇된 리더십을 답습하는 것입니다.

A씨가 속한 비영리 조직에서도 이런 리더가 의사 결정권을 차지하게 되었습니다. 리더는 과거에 큰 프로젝트를 여럿 성공시켰고, 더 윗급의 리더들로부터 능력 있는 사람으로 인정받고 있었습니다. 하지만 그의 성공은 대부분 구성원들에게 희생을 강요한 결과였습니다.

리더는 대량의 물품을 후원받은 뒤, 구성원에게 물품의 구매를 강요하거나, 팔아서 수익금을 마련해 올 것을 요구했습니다. 구성원이 판매 요구를 받아들이면 물건값을 사전 입금하도록 했습니다. 즉, 팔릴지 아닐지도 모르는 물건의 값을 구성원에게 떠넘긴 것입니다. 이런 방식으로 자금을 확보하고, 그 자금으로 새로운 프로젝트를 운영했습니다.

리더는 대형 행사 개최를 일방적으로 결정한 뒤에 구성원들에게 통보하기도 했습니다. 반발은 전혀 듣지 않았고, 오로지 실행 계획만 세워서 보고하고 실행하도록 했습니다. 행사 운영 자금을 확보하는 것도 구성원들이 알아서 해야 했고, 부족하면 개인 돈으로라도 메워야 했습니다.

표면적으로는 계속 많은 실적을 내는 리더였기에 윗급의 리더들은 그를 참여도가 저조한 지점의 책임자로 발령냈습니다. 그가 지점을 활성화시킬 수 있을 것이라고 생각한 것입니다.

초반에는 그의 리더십에 구성원들이 따라오는 것처럼 보였습니다. 그는 강압적이긴 했지만, 카리스마가 있었고 구성원들을 조종하는 능력도 뛰어났기 때문입니다. 하지만 얼마 지나지 않아 구성원들의 피로도가 쌓이기 시작했습니다.

비영리 조직의 특성상 후원금과 후원 물품에 대한 의존도가 높았고, 원하는 만큼의 후원이 들어오지 않으면 리더는 그 책임을 구성원에게 떠넘겼습니다. 본인의 지시대로 일이 빠르게 진행되지 않을 때도 질타했습니다. 구성원들이 불만을 얘기하면 마치 어린아이를 꾸짖듯이 그들을 질책했습니다.

리더의 지나친 요구와 배려 없는 대우 탓에 한 부서의 구성원들이 모두 사퇴했습니다. 리더는 과감히 그 조직을 없앴습니다.

다른 조직을 책임지던 간부급 구성원도 사퇴를 했습니다. 리더는 남은 간부 중 하나에게 그 역할을 맡겼습니다.

리더의 바로 곁에서 보좌하던 간부마저 사퇴를 했습니다. 리더는 상황을 해결하려고 하는 대신, 더욱 강압적인 리더십을 행사하기 시작했습니다. 모든 의사결정은 아예 리더의 단독 판단에 따라 이뤄졌고, 구성원들은 오로지 그에 따라 실행만 하는 역할을 맡게 되었습니다.

지점을 운영하기 위한 후원금이 줄어들자, 리더는 구성원들로부터 더 많은 후원금을 요구했습니다. 간부들에게 구성원들로부터 후원금을 받아낼 것을 요구하기도 했습니다. 지점을 이탈하는 사람들의 수는 계속 늘어났고, 상황은 오히려 리더가 오기 전보다 더욱 악화되었습니다.

조직의 체계가 잡히고, 바른 조직문화가 섰을 때, 그 위로 더해지는 리더의 카리스마는 조직을 발전시키는 원동력이 될 수 있습니다. 하지만 체계도, 문화도 잡히지 않은 조직을 카리스마에만 의존하며 강제로 끌고 가려고 한다면, 부작용이 발생할 수밖에 없습니

다. A씨의 리더는 이런 점을 생각하지 않았고, 본인의 카리스마에
도취 되어 조직을 휘둘렀습니다. 그 결과, 그럭저럭 현상은 유지하
던 조직의 체계가 무너지는 결과를 낳게 되었습니다.

▎18. 다른 리더의 성과를 無로 만드는 리더

정권이 교체될 때면 이전의 대통령이 임기 중 적극적으로 추진
했던 정책이 중단되기도 합니다. 그 결과 정책이 추진되던 현장에는
혼란이 발생합니다.

새로운 대통령들이 기존 정책을 중단하는 이유 중 하나는 성공
한 정책의 업적이 시작한 사람들에게 귀속된다는 점입니다. 새로운
대통령이 전 대통령의 정책을 계속 추진하며 더 좋은 성과를 내도,
국민이 기억하는 건 정책을 시작한 사람이기 때문입니다. 언론 역시
전 대통령의 시작한 정책이었음을 상기시키며 국민의 기억을 부추
기기도 하고 말입니다.

이런 상황에서 새로운 대통령은 차라리 정책을 중단시키고, 그
예산을 새로운 정책에 투입하는 것이 낫겠다고 판단하곤 합니다. 비
록 정책을 갑자기 중단하는 결과가 어마어마한 예산 낭비와 국민의
혼란일지라도 말입니다.

국가가 아닌 개별 조직, 특히 민간이나 비영리 조직에서는 그나
마 뒤를 이어 추진한 사람의 공로를 시작한 사람의 공로와 함께 인
정해주는 편이긴 합니다. 그렇지만 그런 조직에서도 다른 리더의

업적을 無로 되돌리려는 리더들의 사례가 존재합니다. 조직이 잘되는 것보다 자신이 빛나 보이는 것을 더 우선시하는 리더들이 있으니까요.

비영리 조직에서 일하던 A씨는 기존에 함께 일하던 팀장과 총괄 책임자가 한꺼번에 다른 지점으로 발령되고, 새로운 팀장과 총괄 책임자가 배치되는 상황을 맞았습니다. 먼젓번 팀장은 A씨를 포함한 팀원들과 함께 새로운 프로젝트를 막 시작하던 참이었습니다.

새로 온 팀장까지는 별문제가 없었습니다. 새 팀장은 기꺼이 전임자가 시작한 프로젝트를 이어받아 추진하려고 했으니까요. 문제가 된 것은 총괄 책임자였습니다. 그는 팀원들이 함께 모일 기회나 공간을 허락하지 않으려고 했습니다. 총괄 책임자는 그 외에도 다양한 방식으로 A씨가 속한 팀의 활동을 방해했고, 그 결말은 팀 활동의 중단이었습니다.

B씨는 스토리텔링 방식의 교육 자료를 만드는 프로젝트에 참여하고 있었습니다. 집필해 줄 사람을 섭외하고, 그들이 원고를 쓸 수 있도록 자료를 제공하는 것이 B씨의 역할이었습니다. B씨는 프로젝트 초반부터 서너 명의 아마추어 작가를 섭외하는 데 성공했고, 바로 원고를 의뢰했습니다.

의뢰한 지 몇 주가 지났을 무렵, 프로젝트 리더가 갑자기 바뀌었습니다. 새 리더는 팀원과 상의도 없이 프로젝트의 방향을 바꿔버렸습니다. 이미 확보되어있는 자료를 스토리텔링 방식으로 전환하는 것이 아니라, 아예 새로운 자료를 찾아내라고 지시한 것입니다. 스토리텔링 방식 자체가 기존 프로젝트 리더가 제안한 것이기 때문이었습니다.

B씨는 이미 집필을 시작한 작가들에게 현재까지의 수고비라도 지급해달라고 요청했지만, 새 리더는 그마저도 묵살했습니다. 이전 리더와 상의하여 추진한 일이니, 자신의 책임이 아니라는 것이 이유였습니다. B씨는 섭외했던 작가들을 일일이 찾아가 상황을 설명하고 사과했습니다. 그때까지 진행된 작업에 대한 수고비조차 받을 수 없다는 말에 불쾌해하는 작가들의 반응도 감수해야 했습니다.

이전 리더의 추진 방향을 무산시킨 새 리더는 프로젝트를 제대로 추진하지도 않았습니다. 프로젝트와 관련 없는 일로 예산을 써버렸고, 만드는 자료의 방향성도 기획하지 않은 채로 리더가 아는 사람들을 대상으로 수당을 주며 자료를 수집했습니다.

그러다 프로젝트 종료일이 한 달도 채 남지 않았을 무렵, 리더는 갑작스럽게 팀원들에게 수집된 사례를 바탕으로 집필을 하라고 지시했습니다. 수집된 자료의 원고가 쉽게 읽히는 방식이 아니라며 수정이 필요하다고 했습니다. 그가 지시한 것은 사실상 이전 리더가 제안했던 스토리텔링 방식을 활용하는 것이었습니다.

이미 예산 대부분을 써버린데다가 프로젝트 기한이 얼마 남지 않았기 때문에 B씨와 팀원들이 사례를 나누어서 원고를 집필해야 했습니다. 모든 원고를 재집필 하면서 기한을 맞춰야 하다보니 매일같이 야근이 이어졌습니다. 그렇게 완성된 원고의 질은 B씨가 아마추어 작가로부터 받았던 초안에 비해 훨씬 떨어지는 수준이었습니다. 리더는 원고의 질을 지적하며 팀원들을 질책했습니다. 그러면서도 일정은 맞춰야 한다며 질 낮은 상태의 원고를 그대로 인쇄했습니다.

결국 스토리텔링 방식으로 갈 것이었다면 처음부터 이전 리더가 잡은 방향성을 그대로 이어받아 추진했어도 되었고, B씨가 섭외한 작가들을 활용했어도 될 일이었습니다. 하지만 이전 리더의 뜻대로 프로젝트를 이어가는 게 싫다며 새 리더가 고집을 부린 탓에 프로젝트는 엉망이 되었고, 성과물의 질도 떨어졌습니다.

▌19. 이익 추구에 눈이 먼 리더

한 조직을 운영하는 리더가 수익 창출을 목표로 하거나 손해를 보지 않으려고 하는 것은 당연합니다. 하지만 그 정도가 지나쳐서는 안되겠죠.

유럽의 모 비영리 단체에서는 아프리카에 댐을 건설하겠다며 기부금을 모았습니다. 댐 건설을 하면 수해를 막을 수 있고, 가뭄시에도 물을 확보할 수 있고 등등 여러 이유를 내세웠고요. 아프리카 사람들을 돕고자 하는 사람들은 많았고, 댐을 건설할 수 있는 어마어마한 자금이 확보되었습니다.

모금을 추진했던 비영리 단체의 리더는 행정 처리 비용으로 20% 정도를 뗀 뒤에 댐 건설은 다른 조직에 하청을 맡겼습니다. 그 조직은 또 행정 처리 비용을 떼고 하청을 맡겼고요. 그런 상황이 반복된 뒤, 정작 아프리카에 건설된 건 둑이라고 보기도 어려운 허접한 설치물이었습니다. 어려운 상황에 처한 아프리카 사람들을 돕고자 했던 후원자들의 마음이 무시되었고, 댐이 필요했던 아프리카 인들의 절박함이 무시되었습니다. 누군가의 주머니를 채우기 위해서 말입니다.

국내에서 발생한 사례를 보면, 물질적 이득을 위해 어린 학생들을 저작권 위반으로 신고하고, 그중 한 학생을 자살로 몰아간 리더의 사례도 있습니다. 저작권은 무척 중요한 창작자의 권리지만, 그 권리를 위반하지 않으려면 어떻게 해야 하는지 잘 모르는 사람이 많습니다. 저작권 교육을 받지 않은 어린 학생들은 더더욱 그렇지요.

개인 SNS와 블로그가 유행하면서 많은 사람이 타인의 사진이나 영상, 음악을 허락받지 않고 퍼와서 본인의 페이지를 꾸미는 데 사용하는 일이 종종 발생했습니다. 모 조직에서는 이렇게 저작권을 위배한 자료를 모아서 한꺼번에 신고했습니다. 성인뿐만 아니라 어린 학생들도 신고된 것은 마찬가지였습니다.

분명 어린 학생이 저질렀어도 위법은 위법입니다. 하지만 아직 판단력이나 가치관이 정립되지 않은 어린이나 청소년이 미처 법을 모른 채로 저작권을 위반하는 행위를 했다는 이유로 성인과 같은 기준으로 판단하는 것이 과연 타당할까요? 살인과 같은 범죄는 누구나 하면 안 된다는 것을 알고 있습니다. 반면 저작권 관련 문제는 성인들조차도 잘 모르는 사람이 흔하죠.

신고당한 학생들은 무척 두려웠을 것입니다. 성인도 경찰에 신고되면 겁부터 날 텐데, 어린 학생들은 오죽했을까요? 그중에는 결국 극단적인 선택을 한 학생도 있었습니다. 명분은 법의 수호였지만, 사실은 보상금을 노리고 한 선택이 비극을 초래한 것입니다. 그 조직의 리더나 구성원들도 이런 상황이 될 것이라고는 전혀 예상하지 못했겠지요.

물질적 이익을 추구하기 위해 조직 본연의 목적을 잊은 리더, 수단과 방법을 가리지 않는 리더, 그런 리더들의 결정이 조직을 가해자로 만들 수 있습니다.

▌20. 독성 리더십(Toxic Leadership)을 발휘하는 리더

독성(Toxic)이라는 단어에서부터 확인할 수 있듯이, 독성 리더십은 조직에 독이 되는 리더십 스타일을 의미하는 말입니다. 독성 리더십이라는 단어를 처음 사용한 것은 정치학자 마샤 린 위커(Marcia Lynn Whicker)였습니다.[20] 독성 리더십은 리더의 자리에 있는 사람이 권한을 오남용하거나, 직원들에게 부당한 대우를 하며 조직 내 관계를 엉망으로 만드는 것을 의미합니다. 독성 리더들은 이기적이고, 무책임하며, 개인의 이익을 위해 기꺼이 조직과 다른 직원들에게 피해를 끼칩니다.

독성 리더의 특성에 관해서는 여러 연구와 자료가 있지만, 알아보기 쉽게 정리된 자료를 보면 다음과 같습니다.[21][22]

👤 반복적인 지시 변경 또는 거짓말

독성 리더는 이랬다저랬다 하며 직원들에게 일을 두 번, 세 번 하게 만듭니다. 이전까지의 지시와 전혀 다른 방향의 지시를 내리고, 과거의 지시에 대해서는 부인합니다. 그렇게 직원을 가스라이팅 하기도 하지요. 회사 내부의 정보나 사정에 대해 숨기거나 거짓말을 하기도 합니다. 업무와 관련하여 잘못된 정보를 주기도 하고요.

👤 피드백 무시

독성 리더는 비판을 들으려고 하지 않습니다. 함께 일하는 사람들이 이의를 제기하거나 우려를 표현해도 무시합니다. 피드백을 듣지 않은 결과가 사고로 이어진다고 해도 말입니다.

👤 독선

독성 리더는 자신이 항상 옳다고 생각합니다. 자신의 언행에 잘못된 점이 있을 것이라는 생각은 전혀 하지 않습니다. 직원들이 자신의 말을 진리로 받아들이길 기대하며, 비판은 전혀 수용하지 않습니다.

👤 엄격한 상하관계 강조

상하관계가 엄격할수록 독성 리더는 힘을 얻습니다. 높은 권한으로 직원들을 마음대로 통제할 수 있으니까요. 따라서 직원들에게 자율성이 부여되는 것을 막으려고 합니다.

👤 직원 차별

독성 리더는 직원들 간에 계층을 나누고 편을 가릅니다. 성별, 연령, 인종, 성적 지향, 학력과 학벌, 지역 등을 바탕으로 직원들을 나누고, 대우하는 방식에 차별을 둡니다. 연령대나 직급이 높은 직원이 부탁하면 바로 처리되는 일이 젊고 직급 낮은 직원의 부탁으로는 되지 않는 것, 바로 이런 차별 중 하나입니다. 앞에서 나온 사례처럼 다른 직군이나 직급 간에 교류하지 못하게 하려고 하거나, 공유되는 정보의 양에 차등을 두는 것 등도 포함됩니다.

👤 자신감 부족

오만하지만 자신감은 부족하다? 뭔가 모순되어 보이지요. 하지만 겉으로 드러내는 과장된 오만함은 내면의 결핍을 보상하려는 수단이기도 합니다. 독성 리더는 자신감이 부족하므로 직원들을 믿지 못하고, 과도하게 통제하려고 합니다. 직원들이 재량껏, 스스로 해낼수 있다는 걸 믿지 않으며, 소소한 업무 하나하나에 직접 관여하며 지시하려고 하기도 합니다. 근세 시대의 영국 여왕 블러디 메리의 남편이자 스페인의 왕이었던 펠리페 2세가 바로 이런 리더 중 하나였습니다. 지방의 작은 일 하나까지 모두 직접 관여하면서 처리하려고 했기에 종일 정무에 몰두했고, 서류왕이라는 별명이 붙여지기도 했습니다.

👤 리더 역량 부족

독성 리더들은 자신들이 항상 옳다고 착각하지만, 말 그대로 착각입니다. 독성 리더들은 대체로 부적절한 의사결정을 내리기 때문에 조직 내에 갈등과 문제가 생기고, 업무가 비효율적으로 돌아가게 됩니다. 독성 리더는 무능력하기 때문에 다른 사람들을 깎아내리는 것으로 본인을 우월해 보이게 하려고 합니다. 시간 관리 능력 부족으로 팀원들이 막판에 업무를 몰아서 하게 하거나, 마감을 어기게 만들기도 합니다.

👤 사리사욕

독성 리더는 본인의 승진이나 이득이 우선이기 때문에 다른 직원들이나 팀을 기꺼이 희생시킵니다. 책임회피를 위해 직원에게 잘못을 떠넘기거나, 리더로서의 역할은 방치한 채 윗급의 간부들의 골프와 등산 모임에 따라다니거나, 윗급 간부들에게 충성하기 위해 직원들에게 부당한 요구를 하기도 합니다.

👤 현실성 없는 목표 설정

독성 리더들은 판단력이 부족하기 때문에 급한 마감 일정을 세우기도 하지만, 고의적으로 직원을 통제하기 위해 이런 수를 쓰기도 합니다. 때로는 느슨한 마감일을, 때로는 빡빡한 마감일을 주면서 직원을 쥐었다 풀었다 통제하기 쉽게 만들기도 합니다.

이렇게 놓고 보면, 독성 리더를 구분하기가 꽤 쉬워 보입니다. 보면서 "와, 딱, 우리 부서장이네." 하는 분도 계실 거고요. 하지만 정작 독성 리더는 이런 내용을 보면서도 본인이 그렇다는 걸 알지 못합니다. 독선, 남 탓, 가스라이팅, 자기성찰 부족 이런 것들이 독성 리더가 보편적으로 갖고 있는 특성이니까요.

독성 리더는 직장 내 괴롭힘을 유발시키고, 직원의 직무 만족도를 깎아내립니다. 직원들은 어차피 리더가 받아들이지 않을 것이기 때문에 리더의 생각이 잘못되었다고 느껴도 반대의견을 말하지 않습니다. 리더가 자신의 독선을 맹목적으로 따르고 듣기 좋은 말만 하는 사람만 아끼니, 곁에 남는 것은 본인처럼 회사의 경쟁력을 깎아 먹는 사람들 뿐입니다. 앞에서 언급되었던 구시대적 리더와 겹치는 면이 있지요.

그럼 직원들은 이런 독성 리더의 리더십을 어떻게 견뎌낼까요?

첫 번째, 그냥 참습니다.

근평을 담당하는 부서장이니, 승진하려면 너무 눈 밖에 나진 않아야 한다는 생각으로 이너 피스(Inner Peace)를 되뇝니다. 참을 인(忍) 자를 새기는 사람도 있고요. 울컥하는 모습을 드러내면, 독성 리더는 그걸 꼬투리 삼아 더욱 직원들을 괴롭히기도 하고, 본인이 피해자인 척 굴기도 합니다. 독성 리더 특성상 힘 있는 '윗분'들에게는 최선을 다하니, '윗분'들은 독성 리더의 말을 믿어줄 것입니다. 진짜 문제 있는 사람은 따로 있는데 괜히 억울하게 팀에 문제 일으키는 사람으로 오해받을 수 있으니 억지로라도 참습니다. 대신 밖에서는 실컷 뒷담화로 스트레스를 풀겠죠. 그렇게라도 해야 독성 리더가 뿜은 독을 견딜 수 있을테니까요.

두 번째, 다른 직원들과 단결합니다.

공공의 적이 있으면, 팀의 결속력이 강화되는 효과가 나타나곤 합니다. 서로 돕고 의지하지 않으면, 독성 리더의 독 같은 리더십을 견뎌내기 힘들기 때문이죠. 그래서 어처구니없게도 독성 리더가 있는 팀의 내부 분위기가 무척 좋을 때도 있습니다.

세 번째, 독성 리더의 지시와 그 지시로 진행한 모든 일들을 기록합니다.

특히 본인은 반대했지만, 독성 리더의 요구로 어쩔 수 없이 해야 했던 일들은 더욱더 상세히 기록합니다. 독성 리더가 지시했던 이메일, 문자가 있으면 더욱 좋습니다. 구두로 지시받은 사항도 다시 이메일을 보내어 문자 형태의 확답을 받아냅니다. 지시 사항을 명확하게 한다는 용도도 있고, 나중에 문제가 생겼을 때 남 탓하려고 할 독성 리더를 미리 차단하는 것입니다. 동시에 나중에 괴롭힘 신고를 결심했을 때, 증거자료가 되기도 합니다.

네 번째, 일할 때는 영혼 없이 일만 합니다.

독성 리더가 내뱉는 할퀴는 말들을 한 귀로 흘리기 위해서이기도 하고, 가스라이팅의 영향을 받지 위해서이기도 합니다. 그들이 하는 말을 하나 하나 가슴에 품다보면 일을 버티기가 힘들어질테니까요?

만약 본인이 더 고위 직급의 리더이고, 하위 직급자 중에 독성 리더가 있다면 어떻게 대처하는 게 좋을까요? 리더십 교육을 진행하는 모 기관에서는 이렇게 답하고 있습니다.

첫째, 어떤 것이 회사에서 기대하는 효과적인 리더십인지를 독성 리더에게 직접 알려주고, 독성 리더가 지금까지 해왔던 방식의 리더십은 더 이상 용납되지 않음을 통보합니다. 독성 리더의 행동 중 무엇이 잘못되었는지를 짚어주고, 조직을 위해 어떤 식으로 리더십을 개선하는 것이 좋을지 피드백을 줘서 행동 교정을 유도합니다.

둘째, 리더로서 적합한 행동과 적합하지 않은 행동을 체크리스트처럼 만들어서 팀원들에게 문제 되는 상황을 체크하라고 하도록 합니다. 팀원들의 피드백을 통해 독성 리더가 잘못하고 있는 점을 더욱 세세하게 짚고 넘어갈 수 있습니다.

셋째, 독성 리더는 대부분 자존감이 낮은 경우가 많으므로, 자존감을 높이기 위한 정서적인 코치를 받도록 하는 것도 좋습니다. 정서적으로 안정되면 더욱 성숙한 리더의 자세를 갖추는 데도 도움이 됩니다.

넷째, 마지막으로 독성 리더 때문에 스트레스를 받던 직원들의 웰빙을 챙깁니다. 상담 서비스를 이용할 수도 있고, 직원들 간에 마음을 터놓고 소통할 자리를 마련하는 것도 좋습니다. 직원 간담회를 하는 조직들이 최근에는 꽤 많은 편입니다. 하지만 형식적으로만 하는 것이 아니라, 정말로 소통의 자리가 될 수 있도록 해야 하고, 간담회에서 나온 직원들의 의견이 적극적으로 수렴되어야겠지요.

조직의 수장이 독성 리더일 때는 조직 전체가 흔들리게 됩니다. 하지만 수장이 바른 리더십을 갖고 있다면, 그 아래서 독성 리더십을 보이는 간부들이나 중간 관리자들을 제재할 수 있겠지요. 윗물이 맑으면 중간에 더러워졌던 물도 금방 흘러가고 함께 맑아질 수 있습니다.

21. 시대의 변화를 이해하지 못하는 리더(feat. MZ 세대)

우리나라에서 최상위에 자리한 리더 대부분은 연령대가 높은 편입니다. 베이비 붐 시대 또는 그 전후에 태어났으며, 우리나라가 빠른 속도로 발전하고, 기업들이 급속도로 성장하던 시기에 가치관이 형성되었거나 노동시장에 진입한 사람들입니다. 취업하면 평생직장을 보장받았고, 조직이 잘되어야 직원이 잘된다는 인식이 성행했던 세대이기도 합니다.

그들은 비록 IMF 국제 금융 위기를 경험하고 일자리를 잃기도 했지만, 이후 다시 좋은 자리를 찾아갈 수 있었습니다. 그렇기에 높은 위치에 올라 있는 것이고요.

그런 그들의 관점에서 현재 노동시장의 주요 노동력을 차지하는 MZ세대는 "그저 요즘 젊은 세대들은…"이라는 말이 나오게 하는 사람들일 것입니다. 생각하는 방식도, 업무에 대한 태도도, 조직에 대한 충성도 본인들과는 매우 다르기 때문이죠. 이렇게 다른 MZ세대를 그저 가정교육을 잘못 받아서, 또는 지나친 개인주의의 확산 때문이라고 생각하는 리더들도 있을 수 있습니다.

하지만 그들이 잊고 있는 것이 있습니다. 현재 MZ세대가 보여주는 직업의식은 일정 부분 리더(사용자) 집단이 자초한 것이라는 걸 말이죠. M세대는 가치관이 형성되는 주요 시기에 IMF 국제금융위기를 경험했습니다. Z세대는 그 이후의 빈곤 속에서 태어나 성장했고요. 부모가 IMF 당시 조직으로부터 겪었던 '배신'과 그로 인해 발생한 빈곤이 MZ세대의 가치관과 사고방식에 영향을 끼친 것입니다.

IMF 이전에는 평생직장이 보장되는 곳이 흔했습니다. 부디 우리 회사에 와달라며 면접에 참여한 직원들을 회사에서 잘 대우하기도 했지요. 회사가 먼저 잘 되면 직원들도 그 혜택을 받을 것이라는 낙수효과의 기대 심리가 있었고, 직원들은 급여가 적고 복지가 좋지 않아도 그런 기대 심리에 기대어 인내했습니다.

많지 않은 급여나마 열심히 모으면 내 집을 장만할 수 있었고, 풍족하진 않아도 가정경제를 안정적으로 유지할 수 있었습니다. 현장직 근로자로 시작해 고위 관리직에 오르는 직원도 있었고, 노력하면 위로 향할 수 있는 기회도 열려 있었습니다.

이런 조직과 구성원의 신뢰 관계는 IMF와 함께 깨졌습니다. 먼저 깬 것은 사측이었습니다. 당시, 수많은 조직이 직원들을 내몰았습니다. 당시 모 기업의 사례를 보면, 사측은 급여를 60%만 받을 테니 모두의 고용을 유지해달라고 요청하는 근로자들의 요청을 냉정하게 거절했습니다. 근로자 중 상당수를 내보내는 정리해고를 강행했지요. 다른 기업들도 상황은 비슷했고요.

그때 실직한 근로자 중에는 저희 아버지도 계셨습니다. 그나마 저희 가정은 어머니가 자영업을 하고 계셨기 때문에 경제적 타격은 적었습니다. 그래도 실업 후 아버지가 위축되신 모습을 보는 것은 적지 않은 충격을 주었습니다.

저희 가정과는 달리, 아버지가 전적인 가장이었던 가정들은 경제적으로도 정서적으로도 크게 흔들렸습니다. 가정경제가 무너지고, 빈곤을 견디지 못해 가정이 파탄되기도 했습니다. 부모의 자살을 경험해야 했던 자녀들도 있었습니다.

초반에는 안정적인 가정을 경험하다가 가치관 형성 시기에 이런 혼란과 충격을 겪은 M세대와 그 직후에 태어나 계속 경제적 불안정 속에 성장한 Z세대. 그들에게는 이미 조직을 믿을 수 없다는 심리가 내재되어 있습니다. 조직이 구성원을 언제든 버릴 수 있는 소모품처럼 대할 수 있음을 부모의 경험으로부터 학습하기도 했고요.

게다가 IMF 국제금융위기 이후, 노동시장의 상황은 계속 불안정한 상태였습니다. 회사들은 비용 절감에 몰두하고, 질 좋은 일자리 수는 줄어들고, 비정규직 제도가 도입되었습니다. 부동산 가격마저 폭등하면서, 열심히 일해서 돈을 모아도 내 집을 장만하기는 어려워졌습니다.

우리나라의 경제 규모는 세계 수준급이 되었고, 기업들은 올해 어마어마한 순익을 달성했다고 뉴스에 나오는데, 정작 나는 가난하고 내 상황은 나아지질 않습니다. MZ세대의 관점에서는 나라와 조직이 잘 되어봤자 나와는 아무런 상관도 없어진 것입니다.

전에는 비정규직 입사 후 정규직 전환이 가능했던 때도 있었지만, 이제는 그 기회마저도 오히려 줄어들었습니다. 2년 이상 일하면 정규직 전환을 해줘야 한다는 법규는 오히려 그들의 경력을 2년 미만의 단위로 끊어지게 하는 원인이 되었습니다.

열심히 일해봤자 위로 올라갈 기회는 기대할 수 없게 되었습니다. 그러니 굳이 몸을 깎아내며 열심히 일할 의미가 사라졌습니다. 미래에 대한 기대를 아예 접고, 실업급여를 수급할 수 있을 때까지만 일하다가 실업급여를 받은 후에는 다시 또 그만큼만 일하기를 반복하는 청년들도 생겼습니다.

거기에 더해 복지제도가 강화되었습니다. 국가 차원의 복지가 의료보험 정도였던 과거에는 내가 속한 조직이 망하면, 내 가정경제도 함께 무너졌습니다. 이제는 실업급여를 포함한 복지혜택이 있습니다. 조직이 망하면 그런 복지혜택을 활용하면서 다른 직장을 찾으면 됩니다.

현재 소속된 직장은 더 나은 직장으로 가기 위해 스쳐 가는 곳이 되었습니다. 빨리 돈을 벌어 일찍 은퇴하기 위한 투자 종잣돈을 마련할 수단처 정도로 여겨지게 되기도 했습니다. 조직과 자신을 운명공동체로 여기던 과거의 세대와 비교하면, MZ세대의 조직 소속감은 현저히 낮아졌습니다.

조직에 대한 소속감이 낮은 만큼, MZ세대는 조직 차원에서 진행되는 회식이나 각종 행사 참여를 하기 싫은 업무의 연장으로 보는 경향도 강해졌습니다. 회식 자리에서 법인카드로 비싼 음식을 먹는 것보다는, 자기 돈을 내고 본인이 원하는 때 원하는 음식을 먹는 것을 선호하는 사람들이 많아졌습니다.

법인카드만 주고 부서장이 빠지는 자리는 좀 더 낫다지만, 그조차 원하지 않는 사람들도 있고, 아예 직장 동료들과 친분 쌓기를 원하지 않는 사람들도 나타나고 있습니다. 신입 직원들이 회사 내에서 인맥을 쌓기 위해 동호회에도 가입하던 과거와는 달리, 회사 업무 외에는 친분을 위한 개인적 활동을 꺼리는 사람들이 생겼습니다.

MZ세대의 생각 모음

M세대인 제가 M세대와 Z세대를 만나 인터뷰하면서 들었던 그들의 생각입니다.

- 회사가 잘 되도 나는 잘되지 않는다.
- 회사가 망한다고 내가 망하는 거 아니다. 실업급여 받으면서 다음 취업 준비하면 된다.
- 노오력 해봤자 성공 못 한다.
- 건강 깎아 먹어가며 일해봤자 회사는 알아주지 않는다.
- 일해봤자 어차피 위에서 다 가져간다.
- 오늘도 열심히 월루(월급 루팡)하러 출근한다.
- 얼른 돈 모아서 빨리 은퇴해야지(회사에 오래 머무를 생각 없다).
- (회식) 법인카드만 주고 부서장은 빠지면 좋겠다. 회식 안 하고 내 돈으로 맛있는 거 사 먹는 게 편하다.
- (회사 행사) 준비하느라 죽도록 힘들었는데, 기쁨조까지 하라니 ….
- (작은 부당함도) 못 참는다. 왜 참아줘야 하나. 회사에서 해주는 것도 없는데.
- (최고의 덕담) 조금 일하고 많이 버세요.

MZ세대는 이미 변화했는데, 여전히 과거만 생각하는 것은 리더에게 득이 될 건 없겠지요. 예전처럼 일해주지 않는 직원들에 대해 한탄해봤자 직원들은 과거의 모습으로 돌아와 주지 않을테니까요. 현재 상황을 유발한 원인 중 하나가 바로 IMF 때 리더 집단이 취했던 행동이니 말입니다.

결자해지(結者解之)라고 합니다. 리더 집단의 결정으로 발생한 문제를 해결해야 하는 것은 리더 집단입니다. 현재의 리더들은 본인이 과거 그런 의사결정을 했던 당사자가 아니었다며 억울함을 느낄 수도 있을 것입니다. 하지만 집단문화의 특성이 강한 우리나라에서 연대책임을 지는 건 흔한 일입니다. 과거의 직원들이 잘못한 일로 생긴 문제를 현재의 직원들에게 책임지고 처리하게 하는 리더, 우리 주변에서 쉽게 볼 수 있지요. 소수의 직원이 잘못했을 때 그들을 확실히 처벌하기보다는 규정을 더 까다롭게 만들어서 모든 직원이 연대책임을 지는 상황이 되게 하는 리더, 역시나 흔히 볼 수 있고요. 리더 스스로 그런 분위기를 조성했으니, 리더들 본인도 그런 연대책임을 벗어날 수는 없겠지요.

II

리더, 직원 안에 사람 있다

II

리더, 직원 안에 사람 있다

조직을 운영하는 리더들은 보통 돈, 명예, 그 외의 이익들을 추구합니다. 조직을 위해서 추구할 수도 있고, 자기 개인을 위해서 추구할 수도 있습니다. 때로는 이익을 추구하는 것이 지나쳐서 구성원들이 인간으로서 보장받아야 할 존엄성을 짓밟는 행위를 하기도 합니다. 그런 행위의 결과가 구성원의 안전과 생명을 위협하게 되기도 하고요.

'사람'을 보지 않고 '이익'을 보는 리더, 사람보다 이익을 더 가치있게 생각하는 리더, 그런 리더들의 사례를 살펴보도록 하겠습니다.

▌ 1. 생명의 존엄성과 안전을 잊은 리더

우리나라는 장마 때 종종 물난리를 겪습니다. 때로는 대피 명령이 떨어지고 이재민이 발생할 만큼 극심한 홍수가 발생하기도 합니다. 그런 난리 속에서 A씨는 사장의 지시를 받고 본사에서 지방의 공장으로 내려갔습니다. 대피 명령이 떨어진 바로 그 지역이었죠. 값비싼 장비가 물에 젖기 전에 얼른 꺼내오라는 것이 사장의 지시였습니다. A씨와 동료 직원들이 홍수 속에 장비를 꺼내다 다치고 생명이 위험해질 수도 있다는 걸 사장은 생각하지 않았던 것입니다.23)

다른 사례자인 B씨는 비정규직으로 일하던 중, 정규직 선임의 요구로 혼자 주말에 출근해서 일을 해야 했습니다. 정작 그 일이 B씨의 책임인 것도 아니었습니다. 정규직 선임 본인이 해야 할 일을 B씨에게 떠맡겼던 것입니다.

B씨가 주말 내내 일하는 동안, B씨의 어머님은 홀로 쓸쓸히 돌아가셨습니다. 어머님의 장례를 치르고 돌아온 B씨에게 정규직 선임은 다음에도 또 부탁한다고 했다고 합니다. 본인이 업무를 떠맡긴 탓에 어머님의 임종을 지키지 못한 B씨에 대해서는 어떤 미안함도 보이지 않았습니다.

C씨는 어머님이 응급실에 입원하셨다는 연락을 받았습니다. 하지만 상사의 눈치 때문에 빨리 자리를 뜰 수도 없었습니다. 겨우 퇴근 시간이 되어 병원으로 가려고 하자, 상사는 왜 마음대로 퇴근하느냐며 C씨를 잡았습니다. 어머님이 응급실에 계시다고 했지만, 상사는 '그게 나랑 무슨 상관인데?'라고 할 뿐이었습니다. 참다못한 C씨는 상사의 허락을 기다리지 않고 퇴근했습니다. 다음 날, 상사는 건방지다며 C씨를 질책했습니다.

D씨는 임신 중이었습니다. 상사는 그런 D씨에게 빡빡한 일정의 출장을 요구했습니다. 그중 일부는 태아에게 위험이 될 수 있는 시설을 방문하는 것도 포함되어 있었습니다. 아이한테 문제 된다며 동료들이 나서서 말려준 덕에 출장에서 빠질 수 있었으나, 부서장은 한동안 D씨에게 못마땅한 기색을 드러냈고, 남들 다 가지는 아이 가졌다고 유세 떤다는 말을 대놓고 하기도 했습니다.

E씨는 수술을 앞두고 있었습니다. 부인과 수술이라는 것은 말하지 못했지만, 수술받아야 한다는 것은 알리고 휴가를 신청한 상태였습니다. 부서장은 부서 회의 자리에서 '수술'이 아니라 '(성형외과적) 시술' 받으러 가는 거 아니냐며 E씨를 조롱했습니다. 회사 일로 한창 바쁠 때 자리를 비운다며, E씨를 불편하게 하는 말을 반복하기도 했습니다. E씨는 태아를 유산한 상태였습니다. 업무 스트레스가 주요 원인 중 하나였죠.

F씨는 할머니가 돌아가실지도 모른다는 연락을 받고 회사에 휴가를 신청했습니다. 하지만 부서장은 F씨가 간다고 할머니가 안 돌아가시는 게 아니지 않느냐며 휴가 신청을 취소하도록 압박했습니다. F씨가 할머니를 무척 소중히 생각한다는 것, 임종의 순간 곁을 지키고 싶어 한다는 것을 전혀 이해하지 않았습니다. 정작 본인은 부친이 위독하셨던 순간, 휴가도 내지 않고 병원으로 달려갔으면서 말입니다.

사례 속의 상사(또는 선임)들은 직원과 그 가족의 건강과 안전 문제를 무척 가볍게 여기는 태도를 보여줍니다. 옛날에나 그랬지, 지금은 아니라고요? 지금이 어떤 시대인데 그러겠느냐고요? 위의 사례 중 하나를 제외하고, 모두 최근 몇 년 동안 일어났습니다.

제가 이런 사례들을 공유했을 때, 어떻게 이런 일이 있을 수 있느냐며 공분하던 사람 중에는 유사한 사례의 가해자도 포함되어 있었습니다. 남의 일이라고 생각하면 문제임을 인식하지만, 정작 본인의 상황일 때는 문제라고 보지 않는 이중잣대를 여기서도 확인할 수 있는 것입니다.

사례 속의 상사들이 모두 남자라서 인권이나 안전에 둔감한 건 아니냐고 물으시는 분들도 있었습니다. 하지만 위의 사례 중 3건은 여성이 한 일이었습니다. 본문에 담지 못한 사례들을 봐도 여성의 비중이 비록 남성보다는 적지만, 사례 수 자체가 적은 것은 아니었습니다. 남성보다 비중이 적다는 것도 리더급 중에 남성이 여성보다 더 많기 때문일 가능성이 있고 말입니다.

영국의 마가렛 대처 수상도 노조를 탄압하고, 여성의 사회 진출을 더 어렵게 만들었다고 하지요. 북유럽에서는 근로자의 권익 향상을 위해 크게 이바지했던 한 여성이 정작 관리자/경영자로서는 인권 유린을 자행한 것으로 알려져 스캔들이 되기도 했었습니다. 즉, 근로자와 가족들의 안전과 존엄성을 가볍게 여기는 것이 리더의 성별에 따른 문제는 아니라는 것입니다. 리더가 되면 사람이 변할 수밖에 없는 걸까요? 아니면 그런 사람이어야 리더의 자리까지 올라갈 수 있는 걸까요?

2. 대형 사고를 유발한 리더

2022년 5월 23일, 이란에서 10층 건물이 무너지는 사고가 발생했고, 그 사고로 인한 사망자는 총 41명으로 집계되었습니다(6월 6일 기준).24) 이란의 건물 붕괴는 영국의 BBC 뉴스와 가디언, 미국의 ABC 뉴스와 워싱턴포스트, 그 외에도 여러 국가의 언론들이 일제히 보도한 대형 사건이었습니다.

약 30년 전인 1990년대, 우리나라에서는 그보다도 세계에 더 큰 충격을 준 사건이 발생했습니다. 바로 1994년도 성수대교 붕괴와 1995년 삼풍백화점 붕괴였습니다. 성수대교 붕괴로 32명의 사망자가 발생했습니다. 삼풍백화점 붕괴는 무려 502명의 사망자를 발생시켰고요. 한국전쟁 이후, 인재 사고로 발생한 사망자 규모로는 역대급이었습니다. 세계적으로도 전례를 찾아보기 어려운 규모이기도 했습니다.

제가 유학을 시작한 것은 2000년도로 삼풍백화점 붕괴로부터 5년이 지났을 때였습니다. 그때도 영국인들이 삼풍백화점에 대해 물어보곤 했습니다. 다른 나라에서 몇 년이나 전에 일어난 일인데도 여전히 그들의 기억에 남아있을 만큼 충격적이었던 것이었습니다. 석사 과정을 이수 중일 때도 교수가 강의 중 삼풍백화점의 사례를 예시로 들며 사고 발생 관련 이론을 설명하기도 했습니다. 이토록 모든 것이 잘못된 사례는 찾기 어렵다면서요.

삼풍백화점 붕괴는 처음부터 끝까지 명백한 인재였습니다. 관련되어 수많은 논문이 쓰였고, 국내외 전문가들의 분석이 함께했습니다. 붕괴 직후에는 가스폭발이나 북한 측의 테러가 아니냐는 의심도 있었으나, 조사 결과 시공 자체에 심각한 문제가 있다는 것이 확인되었습니다.25)26)

삼풍 측이 처음 시공 허가를 받은 것은 4층짜리 사무실 건물이었습니다(아파트 건물이라고 언급하는 자료도 있습니다). 이미 시공이 시작된 상태에서 삼풍의 회장은 상업형 건물, 즉 백화점 설계로 프로젝트 변경을 요구했습니다. 변경하려면 에스컬레이터를 설치할 공간을 확보하기 위해 기둥 여러 개를 제거해야 했죠. 안전성을 이유로 시공사에서 변경을 거절하자, 회장은 계열사 중 하나를 시공사로 선택했습니다. 본인의 의지대로 공사를 강행하기 위해서였죠.

설계된 규모의 건물 전체를 백화점으로 사용하는 것은 규제 위반이었습니다. 회장은 위반 책임회피를 위해 계획에도 없던 5층에 아이스링크를 더할 것을 지시했습니다. 첫 시공사의 담당자들이 안전성을 이유로 반대하자 그들을 아예 프로젝트에서 빼버리기도 했습니다. 5층이 지어지자 리더는 또 마음을 바꿔서 아이스링크 대신 온돌 방식의 레스토랑을 설계하게 했고, 남은 기둥에 가해지는 하중 부담은 더 커졌습니다.

백화점이 영업을 개시한 이후, 에어 컨디션 시스템에서 발생하는 소음으로 민원이 들어오자, 삼풍 경영진은 크레인을 사용하지 않고, 시스템 장비를 바닥에 끄는 방식으로 이동시켰습니다. 수십 톤의 장비가 이동하는 동안 그 부담 역시 건물에 그대로 전해졌고, 균열이 발생했습니다. 에어 컨디션 시스템의 진동은 그 균열을 더 키웠습니다.

1995년 6월 29일, 건물의 균열은 눈으로도 확인이 가능할 만큼 빠른 속도로 커지고 있었다고 합니다. 위험을 확인한 삼풍 경영진은 에어 컨디션을 끌 것을 지시하고, 5층을 닫았습니다. 하지만 그때도 회장은 사람들을 대피시켜야 한다는 말을 무시한 채, 영업을 계속하도록 했습니다. 평소보다 유달리 많은 고객들을 보니 매출을 포기할 수 없었던 것이죠. 직원과 고객들의 안전을 담보로 당장 눈앞에 보이는 돈을 잡으려 한 것입니다. 결국 백화점은 붕괴했고, 502명이 생명을 잃었으며, 937명이 부상을 당했습니다. 리더급의 무책임함, 무모한 부실 공사, 뇌물 수수 등의 문제가 겹치고 겹쳐 발생한 대형 참사였습니다.

삼풍백화점 이전에도 이후에도 사고를 유발한 리더들은 존재해 왔습니다. 그들 중 누구도 작정하고 사고를 유발한 건 아닙니다. 이익에 눈이 멀어 안전과 준법을 후순위로 뒀던 것이죠. 누군가 문제를 제기해도 리더의 권한으로 무시하거나, 이미 리더의 권한이 너무 막강하기에 아무도 이의를 제기하지 못하기도 했습니다. 지나치게 엄격한 상하관계, 물질적 이윤 추구와 비용 절감 지향성, 거기에 '설마 무슨 일 생기겠어?'하는 안전불감증이 합쳐져 만들어 낸 인재였던 것입니다.

사업장을 경영하는 모든 경영진은 물질적 이윤을 추구하고, 비용을 절감하려고 노력합니다. 안전불감증은 우리나라 전반에 팽배한 문화입니다. 그리고 우리는 한두 살 차이만으로도 쉽게 상하관계를 형성하곤 하죠. 우리 주변에서 흔히 볼 수 있는 이 몇 가지 특성이 합쳐진다면 우리는 언제 또 다른 성수대교와 삼풍백화점, 또 다른 세월호를 겪게 될지도 모릅니다.

3. 직원의 건강을 악화시키는 근무제도를 방치하는 리더

과거 우리나라의 산업 현장에서는 직원의 건강을 악화시키는 근무제도가 활용되었습니다. 특히 24시간 공장이 가동되어야 하는 제조업에서는 3조 3교대와 같은 무리한 제도를 도입한 회사들도 다수였습니다.

3조 3교대에 5일마다 근무시간 전환을 도입했던 모 기업의 근무체계는 다음과 같습니다. A조가 아침 8시부터 오후 4시 근무, B조가 오후 4시부터 자정 근무, C조가 자정부터 아침 8시까지 근무합니다. 이렇게 5일을 근무하고 나면, A조는 오후 4시 퇴근 후 당일 자정부터 다시 근무를 시작합니다. B조는 자정 퇴근 후 당일 아침 8시에 다시 근무를 시작합니다. C조는 아침 8시에 퇴근했다가 당일 오후 4시에 다시 출근하여 근무합니다.

출퇴근하는 데 걸리는 시간까지 고려하면, 직원들은 매 5일마다 쪽잠만 조금 잔 뒤 또 일해야 했던 것입니다. 거기에 대근으로 불리는 장시간 근무까지 더해지면 24~36시간 이상 일한 뒤, 고작 몇 시간 쉬고 일해야 하는 때도 있었습니다.

기계조차도 열을 식히는 일 없이 계속 돌아가면 고장 나는데, 사람은 오죽할까요? 이런 방식으로 근무하면 근로자는 1년 내내 시차 징후(Jet lag)를 겪는 것과 마찬가지인 상태가 됩니다. 해외여행을 가서 시차 때문에 수면 패턴이 깨지고 몸이 피곤하고 두통과 어지럼증이 동반되는 그 상황을 경험해보셨다면 상황의 심각성을 이해하실 수 있을 겁니다.

며칠 동안 시차징후를 겪는 것도 고통스러운데, 1년 내내 이런 상태라면 어떨까요? 근로자의 정신과 신체 건강에는 과연 무슨 문제가 생길까요? 만성 피로와 고혈압, 소화불량, 눈의 침침함, 수면장애 등등 후유증은 이루 말할 수가 없습니다. 거기에 과중한 업무의 피로도까지 겹친다면, 그야말로 근로자의 수명을 깎아 먹는 근무제도가 됩니다.

이 기업에서 근무하던 직원들은 4조 3교대를 요청했습니다. 그러면 교대근무 시간이 바뀔 때마다 하루를 완전히 쉬면서 체력을 회복할 수 있다는 것이었죠. 하지만 회사는 그마저도 거절했습니다. 추가 비용을 부담할 마음도, 기존의 제도를 새롭게 바꿀 마음도 없었던 것입니다. 조직의 리더들에게는 눈앞에 보이는 인건비 절감이 보이지 않는 직원들의 건강 악화보다 중요했으니까요.

이 조직에서 근무하던 근로자들은 퇴사 이후에도 만성 피로와 수면 질환, 소화기 장애, 이명 등에 시달렸습니다. 워낙 장시간 동안 건강을 해치는 근무제도를 따라야 했기 때문에, 후유증이 일을 그만둔 후에도 지속되었던 것입니다.

▌4. 직원이 웃는 게 웃는 게 아님을 모르는 리더

퇴근 시간 이후의 저녁 회식, 주말의 등산, 숙박이 동반되는 장거리 워크샵. 누군가에게는 즐거움이고 누군가에게는 트라우마입니다. 지시만 내린 사람, 현장에 가서 즐기기만 한 사람들에게는 즐거움이겠지요. 하지만 지시를 받고 준비했어야 하는 사람들, 도우미이자 기쁨조 역할을 해야 했던 사람들에게는 트라우마일 것이고요.

저녁 회식 하나만 준비할 때도 상사와 입김 강한 선임들의 입맛을 충족시킬 식당, 2차 때 갈 분위기 좋은 술집이나 카페, 아니면 노래방을 찾아야 합니다. 3차를 넘는 회식까지 하려면 장소를 찾아서 예약하는 것만도 몇 시간이 걸립니다. 그렇게 준비해놨는데 상사가 갑자기 일정을 바꾸면 부랴부랴 예약을 취소하거나 수정하는 것도 준비하는 사람의 역할입니다.

이렇게 힘들게 준비했는데 정작 회식 자리에서도 마음 놓고 즐길 수가 없습니다. 음식이 잘 나오는지, 상사와 선임들 술잔은 제때제때 잘 채워지는지 확인하고, 상사와 선임들이 즐거운 분위기를 유지할 수 있도록 센스 넘치는 농담, 언제든 빵 터질 수 있는 웃음을 준비해야 합니다.

회사 근처에서, 짧은 시간 동안 하는 회식을 준비하는 것만도 이렇게 힘든데, 주말 등산과 워크숍을 준비할 때는 스트레스 레벨이 위험 수준으로 솟아오릅니다. 교통편과 숙박, 아침 못 먹고 나오는 직원들을 위한 간단한 김밥과 간식, 점심과 저녁 식사, 뒤풀이용 술집과 노래방등등. 지시하는 사람은 1~2분이지만, 준비하는 사람은 최소 몇 시간, 심지어 며칠, 몇 주가 걸리기도 합니다. 이렇게 뼈 빠지게 준비해도 뭔가 한두 가지가 틀어지면, 준비도 제대로 못 한다는 질책을 들어야 합니다. 단언컨대 조직의 총무 역할은 현대사회의 극한직업입니다.

이런 총무의 역할은 보통 젊은 여성이나 젊은 남성에게 맡겨지곤 합니다. 귀찮은 실무를 모두 직급 낮고 젊은 직원들에게 떠맡기려는 기성세대와 기득권층의 이기심에서 발생하는 차별 행위지요.

A씨도 부서 내에서 가장 젊은 직원이었고, 부서장으로부터 부서 워크샵을 준비하라는 지시를 받았습니다. A씨가 이미 부서 내에서 가장 많은 업무를 담당하는 사람이라는 것은 부서장의 뇌리에 남아 있지 않았습니다.

A씨는 바쁜 와중에 장소를 섭외하고, 숙소를 예약하고, 차량 지원이 가능한 직원들을 찾아서 차량 배정표를 짰습니다. 이동 동선에 맞게 식당을 찾아 시간 맞춰 예약하고, 저녁 뒤풀이를 위한 노래방도 예약했습니다. 필요한 예산을 확인해서 구성원들에게 각 프로젝트 별로 예산을 지원해달라고 요청하는 것도 A씨의 역할이었습니다.

A씨가 추진한 워크샵은 만족도가 높았습니다. 장소, 숙소, 식사 모든 것이 좋았다는 것이 부서원들의 반응이었습니다. 그러자 부서장은 다음 워크샵도 A씨가 준비하도록 하겠다고 선언했습니다. 일을 잘하니 더 많은 일이 떠넘겨진 것입니다. A씨로서는 울고 싶은 상황이었죠.

우리나라의 사용자와 리더 중에는 이런 실무를 경험하지 않은 사람도 있고, 경험했어도 과거를 잊은 사람도 있습니다. 내가 직접 하는 일이 아니기 때문에 그 뒤에 숨겨진 노고를 까맣게 잊어버리는 것입니다. 마치 살림과 육아를 해보지 않은 사람이 전업주부를 '집에서 논다'고 쉽게 말하듯이 말이죠.

자신의 기분에 맞춰주기 위해 억지웃음을 지어야 하는 직원의 노고를 모르는 리더. 본인은 지시 몇 마디로 끝나지만, 직원들은 오랜 시간을 들여 준비에 몰두해야 한다는 것을 잊은 리더. 자신의 즐거움 뒤에 직원들의 노고와 한숨이 있다는 것을 생각하지 않는 리더. 슬프게도 우리 주변에는 이런 리더들이 있습니다.

▌5. 마땅히 보호받아야 할 직원의 권리를 무시하는 리더

현대의 근로자는 근로기준법에 따라 보장받는 권리가 있습니다. 그중 하나가 바로 연차휴가이지요. 신규 직원이 입사한 해에는 매월 1일씩 연차휴가가 발생하고, 다음 해에는 연간 15일, 이후부터 근속년에 따라 휴가가 증가합니다. 휴가는 권리인만큼 직원이 원하는 때 자유롭게 쓸 수 있어야 합니다. 물론 회사의 업무 상황에 따라서 직원들에게 너무 바쁜 시기는 피해달라고 부탁할 수는 있겠죠.

하지만 이런 직원의 권리를 무시한 채, 휴가를 직원이 원할 때가 아닌 리더가 허락할 때 사용하도록 한 사례와 휴가를 매월 2일 이상 사용하지 못하도록 제한한 사례가 있습니다. 단기 계약직원에게 휴가가 발생한다는 것을 알리지 않다가 리더가 원할 때, 마치 선심 쓰는 척 휴가를 준 사례와 퇴직을 앞둔 직원이 밀린 연차를 모두 사용하려고 하자, 그중 일부만 사용하고 일하도록 압력을 가한 사례도 있습니다.

A씨는 퇴직을 앞두고 20일이 넘는 연차가 남아 있었습니다. 사직서를 제출한 뒤, 리더에게 남은 휴가를 사용하고 가겠다고 하자

리더는 그간 본인이 A에게 해준 것이 얼마인데 그걸 다 쓰고 가려는 것이냐고 했습니다. A씨의 생각에는 딱히 리더가 뭔가를 해준 적은 없었지만, 특별히 생각해서 리더에게 절반 정도를 사용하겠다고 했습니다. 리더는 그마저도 못마땅해 하며 눈치를 주었지만, A씨도 그 이상 희생할 마음은 없었습니다. A씨의 지인은 미사용 연차 보상을 요구하라고 조언했지만, A씨는 같은 업계에 있는 사람과 척을 지는 것이 껄끄러웠기에 요구하지 않았습니다.

B씨, C씨, D씨는 모두 같은 조직에 비정규직으로 입사한 사람들이었습니다. B씨는 한 달에 1일씩 휴가가 발생한다는 것을 알게 되었고, 여름휴가에 맞춰 휴가를 쓰겠다는 계획을 세웠습니다. 부서장은 부서원들을 모아놓고 여름휴가를 가는 날짜를 맞췄고, B씨는 원하던 날짜는 아니지만 근접한 날짜에 휴가를 배정받았습니다.

B씨의 휴가일이 며칠 남지 않았을 때, 부서장은 갑자기 휴가 날짜를 바꾸라고 지시했습니다. 자신의 일정이 바뀌어서 그때 휴가를 써야 한다는 것이었습니다. B씨는 이미 항공권과 숙박을 예약해둔 상태였지만, 부서장은 취소를 요구했습니다. B씨는 하는 수 없이 처음 저렴하게 예약했던 것들을 취소하고, 훨씬 비싼 가격에 항공권과 숙박을 다시 예약해야 했습니다.

C씨의 부서장은 월별로 휴가를 다 사용할 것을 지시했습니다. 업무에 지장이 되니 2일 이상 휴가를 몰아서 쓰지 말라는 것이었습니다. 여름휴가 기간에도 마찬가지였습니다. 부서장은 일주일 이상 길게 휴가를 갔지만, C씨처럼 비정규직으로 입사한 직원들은 모두 짧게 1~2일을 쉰 뒤 출근해서 근무해야 했습니다.

D씨의 부서장은 아예 휴가가 발생한다는 것조차 알려주지 않았습니다. 다만 중간중간에 마치 선심을 쓰듯 다음날 하루나 이틀을 쉬라고 지시하곤 했습니다. 단기 계약직이라서 휴가가 없는 줄만 알았던 D씨는 부서장이 특별히 챙겨주는 것으로만 생각하고 있었습니다. 계약 종료 후에야 휴가가 원래 있는 것이라는 걸 알았지만, 부서장이 쉬라고 한 일수를 고려하면 휴가를 다 쓴 것이라는 점을 간신히 위안 삼았습니다.

휴가는 리더가 주는 혜택이 아니며 근로자에게 보장되는 권리입니다. 하지만 위의 사례들 속 리더들은 그 사실을 무시했습니다. B씨, C씨, D씨의 조직은 휴가를 모두 사용하게 하긴 했지만, 원하는 때 사용할 수 있는 권리를 무시했고, A씨의 조직은 휴가를 다 쓰고 나가는 것 자체를 막았습니다.

한 조직안에 B씨, C씨, D씨와 같은 사례가 모여있다는 것은 그 조직의 여러 리더들이 근로자의 권리에 대해 잘 이해하지 못하거나, 그릇된 인식을 갖고 있음을 보여줍니다. 조직 자체의 문화가 근로자의 권익을 가볍게 여기는 식으로 조성되어 있을 가능성, 즉 조직의 수장이 이런 태도를 갖고 있을 가능성도 무시할 수 없지요.

연차를 넘어 원할 때 퇴사할 권리조차도 행사하지 못하게 압박하는 리더들도 있습니다. E씨는 다른 조직에 면접을 봐서 통과했고 기쁜 마음으로 이직을 준비했습니다. 부서장과 인사 부서에 사직서를 제출했고, 새로운 회사의 출근일에 맞춰 근무도 시작했습니다. 하지만 E씨의 첫 급여일부터 문제가 발생했습니다. 전에 일하던 조직의 부서장이 E씨의 퇴직과 관련된 기안을 결재하지 않고 시간을 끈 것입니다. 인사 부서에서 결재를 독촉해도 기다려보라고만 할 뿐이었습니다. 기안이 결재되지 않았기 때문에 전 직장에서는 E씨의 퇴직이 처리되지 않았고, 행정 서류상 E씨는 여전히 전 직장 소속이었습니다. 따라서 새로운 직장에서 급여 관련 사항을 처리할 수 없었던 것입니다.

부서장은 몇 달간 의미 없는 고집을 부리며 결재를 하지 않았고, E씨는 한참 새 직장에 적응해야 할 시기에 무척 난감한 상황을 겪어야 했습니다. 리더로서 일 잘하는 사람과 계속 함께 일하고 싶은 것은 당연합니다. 하지만 그게 지나쳐서 함께 일하던 직원의 앞길을 막는 수준까지 된다면 그건 엄연히 자신의 권한을 악용한 가해행위로 볼 수 있겠죠.

공교롭게도 E씨의 전 직장 역시 B~D씨가 일하던 곳이었습니다. 연차나 퇴사와 같이 명백한 권리조차 제대로 보장하지 않는 조직이 과연 근로자의 다른 권리들은 잘 보장해줄까요? 이런 조직에서 과연 근로자들이 열의를 갖고, 생산성을 발휘하며 일할 수 있을까요?

▎6. 직원을 잡은 고기로 생각하는 리더

현대사회 속의 조직들은 단독으로 일하는 곳이 극히 드뭅니다. 다른 조직과 상하청 관계에 있기도 하고, 공동으로 업무를 추진하기도 하고, 서로 판매자와 구매자의 위치에 있기도 합니다. 그러다 보니 외부 조직과도 갈등이 발생하기도 합니다. 하지만 이런 갈등에 대응할 때, 직원들에게 상처를 남기는 리더들이 있습니다. 직원을 보호하는 것이 아니라 외부 조직의 편을 들어주는 방식으로요. 특히나 갈등이 생긴 외부 조직이 '갑' 입장에 있으면 그런 경향은 더욱 커지죠.

현대사회는 끝없이 변화하고 있고, 조직 역시 그 변화에 적응할 필요가 있습니다. 이런 변화를 위해 의사결정을 할 때, 리더급들만 모여서 의사결정을 하고 직원들에게는 통보만 하는 조직들이 있습니다. 심지어 그런 논의가 진행되고 있다는 정보도 공유하지 않습니다. 결정된 사항을 통보받았을 때, 직원이 받을 충격을 생각하지 않는 것이죠. 분명 우리나라는 민주주의 국가인데, 조직 단위로 내려가면 어느새 민주주의가 사라진 곳이 꽤 많습니다.

앞에서도 언급되었듯이, 직원이 잘못한 일에 관한 처벌조항은 만들면서, 잘한 일에 대한 상은 생각하지 않는 리더도 있습니다. 잡은 고기에게는 먹이 안 준다는 표현에 참 잘 맞는 리더지요.

직원을 소중히 여기고 보호하지 않는 조직, 직원을 함께 조직을 이끌어갈 동반자로 생각하지 않는 조직, 직원을 잡은 고기처럼 생각하고 가벼이 여기는 조직. 이런 조직들이 우리나라 곳곳에서 존재하는 건, 우리나라가 심각한 노동력 부족을 겪어본 적이 없어서일까요?

유럽은 14세기 흑사병 창궐로 억 단위의 인구가 사망했고, 노동력 확보를 위해 2~3배 심지어 10배의 웃돈을 줘야 하는 극심한 노동력 부족을 경험했습니다. 20세기로 들어와서도 1, 2차 세계 대전과 스페인 독감으로 어마어마한 사상자가 발생하면서 재차 노동력 부족을 경험 했고요. 현재는 고령화와 출산률 저하로 다시금 노동력 부족 위기가 거론되고 있습니다. 유럽이 반복적으로 경험한 노동력 부족 현상은 인건비와 노동의 가치를 상승시켰습니다. 유럽의 국가들이 상당히 강력한 수준의 인권 보호와 노동권 보호 관련 법을 실행하는 데는 이런 역사적 배경과 현재의 상황이 있는 것이죠.

우리나라는 광복과 한국전쟁 이후에도 베이비붐 덕분에 산업화 진행 중 필요한 인력을 충분히 확보할 수 있었습니다. 최근 몇 년간은 베이비부머와 그 자녀 세대가 동시에 노동시장에 나와 있었기에 공급이 특히 과잉된 상태이기도 했고요. 급여 수준이나 안정성이 보장되는 일자리는 경쟁률이 수십대 일, 수백대 일까지 나올 정도로 압도적인 공급 과잉을 보이기도 했습니다. 인력 부족을 겪는 분야는 외국인 근로자들이 남는 자리를 채웠기 때문에 부족한 상황이 오래 가질 않았지요.

게다가 노동력 부족을 절실히 느끼지 못한 채, 법적으로 최저 시급이 증가하는 상황을 경험해 왔습니다. 사용자들은 인건비 증가와 함께 개별 근로자의 생산성 증가도 따르길 원했겠지만, 사용자의 입장일 뿐이었지요. 특히나 이미 노동강도가 높던 분야에서는 그 이상의 생산성 증가를 기대하기 어려웠을 테고요. 근로자는 기계가 아닌 '사람'이기에 감당할 수 있는 업무량의 한계가 있으니 말입니다. 즉, 인건비 증가와 노동의 가치가 함께 상승한 유럽과는 달리, 우리나라는 인건비만 올라갔을 뿐 노동의 소중함에 대한 인식은 잘 퍼지질 못한 것입니다.

그러니 리더들의 관점에서 직원은 '잡은 고기'이고, 굳이 아껴줄 필요가 없는 것이겠죠. 노동력의 공급이 수요보다 많으니, 직원 하나가 퇴사해도 그 자리에 들어오려는 사람은 얼마든지 있다고 생각할 것이고요.

하지만 리더들이 잡았다고 생각한 그 고기는 얼마든지 그물을 빠져나갈 수 있습니다. 특히 우수하고 능력 있는 고기들이 먼저 빠져나가겠지요. 아니면 우수하고 능력 있던 고기도 그물 안에서 방치되는 동안 의욕을 잃고 떠돌게 될 수 있고요. 직원 숫자만 채워진다고 회사가 잘 될 수는 없습니다. 직원들이 적극적으로 일하며 높은 생산성을 보일 때 가능한 일입니다. 잡은 고기라고만 생각하지 말고 먹이를 잘 챙겨주는 리더가 직원들의 덕도 볼 수 있겠지요.

▌7. 모든 근로자에게 보호받을 권리가 있음을 잊은 리더

"사장님 나빠요."

2000년대 초반, 개그맨 정철규씨가 스리랑카 출신 이주 근로자 블랑카라는 캐릭터로 분해 만든 유행어입니다. 언론에 보도되었던 외국인 근로자에 대한 차별과 가혹행위를 풍자한 것이기도 했습니다. 당시 보도된 사례들을 보면, 임금 체불이나 최저 임금 미적용은 흔했고,27) 여성 근로자의 방에 침입하여 강간한 사장, 근로자를 구타하거나 감금한 사장 등 인권이 심각하게 유린된 범죄 행위도 있습니다.28)

보도 이후, 2003년 8월 16일에는 외국인 근로자의 고용 등에 관한 법률이 공포되었습니다. 하지만 법령이 시행된 지 10여 년이 지난 지금도 여전히 외국인 근로자에 대한 차별과 가혹행위가 이어지고 있습니다.

최근에 보도된 외국인 선원들의 근로환경을 보면, 12시간 이상 일하는 것은 기본, 4명당 하나꼴로 20시간 이상 일을 해야 했습니다.29) 장시간 근무에도 추가수당은 받지 못했고, 물건을 던지거나 때리는 일도 있었습니다. 빈약한 식사에 생수조차 주지 않아 바닷물을 증류해서 마시고, 폭행에 시달리며 장시간 적은 급여를 받고 일하지만, 그나마도 밀리기 일쑤였습니다.30) 하지만 여권을 압수당한 데다, 일을 시작할 때 수백만 원의 보증금을 내기 때문에 이런 악조건 속에서도 계속 일을 해야 했습니다.

노동력 착취와 가혹행위 외에 다른 문제도 있습니다. 바로 외국인 근로자에 대해 그릇된 인식과 편견 문제입니다. 이런 인식으로 근로자를 대우하는 리더들 때문에 외국인 근로자가 상처입고 모욕감을 느끼기도 합니다.

A씨는 몇 년 전 어느 식당에서 일할 때 겪은 일을 공유했습니다. 당시 A씨는 외국인 근로자 1명과 내국인 근로자 두 명과 함께 근무하고 있었습니다. 영업이 끝나고 마감을 하던 중, 몇 차례 잔금과 카드 전표를 확인해보던 사장은 가게 뒤쪽으로 외국인 근로자를 데리고 갔습니다. 다시 돌아왔을 때 외국인 근로자는 울고 있었고, 사장은 못마땅해하는 얼굴이었습니다.

사장은 A씨에게 외국인 근로자를 달래주라고 했고, 그러면서 A씨도 일의 전말을 듣게 되었습니다. 외국인 근로자를 데리고 가게

뒤로 간 사장은 계산대에서 돈이 없어졌다며, 돈이 필요한 상황이면 가불해 줄테니 가져간 돈을 돌려달라고 했다고 합니다. 외국인 근로자가 돈을 가져갔다는 증거가 없는 상태에서, 무작정 외국인이라는 이유로 의심부터 한 것입니다. 도둑맞은 것이 사실이라면 A씨를 포함한 다른 내국인 직원도 용의자가 될 수 있었는데 말입니다.

며칠 뒤, 돈이 사라진 원인이 밝혀졌습니다. 함께 가게를 운영하는 사장의 아내가 재료비를 현금으로 지불한 뒤, 기록해두는 것을 잊었던 것입니다. 하지만 사장은 사실을 알게 된 다음에도 외국인 근로자에게 사과하지 않았습니다. 오히려 이후에 외국인 근로자에게 더 퉁명스럽게 대했고, 외국인 근로자는 곧 식당을 그만뒀습니다.

사례 속 사장이 증거도 없이 외국인 근로자를 먼저 의심한 배경에는 외국인의 범죄율이 높다는 우리나라 사람들의 편견이 자리하고 있습니다. 일부 언론사의 왜곡된 보도는 그런 편견을 더욱 부추기기도 합니다.[31]

지난 몇 년간 우리나라에서 외국인의 범죄 수가 증가한 것은 사실이지만, 그건 국내에 체류하는 외국인 전체의 숫자가 증가했기 때문이었습니다. 내국인 10만 명당 범죄 건수와 외국인 체류자 10만 명당 범죄 건수를 비교한 자료를 보면, 내국인의 범죄율이 현저히 높았습니다(내국인 3,649건, 외국인 1,585건).[32]

일부 강력범죄에 대해서 외국인 10만 명당 발생 건수가 내국인의 건수보다 높긴 했지만, 그 수치는 외국인과 내국인 피해자 모두를 합한 결과였고, 실제 내국인에게 피해가 발생한 경우는 더 적을 것으로 추정되었습니다.

이런 실제 범죄 통계를 바탕으로 낸 결론은 외국인의 범죄가 내국인의 범죄보다 덜 심각하다고 단정할 수는 없지만, 더 심각하다고 볼 수도 없다는 것이었습니다. 외국인이 더 쉽게 범죄를 저지른다는 편견은 마땅한 근거도 없이 만들어졌다는 의미지요.

내국인들이 편견의 대상이 되지 않아야 하듯이, 외국인 근로자 역시 차별과 편견, 가혹행위의 대상이 되어선 안 됩니다. 태어난 국가나 사용하는 언어, 생김새와 피부색이 다르다는 것은 그들을 다르게 대할 기준이 될 수 없습니다. 만약 외국인 근로자의 업무능력이 한국인 근로자에 비해 부족하다면, 급여에 일정 부분 차등을 둘 수는 있을 것입니다. 하지만 그들을 마치 다른 등급의 사람처럼 대하거나, 심지어 사람 이하로 대하는 일은 더 이상 일어나선 안 되겠지요.

과거 우리나라의 국민은 일제 강점기에 식민지 출신으로서 차별당하고 노동 착취당하는 고통을 겪었습니다. 현재도 해외에 나가 있는 교민 중에 차별을 겪는 사람들이 있습니다. 우리 스스로가 그 슬픔을 알고 차별에 분노하면서, 다른 나라의 국민들에게 가해자가 된다면 그것도 또다른 이중잣대가 되지 않을까요?

"너는 하얗고 나는 까맣지만, 자르면 붉은 피가 나오는 것은 같다. 우리는 다 사람이다."

아프리카를 방문한 제 지인에게 현지인이 해준 말이었습니다. 그의 말처럼 국적이나 피부색과 상관없이 우리는 모두 사람이며, 사람답게 대우받고 존중받을 권리가 있습니다. 내 인권과 노동권이 소중하듯이, 내 주변의 다른 사람들, 내외국인 모두의 인권과 노동권도 소중하다는 것을 잊어선 안 될 것입니다.

8. 개인사에 직원을 동원하는 리더

상사의 관혼상제에 직원이 동원되어 일하는 상황, 지금은 이전보다 보기 드물어졌다지만 불과 10~20년 전만 해도 꽤 흔한 일이었습니다. 그때도 괴롭힘을 연구하고 있었던 저는 개인사와 관련된 업무를 직원에게 시키는 것을 괴롭힘이라고 생각했고, 그 생각을 기반으로 인터뷰를 진행했습니다.

하지만 당시 우리나라 근로자들을 직접 만나서 의견을 들어본 결과, 근로자 중 그런 일을 괴롭힘이라고 생각하지 않는 사람들이 꽤 많았습니다. 상사가 굳이 시키기 전에 알아서 가서 돕는다는 것이 그들의 답변이었습니다. 이런 것도 괴롭힘이 되느냐며 되묻기도 했습니다.

불과 10여 년 사이, 우리 사회는 많은 변화를 겪었습니다. 사적 업무를 지시하는 상사에 대한 보도와 문제 제기가 있었습니다.[33] 이제는 상사의 개인사에 동원되는 것이 괴롭힘, 갑질이 맞다고 답하는 근로자들을 흔히 찾을 수 있습니다. 회사 업무와 관련도 없는 일에 직원을 동원하는 것이 부당하다는 것을 인식하고 있는 것이죠.

물론, 그때 이후로도 여전히 공적인 일과 개인사를 구분하지 못하는 상사들의 사례가 보도되었습니다. 여전히 출장 다녀오면서 상사의 선물을 챙겨야 하는 직원들이 있었고,[34] 상사 자녀의 수능 선물까지 챙겨야 했던 직원들도 있었습니다.[35]

최근에 제가 접한 사례에서도 후임 직원에게 새 차를 구매하고 싶으니 차 종류별 장단점과 주변 딜러들이 제공해줄 수 있는 서비스를 확인해서 보고하라고 한 상사가 있었습니다. 사례자 스스로도 개인적인 일에 대한 지시를 받는 것이 부당하다고 느꼈으나, 거절하기 어려웠다고 했습니다. 아직 인식이 개선되지 않은 리더들이 존재함을 보여주는 것입니다.

공과 사를 구별하지 못하는 사람은 항상 지탄의 대상이 되어왔습니다. 공공연한 지탄이 없더라도, 공사를 구분하지 않는 것이 잘못되었다는 것을 모르는 사람은 없습니다. 그저 아는 것으로 끝낸다면 흔한 지식 한 조각에 불과하지만, 실행한다면 그 사람의 인격 수준을 보여주는 행동이 될 수 있겠지요.

▌9. 직원에게 상처가 되는 말을 구분하지 못하는 리더

A씨는 프로젝트의 팀장과 함께 식사하는 자리에서 울컥하게 되는 일을 경험했습니다. 팀장은 연말 성과금으로 얼마를 받았다며 자랑스럽게 얘기했고, 그 금액은 A씨의 1년 연봉 수준이었습니다. A씨는 비정규직이라는 이유로 성과금 대상자가 아니었고요.

프로젝트가 진행되는 동안, 팀장이 한 일은 별로 없었습니다. 업무가 진행되는 상황도 A씨나 다른 비정규직 직원들이 파악하고 있었고, 예산을 관리하고, 보고서를 쓴 것도 모두 A씨를 포함한 비정규직 직원들이었습니다. A씨는 심지어 연구논문도 몇 편이나 써줘야 했고, 팀장은 제1 저자로 이름만 올렸습니다.

B씨가 소속된 부서의 부서장은 젊은 사람들이 너무 생각 없이

돈을 쓴다며, 매달 얼마씩은 저축해야 한다고 얘기하곤 했습니다. 그 금액은 B씨의 월급과 맞먹는 액수였고요. 매달 월세와 관리비, 교통비와 핸드폰 요금을 내고 나면 아무리 아껴도 월급의 절반을 저축하기 어려웠습니다. 그런 상황에서 부서장의 말은 B씨에게 상처로 남았습니다. 다른 직원이 넌지시 주의를 시켜도, 부서장은 그때만 그런가 할 뿐이었습니다. 그 후에도 B씨나 다른 직원들에게 얼마나 돈을 모았는지 물어보고, 그러다 시집도 못 가겠다며 말하기도 했습니다.

C씨는 보증금을 500만원 올려달라는 집주인 때문에 고민하고 있었습니다. 이미 대출까지 받아 집을 얻은 터라 돈을 더 마련할 길이 없었던 것입니다. 학자금 대출도 계속 갚아야 하다 보니 C씨는 회사 규정을 위반하고 투잡이라도 뛰어야 하나 고민했습니다.

그런 C씨 앞에서 부서장은 아내에게 800만원짜리 가방을 사줬다며 자랑했습니다. 비록 부서장이 C씨의 개인 사정을 다 알지는 못했다지만, C씨의 월급 수준은 알고 있었습니다. 800만원이 C씨에게 얼마나 큰 돈일지도 충분히 생각할 수 있었죠. 하지만 그런 고려 없이 비싼 가방을 사줄 수 있는 본인의 능력을 자랑한 것입니다.

D씨의 팀장은 회식 자리에서 자녀의 대기업 취업을 알렸습니다. 그때까지만 해도 팀원들은 기꺼이 축하해 줄 수 있었습니다. 하지만 이어지는 말에는 분위기가 가라앉을 수밖에 없었습니다. 팀장은 자녀를 위해 회사 근처에 오피스텔을 얻어줬으며, 월급은 전부 모으라고 하고 생활비로 쓰라고 자신의 카드를 준 얘기 등을 모두 꺼내놓았고, 팀원들은 상대적 박탈감을 느꼈습니다.

평소 팀장은 학자금 대출이나 집세 부담 등으로 고민하는 팀원들의 얘기를 잘 들어주고, 힘들겠다며 위로해주던 사람이었습니다. 직원들의 사정을 잘 알고 있었지요. 그런데도 본인이 자녀에게 해준 것들이 다른 직원들에게 위화감과 박탈감을 느끼게 할 것이라는 생각은 하지 못한 것입니다. 그 점이 D씨에게는 마치 우리 애와 너희들은 다르다고 하는 것처럼 느껴졌다고 합니다.

리더들과 비교할 때, 직원들은 대체로 사회경제적으로 더 낮은 위치에 속해 있습니다. 물론 부모에게 재력과 권력이 있어서 그 혜택을 누리는 직원들도 있긴 하지만요.

직원 개인의 자산 규모 같은 것을 생각해본다면 다수의 직원이 리더보다 형편이 어려울 것입니다. 사례 속에 나온 직원들처럼 당장 몇백만이 필요하여 발을 구르고 있을 수도 있고, 아무리 아끼며 살아도 현재 상황을 벗어나기 어렵다는 좌절감을 느끼는 사람도 있을 것입니다. 리더가 그 모든 개인 사정 하나하나를 파악하는 것은 어렵습니다. 해야 하는 것도 아니고요. 하지만 직원들과 자신의 급여 수준 차이는 충분히 고려할 수 있겠죠. 자신이 누리는 물질적인 풍요를 직원들은 누리기 어렵다는 점도 생각할 수 있을 것이고, 개인적인 수입이나 지출과 관련되는 얘기는 가급적 자제하는 것이 좋겠다는 판단도 할 수 있을 것입니다.

집 한 채 장만하려고 온갖 대출금을 끌어다 쓰고 그 대출을 갚느라 허덕이는데, 나와 비슷한 연령대인 지인이 부모로부터 큰 건물을 상속받았다는 말을 들었다고 상상해 보시면 이해하실 수 있을 겁니다. 나름대로 자부심을 느끼던 내 자산이 갑자기 아무것도 아닌 것처럼 느껴질 수도 있겠죠. 이렇게 열심히 살아봤자 뭐하나, 옆에서 누구는 아무것도 안 하고도 부모한테 물려받아서 떵떵거리며 사는데 싶은 생각도 들 거고요.

물론 대화 중에 직원을 배려해야 하는 부분이 이렇게 금전과 관련된 영역만인 건 아닙니다. 그 모든 영역을 다 본문에 담기는 어려우니 금전 관련 영역에 대해서만 예시를 들어본 것이고요. 다른 영역에 대해서도 이런 정도의 기준을 가져보는 건 어떨까요? 1) 내가 들었을 때 기분 상할 수 있는 말을 자제한다, 2) 내가 나보다 사회경제적 입지가 좋은 사람에게 들었을 때 박탈감을 느낄 수 있는 말을 나 때문에 사회경제적 박탈감을 느낄 수 있는 사람에게 하지 않는다.

▌10. 직원의 워라밸을 방해하는 리더

사람은 끝없이 일만 할 수 없습니다. 휴식이 필요하고, 가족들에게 신경 쓸 시간이 필요합니다. 워라밸이 보장되어야 직원들이 행복하고, 업무 만족도와 집중도도 향상됩니다.

하지만 직원이 마치 24시간 회사에 매여있어야 하는 것처럼 워라밸을 무시하는 리더들이 있습니다. 시간 관리 능력이 부족한 리더도 있고, 지시하는 시간은 불과 몇 분이지만 실행하는 데는 오랜 시간이 필요하다는 걸 생각하지 못하는 리더도 있습니다.

A씨의 리더는 자주 주말 출근을 요구했습니다. 평일에는 거의 매일 야근을 시키고, 술자리가 동반되는 회식을 지시했습니다. 리더

는 A씨의 인사권도 쥐고 있었기 때문에 거절하기가 어려웠습니다. A씨는 가급적 리더의 요구에 응했지만, 개인적인 일이 생겼을 때는 어쩔 수 없었습니다. 이번 주말만큼은 도저히 출근하기 어렵다고 하자 리더는 A씨를 사무실로 불러 다시 얘기를 해보자고 했습니다. 말로는 얘기를 해보자고 했지만, 실상 A씨가 주말 출근에 동의하도록 강요하는 것이었습니다. A씨가 개인 일정을 취소하고, 주말에 출근하겠다고 할 때까지 리더와의 개인 면담은 계속되었습니다.

B씨의 리더는 툭하면 퇴근 직전에 급한 업무를 지시했습니다. 마치 선심 쓰는 것처럼 내일 오전 ○○시까지 하면 된다고 했지만, 업무량을 생각하면 야근은 필수였습니다. 다른 비정규직 직원들은 모두 정시에 퇴근했지만, B씨는 몇 번이나 저녁 늦게까지 남아서 일을 해야 했습니다. B씨는 비정규직이었고, 회사에는 비정규직 직원에게 야근 수당을 지급하는 규정이 없었습니다. 조직의 경영진은 비정규직 직원도 야근을 해야 할 만큼 일이 많을 수 있다는 생각을 아예 하지 못한 것입니다. 게다가 설령 야근 수당이 있다고 해도 매일 야근하는 걸 좋아하는 사람이 과연 얼마나 될까요?

C씨의 리더는 젊은 여성인 C씨를 술자리로 부르는 것을 좋아했습니다. 남직원끼리 술자리를 즐기다가도 다른 직원을 시켜 C씨를 불러내곤 했습니다. C씨가 거부하면 여러 직원들이 돌아가며 전화를 걸도록 지시했습니다. 리더는 술을 즐기는 사람이었고, 거의 매주 2~3회의 술자리를 가졌습니다. 그때마다 C씨를 불러낸 것입니다. 퇴근 시간 이후는 C씨의 개인 시간이라는 것을 무시한 처사이기도 하지만, 동시에 성희롱이기도 했습니다. C씨를 마치 접대부처럼

취급한 것이었으니까요.

D씨는 모 조직의 수장을 수행하는 운전기사였습니다. 수장은 매일 바쁘게 일정을 잡았고, 저녁 시간에는 늦게까지 술자리를 가졌습니다. 수장이 새벽부터 움직였기 때문에 D씨는 새벽 4~5시쯤부터 일을 시작해야 했습니다. 그리고 자정이나 그 이후까지도 일을 해야 했고요. 이전에 그 자리에 있었던 수장은 시간이 늦어질 것 같으면 기사를 돌려보내고 택시를 타고 귀가했습니다. 하지만 D씨가 수행하는 수장에게서는 그런 배려를 전혀 받을 수 없었습니다.

E씨의 부서는 매일 늦은 저녁까지 야근하는 것이 당연한 것처럼 여겨지는 곳이었습니다. 다만 빡빡한 근무시간과 야근은 비정규직 한정이었습니다. 부서장과 정규직들은 자유롭게 출퇴근했고, 업무가 진행되는 상황은 보고만 받았습니다. 부서장과 정규직들은 워라밸과 자율 근무를 즐기면서도, 비정규직에게도 워라밸이 필요하다는 생각은 하지 않은 것입니다.

이렇듯 워라밸의 중요성을 생각하지 못하는 리더는 우리 주변에서 꽤 흔하게 볼 수 있습니다. 본인의 워라밸은 중요하게 생각하면서, 직원의 워라밸은 가볍게 생각하는 리더들도 있고요.

이제는 워라밸을 중요시하는 풍조가 점점 더 확산되고 있습니다. 주 5일 근무제부터 주 52시간 근무 제한이 도입되었고, 퇴근 시간 이후에 직원에게 연락하는 것을 자제시키는 분위기도 조성되었습니다. 야근이나 주말 근무를 요구할 때는 1.5배 수당을 지급해야 하고 (일부 소기업 제외), 연차휴가 사용을 독려해야 합니다.

리더가 리더의 역할을 제대로 해낸다면, 인력과 업무량, 시간 관

실패로 배우는 리더십(독 되는 리더, 득 되는 리더)

리를 잘한다면 직원의 야근을 줄일 수 있습니다. 어쩌면 아예 야근 자체가 필요하지 않게 될지도 모르지요.

근로자들의 추가 근무가 거의 없어도, 주 4일제를 도입했어도 생산성은 떨어지지 않는 북유럽 국가들도 있습니다. 긴 근무시간이 생산성과 관련되는 것은 아니라는 의미지요. 이미 여러 데이터가 그걸 보여주고 있고요.36)

우리나라는 OECD 국가 중 가장 긴 평균 근로시간을 가진 나라 중 하나입니다.37) 하지만 근로자의 생산성을 따져보면 순위가 훨씬 아래로 떨어집니다.38) 근로자들이 오랜 시간 일을 하지만 그 긴 시간이 생산적으로 쓰이지 못하고 있다는 의미로 볼 수 있습니다.

리더가 업무를 명확하게 파악하고 지시하면 근로자들이 맨땅에 헤딩하듯이 일할 필요가 없습니다. 리더가 지시를 번복하지 않으면 같은 일을 두 번, 세 번 반복해야 할 필요도 없지요. 리더가 업무 수행에 필요한 시간을 잘 고려해서 업무 지시를 내리는 시간을 조율하면, 퇴근 직전에 갑작스럽게 내려온 지시로 야근해야 할 필요도 없습니다. 관리 능력이 뛰어난 리더가 있다면 근로자들이 워라밸을 즐기면서도 높은 생산성을 보일 수 있습니다.

▌11. 직원을 소유물처럼 여기는 리더

일을 잘하고 성실한 직원이 있다면 오래오래 곁에 두고 함께 일하고 싶어지는 건 당연합니다. 하지만 그걸 넘어서서 직원을 마치 자신의 소유물처럼 생각하는 리더가 있다면 과연 어떨까요?

A씨는 함께 일할 비정규직 근로자를 찾던 중, 예전에 같은 직급의 동료와 함께 일했던 직원이 구직 중이라는 걸 알게 됐습니다. 그 직원이 일을 잘한다는 걸 알고 있었기 때문에 흔쾌히 채용하기로 했습니다.

하지만 상황을 알게 된 동료는 A씨에게 자기 사람을 빼앗아 간다며 화를 냈습니다. 직원은 이미 몇 달 전 동료와의 계약이 끝난 상태였고, A와 일하기를 희망하고 있었습니다. 하지만 동료는 과거에 자신과 함께 일했으니 여전히 자신의 사람이라며, 직원이 다시 회사에서 일을 한다면 자신에게 우선권이 있다고 주장했습니다. A씨는 계약이 끝난 이상 직원은 어디든 원하는 곳으로 가서 일할 권리가 있다고 맞대응했고요.

A씨의 동료로부터 무슨 소리를 들은 것인지, 직원은 A씨를 찾아와서 그 쪽으로 가서 일을 해야 할 것 같다고 사과했습니다. A씨는 직원에게 기다려보라고 한 뒤, 부서장과 상의하여 급여가 더 높은 연 단위 계약직 일자리를 확보했습니다. 그리고 직원에게 그 자리를 제안했지요. 동료에게는 일 잘하는 직원과 함께 일하고 싶으면 마찬가지로 그런 자리를 확보하라고 했습니다. 동료는 그렇게까지 할 필요가 있느냐며, 그제야 자신이 '양보'하겠다고 했습니다.

사례 속에서 나온 A씨의 동료는 직원의 뛰어난 업무능력을 인정하고 '자신의 사람'이라고 부를지언정, 직원에게 더 좋은 대우를 해주기 위해 노력할 생각은 없었습니다. 일을 잘하는 직원을 계속 곁에 두고 싶다면 그 능력만큼의 대우를 해줘야 한다는 걸 생각하지 않은 채, 먼저 함께 일했다는 이유로 자신의 소유물처럼 생각한 것입니다.

B씨 역시 한 프로젝트 리더와 일하다가 그와 잘 맞지 않음을 느끼고 계약 때까지만 일하기로 했습니다. 이후 다른 프로젝트 리더가 함께 일할 지원 인력을 찾고 있음을 알게 되었고, 그 자리에 지원했습니다.

하지만 B씨와 처음 함께 일했던 리더는 새로운 프로젝트 리더를 찾아가 채용 기안을 하지 못하도록 막았습니다. 이유는 위의 사례와 마찬가지였습니다. B씨가 자신의 사람이라는 것이었죠. 그렇게 B씨의 채용을 막은 다음에는 정작 본인이 B씨를 채용해주지도 않았습니다. 즉, 다른 리더와 함께 일하고 싶어하는 B씨에게 괘씸죄를 물어 계약 자체만 하지 못하게 한 것입니다.

C씨는 모 조직의 선임급인 리더와 함께 1년간 일해왔습니다. 그러다 리더의 프로젝트 예산이 끊겼고, C씨의 계약은 연장될 수 없었습니다. 다른 일자리를 찾으려고 하는 C씨에게 리더는 다른 프로젝트를 받을 때까지 기다려달라고 했습니다. C씨 뿐만 아니라 함께 일하던 다른 비정규직 직원들에게도 마찬가지였습니다.

하지만 C씨도, 다른 직원들도 기약 없이 기다리기만 할 수는 없었습니다. 리더에게 몇 달을 기다려야 할지 정해주면, 그때까지만큼은 기다리겠다고 얘기했습니다. 그나마도 C씨와 동료들로서는 큰 배려였습니다. 그 기간은 수입 없이, 일자리를 알아보지도 않는 채로 기다리겠다고 한 것이니까요.

하지만 리더는 도리어 화를 냈습니다. 그들은 가족인데 무슨 소리냐며, 가족끼리 그 정도도 기다려주지 못하느냐고 했습니다. 정해진 몇 달만 기다리겠다는 직원들을 야박하다고도 했습니다. 말로만 가족이라고 할 뿐, 사실상 C씨와 동료들의 입장은 생각하지 않은 것입니다.

자신의 이익을 위해 직원의 희생을 요구할 때만 '자기 사람'이나 '가족'이라고 부르는 리더들. 만약 본인의 자녀들이 같은 일을 겪어도 "너는 그분 사람이니 어쩔 수 없는 거다, 그 분 가족이니 당연한 거다."라고 말할 수 있을까요? 내가 겪기 싫고, 자녀가 겪는 것이 싫은 일은 내 직원들에게도 하지 말아야겠지요. 직원을 소유물이나 소모품이 아닌 '사람'이라고 생각한다면요.

12. 직원에게 자신의 가치관을 강요하는 리더

리더가 자신의 아이디어나 생각을 강요하는 것은 비단 업무에 대한 것만이 아닙니다. 개인적인 사상이나 가치관에 대해서도 자신의 것을 강요하기도 합니다. 주변에서 흔히 볼 수 있는 예시로 직원에게 본인의 연애관, 결혼관, 종교관, 정치관 등을 강요하는 리더를 들 수 있습니다.

A씨의 리더는 특정 정당을 매우 적극적으로 지지하는 사람이었습니다. 선거철만 되면 직원들 앞에서 반대편 정당을 비난했고, 회의 시간에도 반대편 정당에 관한 부정적인 기사의 내용을 얘기하곤 했습니다. 식사 시간에는 함께 식사하는 직원들에게 본인은

누구를 찍을 것이라며, 같은 후보나 정당을 찍을 것을 강요하기도 했습니다.

A씨는 리더와 같은 정당을 지지하는 편이긴 했지만, 리더가 지나치게 반대편 정당을 깎아내리고 네거티브 공약을 강조하자 반발심을 느꼈다고 합니다. 마치 직원들은 스스로 생각하고 판단할 능력이 되지 않으니 본인이 가르쳐 준다는 듯한 태도였기에 반발심은 더욱 컸습니다. 실제로 선거가 끝난 이후, 몇몇 직원들은 리더 때문에라도 다른 정당과 후보를 찍었다는 얘기를 나누기도 했습니다.

B씨의 리더는 직원의 비혼주의, 비연애주의를 인정하지 않는 사람이었습니다. 비혼을 선택한 직원에게 그들의 생각이 잘못되었으며, 사람은 결혼해서 자녀를 둬야 한다는 본인의 생각을 거듭 강요했습니다. 서로 성별이 다른 미혼 직원이 곁에 있으면 어떻게든 둘을 연결하려고 하며, 직접적으로 두 사람의 연애를 바란다는 말을 하기도 했습니다. 당하는 사람들의 입장에서는 무척 불쾌한 일이었습니다. 설령 연애 감정이 생기려고 하다가도 도로 없어지게 만드는 참견이었지요.

참다못한 다른 직원은 본인이 왜 비혼과 비연애주의를 선택했는지, 개인사를 털어놓으며 리더에게 그만할 것을 요청하기도 했습니다. 하지만 리더의 의지는 꿋꿋했습니다. 직원들에게 스스로 비혼, 비연애를 선택할 권리와 판단 능력이 있다는 것, 자신과 다른 사람은 생각이 다를 수 있다는 것을 받아들이지 않았습니다.

C씨의 리더는 종교에 심취한 사람이었습니다. 특히 무교인 직원들에게는 왜 신을 믿어야 하는지를 반복적으로 얘기하며 같은 종교

를 믿을 것을 강요했습니다. 리더 본인의 입장에선 직원들에게 자신이 알고 있는 좋은 것을 권유하는 행위였지만, 직원들에게는 스트레스를 주는 강요 행위였습니다.

리더는 때로는 다른 종교를 믿는 직원들 앞에서 그들의 종교를 깎아내리기도 했습니다. 본인이 믿는 종교가 다른 종교보다 우월하다고 믿었습니다. 이런 행동이 본인이 믿는 종교의 이미지를 부정적으로 악화시킨다는 것을 리더는 생각하지 못했습니다.

리더는 보통 다른 직원들에 비해 조직 내에서 우위를 차지하고, 더 큰 힘을 행사합니다. 그런 힘을 가진 사람이 반복적으로 자신의 가치관을 권유하는 것은 사실상 권유가 아닌, 강요로 다가오기 쉽습니다. 게다가 리더라는 이유로 상대편에서 쉽게 거부하거나 하지 못합니다. 힘의 불균형 상태에서 자신의 생각을 반복적으로 강요하는 것은 괴롭힘 행위가 됩니다.

성인에게는 스스로의 가치관과 판단력에 따라 세상을 살 권리가 있습니다. 그에 동반하는 의무도 역시 감수하면서 말이지요. 자신의 생각을 다른 사람에게 강요(권유)하는 것은 스스로의 가치관과 판단력이 그들보다 우월하다는 착각에서 나옵니다.

업무적으로는 때때로 연장자인 리더의 경험에 바탕을 둔 조언이 도움이 될지도 모릅니다. 그나마도 지나치면 직원의 의견을 무시하는 독재적인 리더십이 되기 쉽고요.

직원이 먼저 도움을 요청하지 않는 한, 그들의 개인적인 영역까지 관여하려고 하는 것을 애정이나 배려의 표현으로 보기는 어렵습니다. 또한 공사를 구분하지 못하는 행위이기도 하지요.

13. 코로나19의 위험을 무시한 리더

앞에서 안전사고, 대형 사고를 유발한 리더의 사례를 확인했습니다. 물질적인 이익을 우선시하고, 사고의 위험성은 가벼이 여기다가 사고를 유발한 경우였죠. 눈앞에서 사고가 발생한 것은 아니니 마냥 안일하게 생각하며 위험을 내포한 의사결정을 내린 것입니다.

최근 코로나19 팬데믹이 발생하는 동안, 연일 언론에서 코로나 바이러스 확진자와 사망자 수를 보도하며 방역 참여를 강조하는 상황에서도 그 위험을 무시하고 심지어 직원들에게도 무시할 것을 요구한 리더들이 있었습니다.

A씨의 리더는 코로나19 이전처럼 잦은 회식을 지시했습니다. 회사 건물 안에서도 마스크를 쓰지 않았습니다. 체온기를 회사 입구에 가져다 두긴 했지만 사용하진 않았고, 다들 허위로 체온을 대충 적고 넘어갔습니다. 리더가 방역에 참여하지 않으니 직원들도 마찬가지로 무방비해졌습니다. 일부 마스크를 꼭 착용하는 직원도 있긴 했지만, 대다수가 사무실에서 마스크를 쓰지 않았습니다. 회의할 때도 마스크 없이 진행했습니다.

A씨의 회사는 단 2명을 제외한 모두가 확진되었습니다. 확진자 중에는 마스크를 꼬박꼬박 쓰던 직원들도 포함되어 있었습니다. 가까이에 있는 사람들이 대부분 바이러스를 보유한 상태가 되자 마스크로도 감염을 막을 수 없었던 것입니다.

B씨는 갑에 해당하는 협력업체의 리더로부터 반복적인 대면 회의를 요구받았습니다. 방역 당국에서 제한하는 최대 인원수에 맞춰

전국에서 사람들이 모이는 행사를 개최하도록 요구받기도 했습니다. 코로나 방역의 필요성을 얘기해도 협력업체의 리더는 무시했습니다. 의견을 공유하려면 직접 얼굴을 마주 봐야 한다는 것이 그의 주장이 었습니다.

협력업체의 리더는 문제가 생길 때는 책임을 떠넘길 수 있도록, B씨의 요청으로 갑 측이 참여하는 형태가 되도록 하라고 요구하기도 했습니다. 식사 접대와 술 접대 포함, 코로나 이전과 같은 접대 요구도 여전했습니다. 협력업체 측 직원들도 난감해했지만, 리더의 요구는 꿋꿋했습니다.

다행히 B씨의 회사에도, 협력업체에도 리더의 요구에 부응하다가 확진된 사람은 나오지 않았습니다. 그러자 협력업체의 리더는 코로나의 위험 자체가 지나치게 과장된 것이며, 본인의 판단이 옳았다고 생각했습니다. 사실상 확진자가 나왔다고 해도, B씨에게 책임을 떠넘길 수 있는 상황을 만들어 뒀으니, 리더에게는 별다른 문제가 되지 않았던 것입니다.

C씨는 회식 자리에서 본인이 마시던 잔에 술을 따라 주는 리더 때문에 곤욕을 치렀습니다. 직원들이 코로나를 염려했지만, 리더는 모두가 한배를 탄 사람들이라며 다 같이 걸리면, 다 같이 쉬면 된다고 했습니다. 코로나를 감기 정도의 질환이며, 확진되어도 면역력으로 이겨내면 되는 것이라고 주장하기도 했습니다.

공교롭게도 다른 직원 중에는 확진자가 나왔지만, 리더는 확진되지 않았습니다. 리더는 직원들이 평소 건강을 신경 쓰지 않기 때문에 걸린 것이라고만 생각했고, 이후에도 전혀 조심하는 모습을 보이지 않았습니다. 회의 때도 한쪽 귀에 마스크를 걸어둔 채로 진행하거나, 비좁은 엘리베이터 안에서도 마스크를 턱에 걸친 채 다른 직원들에게 말을 걸기도 했습니다.

D씨는 종교적 리더의 안전불감증 때문에 마음고생을 했습니다. 코로나19 방역이 강조되면서 종교활동에 참여하는 사람 수가 줄어들자, 종교 리더는 다른 종교 리더와 단둘이서만 상의하고는 백여 명이 함께 하는 행사를 개최하기로 했습니다. 행사를 계획할 때는 실무를 담당하는 사람과 상의해서 추진하는 것이 마땅하겠지만, 종교 리더는 임의로 날짜를 정해 통보했고, 행사 준비를 할 것을 요구했습니다.

언론에서 매일 코로나의 위험과 확진자 수, 사망자 수를 보도하고 있는 상황에도 팬데믹의 위험을 무시할 수 있었던 리더들은 과연 얼마나 심한 안전불감증을 앓고 있는 것일까요? 그들은 자신의 안전불감증이 본인만 위험에 빠트리는 것이 아니라, 다른 사람들을 위험하게 할 수 있다는 것을 생각하지 않았습니다. 확진자가 나와도 확진된 사람의 잘못이라고 생각했고, 확진되지 않으면 코로나를 크게 위험하다고 생각하지 않은 본인이 옳았다고 생각했습니다.

코로나 방역 우수 국가로도 손꼽혔던 우리나라가 어느 순간 확진자 수 세계 1위까지 올라갔던 데는 이런 안전불감증 리더들이 기여한 바도 있지 않을까요?

14. 직원에게 접대를 시키는 리더

조직의 수장을 접대하는 자리, 또는 상하청 관계에 있는 '갑'을 접대하는 자리에서 직원에게 접대부의 역할을 강요하는 리더들이 있습니다. 성희롱에 대한 인식 수준이 높아지면서 과거에 비해 줄었다고는 하지만, 여전히 접대시키는 행위가 잘못되었다고는 생각하지 못하는 리더들도 있습니다. 직원을 성희롱의 위험으로 몰아넣는 행위지만, 본인이 성희롱을 직접 하는 것이 아니니 문제가 되지 않는다고 착각하는 것이죠.

A씨는 갑에 해당하는 협력업체 부서를 접대하는 자리에 동행할 것을 요구받았습니다. 협력업체 측 리더의 옆자리에 앉아야 했고, 그의 추근거림을 견뎌내야 했습니다. A씨가 속한 부서의 부서장 두 명이 한 테이블에 앉아있었지만, 그들은 A씨가 성희롱당하는 것을 방치했습니다.

협력업체의 리더가 술에 취한 채, A씨를 자신과 같은 택시에 타게 하려고 했을 때도 부서장들은 막으려는 시도조차 하지 않았습니다. A씨는 몸이 안 좋은 다른 직원을 돌본다는 핑계로 겨우 그 상황을 빠져나올 수 있었지만, 그날 밤 협력업체 리더는 계속 A씨에게 전화를 걸었습니다. 이후에도 주말 저녁에 A씨에게 연락해서 같이 술을 마시자고 불러내려 하곤 했습니다.

A씨는 이런 상황을 부서장에게 알리고 도움을 요청했지만, 부서장은 협력업체의 리더가 A씨를 좋게 봐서 그렇다며 A씨의 호소를 묵살했습니다.

B씨와 동료들은 한 명의 프로젝트 리더와 함께 일하고 있었습니다. 리더는 종종 갑 조직의 담당자를 접대하는 자리에 그들을 동반했습니다. 아예 처음부터 그들을 갑측 담당자의 옆자리에 앉게 하고, 술을 따르거나 러브샷을 하게 했습니다. 안주를 먹여달라는 담당자의 요구에 B씨나 동료들이 당황하면, 어서 해주라며 눈치를 주기도 했습니다.

리더에게는 그런 상황을 유도하는 것도 성희롱이라는 생각조차 하지 않았습니다. 본인이 직접 성희롱하는 것이 아니었기에 잘못된 행위라는 인식도 없었습니다. 리더는 평소에도 직원들에게 무척 강압적으로 대하는 사람이었고, B씨와 동료들은 두려움에 신고할 생각도 하지 못했습니다. 대부분 사회 초년생인 그들은 마치 당연하다는 듯이 접대를 시키는 리더 때문에 접대를 하는 것이 당연한 것처럼 착각하기도 했습니다.

때로는 직접적인 접대는 아니지만, 간접적인 접대를 직원에게 지시하는 리더도 있습니다. C씨는 '갑'에 해당하는 협력 조직의 요청으로 회의에 참석하러 갔습니다. 하지만 정작 회의 안건으로 준비된 내용은 별것이 없었습니다. 협력 조직의 목적은 다른 데 있었습니다. 점심시간이 가까워질 때까지 시간을 끌던 협력 조직은 함께 식사하자며 C씨를 식당으로 데리고 갔고, 본인들의 선 결재 장부에 결재해 달라고 요구했습니다.

협력 조직의 선 결재 장부는 몇십만 원 이상 마이너스가 된 상태였습니다. 식사 메뉴가 비싼 것도 아니었습니다. 일반 식사 메뉴가 대부분인 식당에서 협력 조직의 부서원들은 장부가 마이너스가 된 이후에도 계속 그곳에서 식사를 했던 것입니다. 그리고 식당 측이 더 이상 마이너스 금액을 묵과하지 않자, 그 금액을 C씨에게 매워 달라고 한 것이고요. C씨는 부서장에게 연락하여 상황을 보고했습니다. 내심 부서장이 거절해주기를 바랐고, 그걸 핑계 삼아 협력 조직의 부당한 요구를 피하려고 했습니다.

하지만 부서장은 결재를 해 주라고 지시했습니다. 몇십만 원의 돈으로 협력 조직과 척을 질 필요가 없다는 것이 그의 이유였습니다. 금액이 문제가 아니라, 협력 조직의 요구가 부당한 것이 문제라는 것을 부서장은 생각하지 않았습니다. 부당한 요구로 인해 직원이 느낀 불쾌감과 자괴감을 배려하지 않은 것은 물론, 한 번 선 결재를 해주면, 이후에도 계속 같은 요구를 받게 되리라는 것도 고려하지 않았습니다.

협력 조직과 일할 때는 리더가 어떤 입장과 태도를 고수하는지가 무척 중요합니다. 리더가 '갑'을 접대하는 것을 당연시 여기면, '갑'도 접대받는 것을 당연시 여깁니다. 접대의 일환으로 부당한 요구를 하는 것도 당연하게 생각하고, 오히려 그런 요구를 거절하는 것을 문제라고 생각하게 됩니다. 리더가 직원에게 직접적 또는 간접적 접대를 강요하는 것은 협력 조직의 담당자들 앞에 직원을 '함부로 대해도 되는 사람'으로 꼬리표를 붙여 내놓는 것과 마찬가지입니다. 리더 본인이 직원을 아끼지 않고, 지킬 마음이 없다는 것을 보여주는 것이기도 합니다.

이런 점을 알기 때문에 접대를 할 때, 직원들을 동반하지 않고 혼자 나가는 리더들도 있습니다.

15. 예산으로 갑질하는 리더

예산, 즉, 돈은 사람을 매우 치졸하게 만들 수 있는 수단입니다. 돈이 전부는 아니라지만, 기본적으로 돈이 없으면 조직이 운영될 수 없습니다. 이런 점을 이용해서 돈을 휘두르며 복종을 요구하는 리더들이 있습니다.

A씨의 조직은 모든 직원들이 반대하는 제도를 시행하라는 '갑' 조직의 요구를 받았습니다. '갑 중 갑'에 해당하는 리더로부터 갑 조직으로 지시가 내려왔고, 갑 조직은 그 지시에 따라 A씨의 조직에 제도의 도입을 요구한 것입니다.

전 직원 투표로 반대가 더 많이 나왔다는 민주주의적 자료는 갑의 권력 앞에 아무 소용이 없었습니다. A씨의 조직에서 도입을 망설이자, 갑은 칼(=예산)을 빼 들었습니다. 제도를 도입하지 않으면 지정된 예산을 주지 않겠다는 것이었습니다.

예산이 없으면 모든 업무가 마비될 수밖에 없었습니다. A씨 조직의 경영진은 구성원들을 일일이 찾아다니며 왜 갑이 원하는 제도를 도입해야 하는지 설명했습니다. 그 과정 중에 구성원들 간에 분열을 초래하기도 했습니다. 문제의 책임이 갑에게 돌아가는 일은 없었습니다. 제도의 도입으로 많은 구성원이 스트레스를 받고 괴로워해도 갑은 개의치 않았습니다.

B씨의 조직은 상하청 계약을 맺은 뒤, 좀처럼 거래대금을 주지 않는 갑 때문에 조직 전체가 흔들렸습니다. 갑 측의 리더는 처음 계약한 것을 훌쩍 넘어서는 부당한 요구를 B씨의 조직에 했습니다. B

씨 조직이 거절하자 계약금 지불을 차일피일 미루기 시작했습니다.

작업에 착수하기 위해서는 원자재 구매비의 일부라도 지급을 해야 했고, 작업인력의 인건비도 마련해야 했습니다. 대형 업체인 갑과 맺은 상하청 계약 때문에 기존의 다른 고객과의 거래도 일정 부분 중단된 상태였습니다. 대형 고객과의 거래를 뚫었다고 기뻐했던 것도 잠시뿐이었습니다. 돈으로 갑질하는 갑 때문에 B씨의 조직은 다른 업체와 거래할 때보다 더욱 극심한 자금난을 겪었습니다.

자녀의 결혼자금까지 끌어다 부족한 돈을 간신히 메운 B씨의 리더는 계약금을 받기 위해 갑이 원하는 요구를 들어줘야 했습니다. 이후에는 분기별, 반기별로 찾아와 거래대금을 깎겠다는 요구에도 응해야 했습니다. 거래대금을 깎거나 아니면 거래 자체가 끊기거나, 둘 중 하나를 선택해야 했기 때문입니다.

A씨와 B씨의 사례에서 돈을 무기로 휘두른 것이 외부의 갑이었다면, C씨의 사례 속에서는 내부의 리더가 가해자였습니다. 당시 C씨는 프로젝트의 책임을 맡고 있었고, 부서장은 프로젝트 예산 중 회의비를 본인이 쓰게 해달라고 요구했습니다. 여기서 회의비는 주로 식비로 쓰이는 예산을 의미합니다. C씨의 부서장은 회의비 대부분을 가족과의 식사 등 개인적인 용도로 오남용하는 사람이었고, 종종 예산이 부족하다며 부서원들의 프로젝트에서 회의비를 가져가곤 했습니다.

C씨는 회의비 중 일정액을 부서장의 몫으로 넘겨주고, 남은 돈으로 프로젝트를 운영하기로 했습니다. 하지만 부서장은 이내 C씨가 허용한 회의비를 모두 지출했습니다. C씨에게 요청하여 추가적으로

회의비를 조율하는 대신, 부서장은 제멋대로 더 많은 금액을 법인카드로 결제해 버렸습니다. 영수증 처리는 C씨에게 떠넘겼습니다.

C씨가 항의하자 부서장은 도리어 C씨를 건방지다며 질책했습니다. 본인이 젊었을 때는 알아서 선임들이 편하게 회의비를 쓸 수 있도록 회의비를 넉넉하게 책정하고 잡음이 발생하지 않게 했다는 것이 부서장의 말이었습니다.

C씨는 과제 운영을 위해 더 이상의 지출은 어렵다며 부서장에게 회의비를 쓰지 말라고 부탁했습니다. 과제 운영을 위해 정말로 필요한 회의비 확보를 하려고 예산 변경 기안을 올렸지만, 부서장은 기안을 결재해주지 않았습니다. 예산 변경뿐만 아니라 과제 운영을 위해 부서장의 기안을 득해야 하는 기안 모두를 무시하고 방치했습니다.

한두 달을 넘도록 결재되지 않고 시스템에 떠 있는 기안 때문에 행정 부서에서 연락이 왔지만, C씨가 할 수 있는 일은 없었습니다. C씨가 결재를 부탁해도 부서장은 못 들은 척 무시했습니다.

프로젝트 종료일이 한 달도 채 남지 않을 때까지 부서장은 결재를 거부했습니다. 예산 집행에 크게 방해를 받게 되자 C씨는 백만 원이 넘는 회의비를 부서장에게 추가로 떼어주기로 했고, 겨우 결재를 득할 수 있었습니다.

이렇듯 '돈'을 휘두르는 갑질은 민간과 공공부문을 막론하고 곳곳에서 일어나고 있습니다. 때로는 줘야 할 돈을 주지 않는 방식으로, 때로는 직원에게 필요한 예산을 쓰지 못하게 하는 방식으로. 리더가 원하는 것을 얻어내려는 수단으로 돈을 이용하고, 조직의 구성원이나 하청의 담당자들이 돈 때문에 무릎 꿇는 상황을 만드는 것입니다.

16. 직원에게 줘야 할 돈을 주지 않는 리더

위에서 본 사례들은 조직을 운영하는 공적인 돈으로 갑질을 하는 경우였습니다. 하청업체나 직원이 일하는 데 필요한 돈을 무기 삼아서 하는 갑질이었습니다.

돈으로 하는 또 다른 형태의 갑질도 있습니다. 심지어 꽤 흔하기도 하죠. 바로 직원에게 당연히 줘야 할 급여를 주지 않는 것입니다. 회사 운영이 너무 어려워서, 사용자조차 변변한 생활비도 가져가지 못하면서 그런다면 그나마 이해라도 해볼 수 있겠지요. 하지만 본인이 쓸 돈은 다 쓰고, 심지어 펑펑 쓰면서 직원에게 줄 돈만큼은 없는 사용자도 있습니다.

A씨는 신입으로 입사한 지 몇 달이 지나도록 한 번도 급여를 받지 못했습니다. 사용자는 매번 나중에 줄게, 나중에 이자까지 붙여서 줄게, 할 뿐 돈은 주지 않았습니다. A씨도 생활비가 필요했고, 월세를 낼 돈이 필요했습니다. 반전세를 얻느라 보증금 대출까지 받은 상태였습니다. 하지만 사용자는 계속 이 핑계, 저 핑계를 대며 돈을 주지 않았습니다.

사용자가 사무실에 머무르는 경우도 별로 없었습니다. 급여를 달라고 전화를 하면, 지금 입금하려고 은행에 와 있다고 거짓말을 한 뒤 연락을 끊고 잠적했습니다. 그러다 A씨에게 지시할 일이 생기면 그제야 나타나서 일을 시키고 또 잠적했습니다. 간혹 사무실에 나올 때면 사장은 종종 남편과 이혼하고 혼자 자녀를 키우는 본인의 상황에 대해 A씨에게 하소연하며, A씨에게 사정을 봐 달라고 말하곤 했습니다.

사용자는 사무실 월세와 관리비도 제대로 내지 않았습니다. 집주인과 관리인의 짜증은 사무실을 지키는 A씨의 몫이 되었습니다.

A씨는 참다못해 사용자를 임금체불로 신고했습니다. 노동청에서 시정 요구를 하자 사용자는 그제야 밀린 급여를 내줬고, A씨에게 야박하게 군다며 원망했습니다. 자녀를 미국에 유학 보내기 위해 일정 기간 이상 몇억 원을 계좌에 넣고 있었다는 기록이 필요해서 그런 것이었다며, 그 기간조차 기다려줄 수 없었냐며 원망하는 내색을 숨기지 않았습니다. 사용자는 A씨가 아직 젊어서 세상 사는 법을 모르는 것이라며, 살다 보면 이런 일도 생기는 것이라고 말하기도 했습니다.

사용자에게는 자녀를 해외에 유학 보내고, 본인이 명품 가방과 브랜드 옷을 사 입을 돈은 있었습니다. 하지만 월세와 관리비를 내고, 직원의 급여를 주기 위한 돈은 없었지요. A씨는 더 이상 이런 사용자와 일하기를 원하지 않았고 사직서를 냈습니다.

B씨는 자녀를 모두 결혼시킨 이후, 남는 시간에 용돈벌이라도 해보려는 생각에 아르바이트 자리를 얻었습니다. 하지만 한 곳에서 꾸준히 일하기가 쉽지 않았습니다. 임금체불을 하는 곳이 생각보다 너무 많았던 것입니다. 몇 달간 임금체불이 이어지면 그만둔 뒤에 노동청에 신고했고, 다른 일자리를 찾아서 일하다 보면 또 임금체불이 시작되곤 했습니다. B씨는 이렇게나 임금체불하는 곳이 많을 줄은 생각도 못 했다고 합니다. 임금체불하면서도 미안한 줄도 모르는 사용자가 이렇게 흔할 줄도 몰랐고요.

C씨는 임금체불은 아니지만, 회사 일로 사용한 돈을 환급해 주지 않는 사용자 때문에 고민해야 했습니다. 사용자는 자차를 가진 C씨에게 다른 직원들을 데리고 교육에 다녀오면 기름값과 수고비를 주겠다고 했습니다. C씨는 쾌히 승낙했으나 정작 교육에 다녀오고 난 뒤, 사용자는 약속한 돈을 주지 않았습니다. 업무 추진을 위한 용품을 사러 나갈 때도 C씨의 카드로 지불하고 영수증을 가져오면 환급해 주겠다고 했으나 이번에도 주지 않았습니다.

교육 장소에 다녀온 기름값을 주지 않은 것에 대해서는 C씨도 어차피 가야 할 곳이었으니까 하며 사용자를 이해해주려 했습니다. 하지만 회사 용품을 구매한 돈도 주지 않는 것은 너무하다고 생각했습니다. C씨는 전에 받지 못했던 기름값과 회사 용품 구입비 영수증을 모두 첨부해서 사용자에게 환급을 요구했습니다. 사용자는 C씨가 야박하다고 했지만, 노동청에 신고하겠다고 하자 돈을 돌려주긴 했습니다. 그 후에는 다른 직원들 앞에서 C씨가 돈만 아는 사람인 것처럼 험담했고요.

A씨와 B씨, C씨 모두 당연히 받아야 할 돈을 요구한 것뿐이었습니다. 사용자들은 그들을 야박하고 돈만 안다고 했지만, 그건 자기소개하는 말이었지요. 사용자들은 직원에게 당연히 줘야 할 급여를 주지 않았고, 직원이 회사 일로 쓴 돈을 돌려주겠다고 약속하고도 주지 않으려고 했으니까요.

실패로 배우는 리더십(독 되는 리더, 득 되는 리더)

17. 식사 시간과 휴식 시간조차 불편하게 만드는 리더

우리나라 속담에 '밥 먹을 땐 개도 안 건드린다'는 말이 있습니다. 그런데 마치 개는 무니까 안 건드리는 거라고 주장이라도 하려는 것인지, 개도 아닌 사람(직원)을 밥 먹을 때도 건드리는 리더들이 있습니다.

A씨의 리더는 꼭 식사 시간 중에 업무 중 발생한 문제점을 질책하는 사람이었습니다. 구내 식당에서 먹는 점심때도 그랬고, 때로는 천천히 식사하며 얘기하자며 저녁 시간까지 불러내곤 했습니다. 직원이 그런 자리를 거절하면 좋게 얘기하려는 자신의 의도를 무시하는 것이라고, 요즘 사람들은 태도가 안 되어있다고 불평했습니다.

B씨의 리더는 B씨가 다른 직원들과 함께 휴게실에서 식사하고 있을 때마다 찾아와서 잔소리를 하곤 했습니다. B씨가 명확히 잘못한 것이 있어서 지적하는 것이 아니었습니다. 리더는 식사 시간인데도 '일은 안 하고 놀고 있다'고 잔소리했고, 다른 직원들과 대화하는 것도 못마땅해했습니다. 화장실에 가느라 잠시 자리를 비우는 것도 질책했기 때문에 B씨는 사무실 전화를 핸드폰 전화로 상시 착신전환 해둬야 했습니다. 새벽 시간에 자고 있을 때 갑자기 연락해서 업무 지시를 하거나, 잘못한 일을 지적하기도 했기 때문에 B씨는 근무 기간 내내 긴장을 풀지 못한 채, 불안해하며 일해야 했습니다.

식사 시간은 법으로도 보장되는 휴식시간입니다. 너무나 바빠서 상호 동의하에 식사 중 회의를 하는 것이 아니라면, 직원이 편하게 쉴 수 있는 시간이어야 한다는 의미죠. 게다가 퇴근 시간 이후는 엄연히 직원의 개인 시간입니다. 그 시간에 대한 급여를 지급하는 게 아닌 한, 리더에게는 함께 업무 얘기를 하자고 강요할 권리가 없습니다.

과거에는 워라밸과 같은 개념이 없었고, 평생직장이 보장되곤 했기 때문에 직원들이 회사의 일을 자신의 일처럼 생각하며 기꺼이 희생을 해줬습니다. 하지만 IMF가 있었고, 평생직장을 보장해주는 곳이 드물어졌습니다. 회사가 잘 나가도 근로자는 잘되지 않는다는 걸 깨달았습니다. 그런 흐름 속에서 현재의 근로자들은 회사의 일과 자신의 일을 분리해서 생각하게 되었습니다. 여전히 과거와 같은 희생을 요구하는 건 상황파악 못하고 과거에만 연연하는 행동이 되는 것이죠.

게다가 과거에도 식사 시간에 질책당하는 것을 달가워하는 직원이 과연 있었을까요? 하다못해 식사라도 마음 편히 하고 싶었겠지요. 밥 먹으면서 분위기를 부드럽게 만들어 좋게 좋게 얘기한다는 건 리더의 착각일 뿐입니다. 아무리 좋게 얘기해봤자 식사 시간에 지적당하는데 음식 맛이나 제대로 느낄 수 있을까요? 체하지 않는다면 다행일 겁니다. 업무와 관련된 얘기는 업무 시간에 하고, 식사 시간과 퇴근 시간 이후는 편히 쉴 수 있는 시간이 되도록 해야겠지요.

leader

Ⅲ

리더, 당신이 가해자가 될 때

Ⅲ

리더, 당신이 가해자가 될 때

조직의 경영과 리더십을 얘기할 때, 직장 내 괴롭힘은 빠질 수 없는 이슈입니다. 잘못된 경영방식과 리더십 자체가 직장 내 괴롭힘이 되기도 합니다.

직장 내 괴롭힘과 관련된 행위에는 성희롱, 폭력, 폭언 등도 포함됩니다. 국내외 여러 관련 연구에서는 괴롭힘을 가장 큰 범위를 포괄하는 용어로 보고, 그 영역 안에 다른 관련 용어들이 포함된다고 보고 있습니다. 괴롭힘이라는 단어 자체가 사람을 고통스럽게 하는 모든 행위를 포함하는 것이니까요.

괴롭힘과 관련된 용어들을 살펴보면, 공격의 강도가 높은 행위로 폭력, 폭언, 성희롱 등이 있습니다. 이런 행위는 단 1건만 발생해도 괴롭힘으로 성립합니다.

중간 정도의 강도에 차별, 홀대, 고립 등의 행위가 위치합니다. 이런 행위부터는 보통 반복적이고, 지속적으로 발생할 때 괴롭힘으로 인정됩니다. 우리 주변에서 가장 흔하게 볼 수 있는 괴롭힘 행위들이 이 영역에 해당합니다.

가장 약한 강도에 무례, 실례 등의 행위가 있습니다. 이런 행위를 당하는 사람이 행위자에게 대항할 수 있는가 없는가에 따라 힘의 불균형 여부가 나뉩니다. 행위를 당하는 사람이 대항할 수 없으며, 행위가 자주 반복되고 지속된다면 그때부터 괴롭힘으로 볼 수 있습니다.

이런 개념 연구를 바탕으로 괴롭힘은 아래의 그림에서 쉐이딩된 영역 전체를 아우른다고 볼 수 있습니다. 행위의 강도가 약할수록 빈도와 지속성이 있어야 성립되고, 행위 강도가 강하면 1건만으로 성립이 되니 그림과 같이 귀퉁이가 잘려 나간 역삼각형과 같은 범위를 갖게 됩니다(그림 4) 참조).

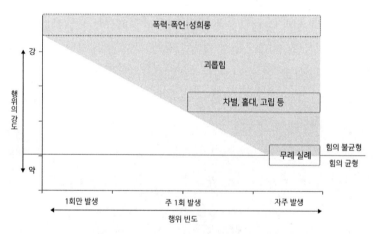

[그림 4] 괴롭힘과 관련된 용어들의 구조

실패로 배우는 리더십(독 되는 리더, 득 되는 리더)

이런 단어들에 대한 이해를 염두에 두고, 우리 주변에서 발생하는 많은 괴롭힘 사례를 보면 리더들의 무책임함이 종종 확인되곤 합니다. 책임과 갈등을 피하는 것이 우선인 리더들은 직장 내 괴롭힘을 겪은 피해자를 보호하려 하지 않습니다. 허위·과장 신고 앞에서 본인들의 책임을 회피하기 위해 무고한 직원을 가해자로 누명 씌우고, 그런 과정에서 본인들이 직접 가해자가 되기도 합니다. 그런 리더들의 태도를 보여주는 사례들을 한번 살펴보겠습니다.

▍1. 직장 내 괴롭힘은 개인의 문제라는 리더

과거에는 직장 내 괴롭힘을 그저 개인 간의 갈등으로 보는 리더들이 무척 많았습니다. 리더가 아닌 일반 직원 중에서도 마찬가지였고요.

이제는 직장 내 괴롭힘 금지법이 통과된 지도 벌써 몇 년이나 지났습니다. 진작 이런 인식들이 바뀌었을 것이라 생각하고 싶지만, 여전히 과거의 생각을 고수하는 리더들이 있습니다.

A씨는 입사 초기부터 부서장에게 지속적인 괴롭힘을 당해왔습니다. 부서장이 A씨를 괴롭히는 방식은 너무도 유치해서 종종 A씨의 속을 뒤집어 놓곤 했습니다.

부서장은 급한 결재를 해달라고 하는 A씨의 앞에서 결재창을 열었다가 도로 닫아버리고 A씨가 발을 동동 구르는 모습을 보며 웃었습니다. 바쁘게 문서 작업을 하는 A씨의 등 뒤에서 왔다 갔다 하면서 신경 쓰게 만들고, 그러다 A씨가 오타를 내면 명문대 나온 사람이 맞춤법도 제대로 모른다며 놀렸습니다. A씨가 작성한 자료를 이리 수정하게 하고, 저리 수정하게 하다가 결국 처음의 편집 양식 그대로 갈 것을 지시하고, 무의미한 야근을 해야 했던 A씨가 한숨을 쉬면 복이 나간다며 A씨의 입술을 손으로 쳤습니다.

이런 식의 괴롭힘을 겪다 보니 A씨는 스스로 입에 담는 것이 치졸하게 느껴져서 곧장 신고도 못하고 망설였습니다.

1년이 지나도 부서장의 행동은 그대로였고, A씨는 참다못해 부서장을 신고했습니다. 하지만 신고를 접수한 선임 직원은 A씨가 얘기하는 피해 사례를 들으며 내내 킥킥거렸습니다. 선임은 고충상담원으로 임명은 받았지만, 그 역할에 적합한 사람도 아니었고 교육을 제대로 받은 것도 아니었습니다. 그저 형식적으로만 고충상담원으로 이름이 등록되어 있었던 것입니다. 그나마 인사부서 담당자보다는 나을 것이라는 생각에 선임 직원에게 신고했던 A씨는 그 자체를 후회했습니다.

접수된 신고를 보고받은 조직의 수장은 A씨와 부서장을 한 자리에 불렀습니다. 부서장이 악의가 있어서 한 일은 아닐 텐데 A씨가 젊은 여성이라 익숙하지 않아 오해한 것 같다고, 함께 밥이라도 먹으면서 서로 기분을 풀라고 했습니다. 둘 다 성숙한 성인이니 좋게 좋게 해결할 수 있지 않으냐며 A씨의 신고를 마치 가벼운 해프닝처럼 무마시켰습니다.

A씨가 겪은 일은 분명 직장 내 괴롭힘이었습니다. A씨에게 스트레스를 유발하며 심적 고통을 줬고, 몇 달 이상 지속되었으며 반복

된 행위였습니다.

수장이 한 일은 직장 내 괴롭힘에 대한 조치로서는 최악이었습니다. 정식으로 접수된 신고를 무시하고, 피해자인 A씨의 고통을 가볍게 생각했으며, 조사도 지시하지 않았습니다. 피해자와 행위자를 동시에 한 자리에 부른 상태에서 행위자에게 피해자의 신고를 알렸으며, 이후의 해결은 행위자와 피해자, 둘이서 개인적으로 알아서 하도록 책임을 떠넘기기까지 했습니다. 신고를 접수한 A씨를 행위자로부터 분리하여 보호해야 한다는 생각조차 하지 않았습니다.

이 사례는 직장 내 괴롭힘 금지법이 시행된 이후에 일어난 일이었습니다. 법이 통과되었어도 의식 수준은 아예 바뀌지 않는 리더, 괴롭힘 피해 신고를 접수하고도 괴롭힘인지 알지 못하는 리더, 괴롭힘을 행위자와 피해자 둘이 적당히 알아서 해결할 일로 생각하는 리더, 직장 내 괴롭힘 금지법이 한층 강화된 지금도 여전히 이런 리더들이 존재하고 있습니다.

2. 성추행이나 폭력보다 마감일 위반이 더 큰 잘못이라는 리더

성추행은 특히나 강도 높은 성희롱입니다. 다른 형태의 성희롱이 일반적인 괴롭힘의 영역에서 다뤄진다면, 성추행은 범죄의 영역입니다. 하지만 그런 성추행조차 큰일로 생각하지 않는 리더가 있었습니다.

A씨는 상사에게 언어적 성희롱과 성추행을 당했습니다. 술자리에서 A씨의 어깨에 팔을 걸치고, 복도를 지나가다가 말고 인사하는 A씨의 팔뚝을 주무르는 등 노골적인 성추행이었습니다. 상사는 그런 과정 중에 A씨의 머리를 여러 차례 때리기도 했습니다. A씨는 회사의 옴부즈맨을 통해 신고했지만, 조직의 수장은 A씨의 부서만 이동시킬 뿐 아무 조치도 취하지 않았습니다.

성추행과 폭력이 발생했고, 형사사건으로도 갈 수 있는 심각한 사건이었지만 수장은 그렇게 생각하지 않았습니다. 이후 A씨를 식사 자리로 부른 수장은 A씨에게 술을 따라주며 지나가는 말투로 적을 만들지 말라고 했습니다. 또한 그런 일보다 업무 마감일 위반이 더 큰 잘못이라고 말하기도 했지요. A씨를 괴롭히던 상사가 종종 업무 마감일을 위반하는 것을 빗댄 말이었습니다.

수장이 성희롱을 이토록 가볍게 여기는 데는 본인이 자주 성희롱을 하는 사람이었다는 뒷사정이 있습니다. 대놓고 언어적 성희롱을 하거나 성추행을 하는 것은 아니었습니다. 하지만 회식 자리에서 젊은 여성이 곁에 앉아 술을 따라줄 것을 원했고, 그 기대에 부응해 부서장들은 반드시 여직원을 수장의 곁에 앉혔습니다.

수장은 개인적인 술자리에도 종종 여직원을 부르곤 했습니다. 회사 행사 때 노래방에 가면 여직원을 같은 방에 불러놓고 노래를 하게 한 뒤, 돈을 주기도 했습니다. 마치 여직원을 노래방 도우미처럼 대한 것입니다.

이런 수장 밑에 있기 때문에 다른 직원들도 성희롱을 쉽게 생각했던 것일까요? A씨뿐만 아니라 다른 직원들도 여러 차례 성희롱에 노출되었고, 여성이 남성을 성희롱하는 경우도 발생했습니다.

- 치마를 입고 온 여직원의 몸을 위아래로 훑어보며 눈웃음을 보낸 부서장(남).
- 워크샵 때 술에 취한 채 여직원에게 밤새 전화를 건 또 다른 부서장(남).
- 마찬가지로 술에 취한 채 여직원을 등 뒤에서 껴안은 직원(남).
- 술에 취한 채, 집에 가려는 여직원들을 가지 못하게 한 부서장(남).
- 남성들끼리 술을 마시는 자리에 여직원을 부르고, 여직원의 손목을 쥔 채 놓아주지 않은 고위 직급자(남).
- 여직원의 입술을 손으로 건드리고 뽀뽀를 하라며 자신의 입술을 들이댄 부서장(남).
- 추운 날씨에 다리 토시를 끼고 있던 여직원에게 토시를 올려주겠다며 허벅지 안쪽까지 손을 댄 부서장(남).
- 회식 자리에서 여직원의 몸에 자신의 몸을 밀착시키며 붙어 앉아 수작을 건 직원(남).
- 다른 직원들의 성생활에 관해 묻고, 본인의 성생활을 얘기한 부서장(여).
- 상습적으로 남직원의 엉덩이를 때린 직원(여) 등.

이 모든 사건을 포함하여 많은 사건이 리더의 길지 않은 임기 기간 동안 발생했습니다. 위에서 아래로 흐르는 조직문화의 특성 그대로 윗물이 맑지 못하니 아랫물도 맑지 못했던 것이죠. 이미 리더의 성격을 아는 피해자들은 신고할 생각을 하지 못했습니다. 어차피 신고해도 소용없을 것이란 걸 알고 있기 때문이었습니다.

게다가 조직문화 자체가 변질되면서, 피해자들이 성희롱에 둔감해지기도 했습니다. 선임으로부터 성희롱을 당했던 피해자가 또 다른 피해자에게는 가해자가 되기도 했지요. 리더의 그릇된 태도가 조직에 어떤 영향을 미치는지를 보여준 사례였습니다.

▍3. 모르고 지나가면 괴롭힘도 없는 일이 된다는 리더

10년 전쯤, 관리자 직급을 대상으로 직장 내 괴롭힘에 대한 특강을 했습니다. 그것이 제가 국내에서 직장 내 괴롭힘에 대해 한 첫 번째 강연이었습니다. 그때까지만 해도 저는 당연히 직급과 무관하게 모든 사람들이 직장 내 괴롭힘을 문제로 인식하고, 개선하고 싶어할 것이라고 생각했습니다. 저의 큰 착각이었죠. 그 자리에서 나온 질문 중 특히 충격을 준 질문이 두 개 있었습니다.

(1) 미국에서는 뭔가 진행되는게 있나요?

당시 미국에서도 직장 내 괴롭힘 관련 연구가 진행되고는 있었지만, 북유럽과 서유럽만큼 활발한 편은 아니었습니다. 법령 부분에서도 특별히 적극적이진 않았고요. 그렇게 답을 하자 질문자는 미국에서도 안 하는데, 우리나라에서도 해야 하는 거냐고 되물었습니다.

미국이 안 한다는 게 어째서 우리나라에서도 안 해야 할 이유가 되는지, 저는 지금까지도 이해하지 못하고 있습니다.

(2) (조직문화의 점검을 위해, 선도적으로 직장 내 괴롭힘 조사를 할 필요성을 얘기했을 때)긁어 부스럼 아닌가요? 모르면 그냥 지나갈 텐데.

생각지도 못한 질문이라서 말문이 막혔습니다. 연구자인 저야 당연히 직장 내 괴롭힘이라는 것을 근로자들이 알아야 하고, 근로자들이 문제를 호소하면 조직 차원에서 대처해야 한다고 생각했는데, 관리자인 그분으로서는 직원들이 모르고 지나가는 게 편했던 것입니다. 신경 쓸 일이 하나 적어지는 거니까요. 이런 관리자들의 사고방식을 몰랐던 제가 어리숙한 거였죠.

다시 그때로 돌아간다면 저는 그분께 이렇게 되묻고 싶습니다. 평소에 건강검진을 하시느냐고 말이죠. 근로자라면 의무적으로 2년마다 건강검진을 하게 되어 있으니, 그분은 한다고 답을 하시겠지요. 전 그럼 이렇게 말하고 싶습니다. 건강검진을 굳이 왜 하시느냐고. 괜히 암 같은 거 발견되면 신경이 쓰일 텐데 긁어 부스럼 아니냐고.

조직이 몸이라면, 직장 내 괴롭힘은 바로 암덩어리입니다. 그나마 사람 몸에 생기는 암은 누군가에게는 있고 누군가에게는 없지만, 직장 내 괴롭힘이라는 암덩어리는 거의 모든 조직 안에 존재합니다. 괴롭힘의 정도와 피해자의 규모에 차이가 있을 뿐이죠.

정기적으로 직장 내 괴롭힘 조사를 하는 것은 바로 조직의 건강검진과 마찬가지입니다. 모르고 지나가면 관리자들의 마음은 편하겠지요. 그렇게 모르는 척하는 사이에 암덩어리는 점점 커져서 조직을 죽게 할 것이고요.

이렇게 설명해도 관리자들, 특히 연령대가 높은 고위 관리자들은 어차피 금방 회사에서 퇴직하게 될 테니 개의치 않을 가능성도 있을 겁니다. 생각 외로 꽤 많은 경영진이 그런 면모를 보이기도 하고요. 내 임기 중일 때만 아니면 된다는 이기심, 그 이기심을 먹고 조직의 암덩어리가 자라납니다.

▌ 4. 상하청 관계 속 갑질과 을질을 악화시키는 리더

원청의 갑질보다는 언론의 조명을 덜 받았지만, 하청의 '을질' 도 엄연히 존재합니다. 을질 사례를 보면, 원청 측 담당자가 젊거나 신입이거나 여성일 때, 하청 측이 원청의 간부와 친분이 있을 때가 비교적 흔한 편이었습니다.

A씨(30대, 예)는 몇 년간 거래해 온 하청 기업을 담당하게 되었습니다. 공개 입찰로 진행된 업체 선정 평가에서 하청 책임자는 원청이 요구하지도 않은 신규 업무 추진을 내세웠습니다. 하지만 막상 계약체결 후 신규 업무에 문제가 생기자, 하청 측 책임자는 말을 바꿨습니다. A씨의 갑질로 업무를 떠맡게 됐다고 주장한 것입니다. 하청 책임자는 A씨에게 소리를 지르고, 신고하겠다며 위협하기도 했습니다.

누명을 쓸 뻔한 상황이었지만 A씨에게는 입찰평가 때 책임자의 발표와 계약 때 책임자의 발언을 녹음한 파일이 있었습니다. A씨는 파일을 증거로 하청 책임자의 주장이 허위·과장임을 알리고 사과를 요구했으나, 책임자는 사과를 거부했습니다. A씨 전에 하청을 담당했던 남직원이 나서자 그제야 사과를 하겠다며 찾아왔으나, 여전히 A씨가 잘 몰라서 문제가 발생한 것처럼 책임을 돌리려 했습니다.

신규 여성 담당자는 무시하다가, 기존의 남성 담당자가 나서니 태도를 바꿨던 이 하청 측 책임자, 그가 을질해도 된다고 생각했던 포인트는 A씨가 신규 담당자라서였을까요, 아니면 여성이라서였을까요? 둘 다일 수도 있겠죠.

심지어 상하청 계약도 맺기 전에 발생한 을질도 있습니다. 경쟁입찰 평가자리에서 평가를 맡은 B씨(20대, 여)는 업체 측이 개발하고자 하는 프로그램 중 여러 건의 미흡한 점에 대해 질문을 했습니다. 그러자 발표자는 무척 공격적인 태도로 자료에 다 나와 있는 것을 질문한다며 도리어 B씨를 무시하는 발언을 했습니다. 다른 평가자(고연령대, 남성)가 앞의 프로그램 하나만 제외하고 다른 모든 프로그램이 미흡한 걸 모르는 거냐며 B씨의 질문을 뒷받침하자, 그제야 발표자는 입을 다물었습니다.

C씨(30대, 여)는 상하청 관계를 돈독하게 하기 위한 회식 자리에서 하청 측 책임자에게 성희롱을 당했습니다. 책임자는 C씨에게 여러 차례 성적인 말을 했고, 신체 접촉을 시도하기도 했습니다. 다른 하청 직원이 만취한 책임자를 택시에 태워 보내려 하자, 책임자는 함께 가자며 C씨를 붙잡고 억지로 택시 안으로 끌어들이려 했습니다.

C씨의 후임 직원들이 소리를 지르며 겨우 C씨를 떼어내고 택시를 보낸 덕에 그 상황을 벗어날 수 있었습니다.

C씨는 회사에 성희롱 사실을 알렸지만, 회사 측은 '그럴 사람이 아니다'라며 C씨의 신고를 묵살했습니다. 성희롱을 저지른 책임자는 회사 고위 간부와 친인척 관계였던 것입니다. 이 사례의 포인트는 하청 책임자가 원청 측 고위 간부와의 친인척 관계라는 점, 거기에 C씨가 여성이라는 점이 더해졌겠지요.

D씨(30대, 남)은 하청 측이 계약서에 명시된 기준을 지키지 않고 있음을 확인했습니다. 기준 위반을 알리고 시정을 요구했으나, 하청 측은 말로만 곧 조치하겠다고 했을 뿐 계속 기준을 위반했습니다.

D씨가 반복적으로 시정을 요구하자, 하청 기업의 사장은 D씨의 집 전화로 전화를 걸었다고 합니다. 핸드폰 번호와 회사 사무실 번호는 명함으로 알 수 있다지만, 집 전화는 대체 어떻게 알아낸 것일까요?

하청 사장은 본인이 원청 기업 고위직 ○○○와 친인척이라며 젊은 사람이 의욕이 넘쳐 실수한 것으로 이해해주겠다고, 마치 D씨에게 문제가 있는 것처럼 말했다고 합니다. 이 사례의 포인트 역시 하청 사장의 친인척 관계, 거기에 D씨가 젊은 사람이라는 점이 었겠죠.

사례에서도 볼 수 있듯, 원청의 직원이라는 이유로 반드시 하청 측보다 우위를 차지하는 것은 아닙니다. 연령, 성별, 혈연 및 학연 등의 이유로 하청 측이 우위에 서기도 하고, 보편적인 관점에서의 약자임을 내세워 허위·과장 신고를 하기도 합니다. 때로는 원청의 고위직이 하청의 을질을 돕기도 합니다. 이런 갈등이 단순히 개인 대 개인, 일방향적인 문제가 아니며, 그 속에서 뭔가 복잡한 역학관계가 작용하고 있는 걸 보여주는 것이죠

하지만 관련된 문제에 갑질, 을질에 대응하는 역할을 담당하는 사람들이나 부서, 기관들은 종종 관련 사안을 종종 개인 대 개인, 일방향적 문제로 단순화시키곤 합니다. 문제를 둘러싼 전체적인 맥락과 조직문화를 보는 것이 아니라, 마치 장님이 코끼리 만지듯 국소적인 범위만 본 뒤 빠르게 사건 종결을 하는 것을 우선시하는 것이죠. 근본적인 문제 해결보다, 적당주의식 봉합을 우선시하는 우리 사회의 고질적인 병폐가 여기서도 드러나는 것입니다.

▌5. 대물림되는 괴롭힘의 피해를 모르는 리더

괴롭힘이 한번 시작되면 그 피해는 대물림됩니다.[39][40] 학교 괴롭힘을 겪은 피해자는 심리적으로 위축되고 대인관계에 어려움을 두려움을 느끼는 경우가 많습니다. 성장해서도 그런 면모가 남아 만만한 사람, '약자'로 꼽히기 쉬워집니다. 가해자는 이런 '약자'들을 참 잘 찾아내고 괴롭힙니다. 학교 괴롭힘의 피해자가 직장 내 괴롭힘의 피해자가 될 가능성이 커지는 것입니다.

직장 내 괴롭힘을 겪는 부모는 자녀 양육에서도 안정된 모습을 보이지 못하거나, 자녀에게 신경을 잘 써주지 못합니다. 본인이 떠안고 있는 고통이 워낙 크다 보니, 사랑하는 자녀와 함께 하는 시간

에도 제대로 집중하지 못하곤 합니다.

부모가 불안정하니 자녀 역시 불안정해집니다. 부모가 잘 돌봐주지 못하는 아이는 겉모습에서부터 표시가 납니다. 학교에서 '약자'로 꼽히기 쉬워집니다. 어린 가해자들도 이런 '약자'를 참 잘 찾아내고 괴롭힙니다. 괴롭힘을 겪던 부모의 자녀가 피해자가 될 가능성이 커지는 것입니다.

때로는 부모의 돌봄을 받지 못한 아이가 가해자가 되기도 합니다. 정서적으로 불안정하니 다른 아이들과 정서적 교류를 잘하지 못하고, 충동적인 분노나 과격한 행동을 보이며, 다른 아이들에게 폭력을 가하기도 합니다. 부모에게서 사랑받는 듯한 아이에게 자격지심을 느끼며 괴롭히기도 합니다. 여기서 새로운 괴롭힘의 악순환이 시작됩니다.

학교에서 가해자로 군림하던 아이는 사회로 나가서도 가해자가 될 수 있습니다. 폭력적인 성향이 강화되면서 말입니다. 또는 어린 아이처럼 충동적으로 행동하는 것을 더는 받아주지 않는 사회에 속하게 되어 기피 대상자가 되고, 괴롭힘의 피해자가 될 수도 있습니다.

관련 연구 결과를 보면, 학교 괴롭힘의 피해자, 가해자, 목격자 모두는 성인이 되었을 때, 직장 내 괴롭힘의 피해자, 가해자, 목격자가 될 가능성이 컸습니다. 어린 피해자가 성인 피해자가 되기도 하고, 성인 가해자가 되기도 했습니다. 어린 가해자가 성인 가해자가 되기도 하고, 성인 피해자가 되기도 했습니다. 목격자 역시 물결효과(Ripple Effect)에 의해 영향을 받았습니다. 즉, 회사에서건 학교에서

건 한 번 괴롭힘이 시작되면 새로운 괴롭힘이 지속적으로 이어질 가능성이 있는 것입니다.

학교 괴롭힘과 직장 내 괴롭힘 모두 조직문화의 영향을 강하게 받습니다. 학교에서는 담임 교사와 학교 측이 괴롭힘을 방관하거나 쉬쉬하려 하면 할수록 피해가 확산되고, 더 많은 피해자가 발생합니다. 직장 내 괴롭힘도 리더들이 방관하거나 적당주의로 대응하면 피해는 계속 퍼져나갑니다. 가해자에게 괴롭히는 행위를 계속해도 아무런 책임을 질 필요가 없다는 메시지를 주기 때문입니다.

1~2명의 피해자만 발생해도 그 피해가 대물림 되며 피해자의 수가 배수로 증식합니다. 수십, 수백, 수천, 수만 명의 피해자가 발생한다면 대물림 되는 피해자의 규모는 기하급수적으로 늘어나게 되지요.

앞에서 나온 사례에서 확인했듯이, 히틀러 같은 리더 하나가 나라 전체를 가해자로 만들 수 있었습니다. 반대로 바른 가치관을 가진 리더가 히틀러와 같은 위치에 서면, 위험에 처한 피해자를 보호할 수도 있겠지요. 그렇게 보호받은 사람의 규모가 1~2명 일수도 있고, 수십, 수백, 수천, 수만 명이 될 수도 있습니다. 대물림 될 수도 있었을 피해자까지 포함하여 생각하면, 보호받은 사람들은 그 몇 배, 몇십 배가 됩니다. 리더가 나서서 대물림 되는 피해와 가해의 고리를 끊어내면, 사회 전체가 바뀔 수도 있습니다.

6. 직장 내 괴롭힘에 이중잣대로 대하는 리더

2019년부터 직장 내 괴롭힘, 흔히 직장 갑질로 불리는 행위를 금지하는 법이 시행되었고, 2021년 10월에는 개정법이 시행되었습니다. 법을 통해 사용자에게는 갑질을 예방하고 대응할 지침을 마련하고 시행할 의무가 부여되었습니다.

하지만 법이 바뀌었다고 해서, 의식 수준이나 가치관도 바뀐 것은 아닙니다. 여전히 의식 수준은 과거에 머물러 있는 채로 여전히 적당주의와 책임회피로 일관하는 리더들이 있으며, 상처받는 직원들이 있습니다.

때로는 리더의 적당주의와 책임회피가 이중적인 잣대로 드러나기도 합니다. A씨는 업무 수행 중 부서장에게 수차례 욕설 섞인 언어폭력을 당했습니다. 참다못한 A씨가 반발하자 부서장은 A씨를 때리는 시늉을 하며 신고하고 싶으면 하라고 조롱하기도 했습니다. 오랫동안 괴롭힘을 당해 온 A씨는 더 이상 참지 못하고 조직 내부의 고충 상담원을 통해 부서장을 신고했습니다.

바로 다음 날, A씨는 조직의 수장과 독대하게 되었고 도리어 질책을 당했습니다. 굳이 일을 크게 만들 필요가 있었냐는 것이었죠. 수장은 A씨를 다른 부서로 이동시켰습니다. 사건에 대한 조사는 전혀 이뤄지지 않았고요.

얼마 뒤, 다른 신고자가 본인과 같은 직급의 남직원을 신고했습니다. 이번 신고자는 초반부터 언론에 제보하겠다며 강경하게 나왔고, 신고자의 친인척이라는 기자가 동행했습니다. 수장의 반응은

180도로 바뀌었습니다. 빠른 속도로 조사 담당자가 임명되고, 진상 조사위원회와 인사위원회가 진행되었으며, 남직원에게는 경고 조치와 부서 이동 명령이 내려졌습니다.

조사에 불려간 목격자들이 남직원의 행위가 괴롭힘이 아니었고 오히려 신고자의 부탁을 들어주는 상황이었다고 증언했습니다. 그러나 조사 담당자는 그런 건 별로 중요한 게 아니라고 했습니다. 조사 담당자의 말은 곧 수장의 말이기도 했습니다.

A씨는 조직에 대해 남아있던 신뢰가 모두 깨지는 것을 느꼈습니다. 내부적으로 조용히 신고한 A씨의 사건은 적당히 무마하고, 언론 제보 가능성을 내세운 다른 신고자의 신고에 대해서는 과도한 징계를 내리는 수장의 이중적인 태도가 무척 실망스러웠던 것입니다.

B씨 역시 리더의 이중적인 태도에 상처받은 경험이 있었습니다. B씨를 괴롭힌 가해자는 조직의 수장과 거의 매일 함께 식사할 만큼 친분이 깊은 사이였습니다. B씨가 오랫동안 지속되어 온 가해자의 괴롭힘을 신고하자, 수장은 B씨를 불러 그럴 사람이 아니다, 오해가 있었던 거 같다며 타일렀습니다.

수장은 또한 가해자와 B씨를 불러 함께 식사하는 자리를 만들고, 그 자리에서 한잔하며 모든 오해를 풀라고 했습니다. 수장 앞에서 가해자는 형식적으로만 B씨에게 오해하게 해서 미안하다는 말을 했습니다. 하지만 이후 가해자의 괴롭힘은 더욱 심해졌으며, 기분 나쁘면 또 신고해보라고 B씨를 조롱하곤 했습니다.

수장과 친분이 없는 다른 직원이 신고되었을 때, 수장은 정반대의 태도를 보였습니다. 갑질은 절대 용납할 수 없다며 빠른 대처를 지시했고, 조사가 진행되었습니다. 조사 결과, 괴롭힘으로 보기 어렵다는 결론이 나왔으나, 리더는 여전히 신고된 직원을 불러 경고했습니다.

신고된 사람과의 친분 여부에 따라 달라지는 수장의 태도 때문에 B씨 역시 조직에 대한 신뢰를 잃었습니다. B씨가 볼 때, 본인이 겪은 행위가 다른 신고자가 겪은 행위보다 훨씬 더 심각한 수준이었다고 합니다. 그런데도 수장은 가해자가 본인과 친분이 깊다는 이유로 신고 자체를 무마시킨 것입니다.

B씨는 노동청에 신고할지 고민했으나, 노동청에 신고해도 사실상 조사는 회사에서 자체적으로 하고 근로감독관은 결과를 전달받을 거라는 말을 듣고 포기했습니다. 현재의 수장이 그 자리에 있는 한, 조사가 객관적이고 공정하게 이뤄질지 믿을 수 없었기 때문입니다.

C씨 역시 조직의 수장에게 충성하는 사람으로부터 괴롭힘을 당해 왔습니다. C씨 외에도 피해자는 십여 명에 달했습니다. 가해자는 화장실에 갈 때마다 보고하게 하고, 퇴근시간 이후에도 감시하는 듯한 전화를 걸고, 차별적이고 강압적인 언행으로 직원에게 모멸감을 느끼게 했습니다. 회식 자리에서 술에 취했을 때는 젊은 여직원들을 집에 가지 못하게 하며 성희롱을 하기도 했습니다.

가해자에게 당한 피해자들은 속앓이하면서도 좀처럼 그를 신고하지 못했습니다. 수장이 매일 그와 점심 식사를 함께 할 만큼 가까이 했으므로 신고해도 소용이 없을 것으로 생각했습니다. 더욱이 그의 괴롭힘 중 일부는 수장에게 절대 충성하기 위해 발생하는 것이었습니다. 가해자의 행위를 수장에게 전달한 사람이 있긴 했지만, 수장은 괴롭히려고 한 것이 아니라며 일축했습니다. 이후 피해자들은 더욱 신고를 꺼렸습니다.

사례와 같이 신고가 접수된 매체(내부 vs. 외부)나 행위자와의 친분에 따라 달라지는 리더의 이중적인 태도는 어떤 것이 갑질이며, 어떤 것이 아닌지의 경계를 더욱 모호하게 만듭니다. 어떤 행위도 갑질이 될 수 있고, 동시에 어떤 갑질 행위도 리더가 원하면 무마될 수 있다는 메시지를 주기 때문이지요.

이런 메시지는 직원들 간에 상호 신뢰를 무너뜨리고 조직문화를 악화시킵니다. 리더가 나서서 중심을 잡아주지 않으니, 직원들은 혹시나 트집잡힐까 하는 두려움에 다른 직원들과의 교류를 제한하게 되기 때문이죠. 조직에 대한 신뢰도나 애착이 깨지면서, 열심히 일하려는 직원들의 의욕이 사라지게 됩니다. 직원들의 의욕이 사라지면 결국 조직의 경쟁력도 하락하게 되지요.

▍7. 직장 내 괴롭힘에 대응하는 방법을 모르는 리더

재작년쯤, 직장 내 괴롭힘 신고를 접수하고 대응한 조직의 사례를 공유받았습니다. 사례를 보면서 느낀 것이, 어쩌면 이렇게 엉망으로 대처할 수 있었을까 하는 것이었습니다. 상식적인 선에서 생각해보면 어떻게 대처해야 할지 답이 나옵니다. 신고를 접수하고, 진상을 조사하고, 검토하고, 조치하고, 이 4단계가 기본 틀입니다. 각 단계를 세부 내용으로 나누면, 구분하는 방식에 따라 대략 10~15단계가 됩니다. 15단계를 기준으로 하면, 다음과 같습니다.41)

직장 내 괴롭힘 신고 접수 및 대응 절차

- 1단계: 괴롭힘 신고 접수 및 보고
- 2단계: 조사관 임명 및 진상조사위원회 구성: 조사관 2인 이상, 진상조사위원회는 피해자와 유사한 특성(성별, 연령, 직급 등)을 가진 직원을 포함하도록 구성
- 3단계: 피해자(신고자) 조사
- 4단계: 행위자42) 조사
- 5단계: 목격자 조사
- 6단계: 진상조사위원회 개최: 작성된 조사 결과 확인, 피해 입증 여부 결정
- *7단계: 징계위원회 구성: 피해자와 유사한 특성을 가진 직원을 포함하도록 구성*
- *8단계: 징계위원회 개최: 조사보고서 및 증거자료 검토, 징계 여부와 수위 결정 (외부 전문가 자문 참조)*
- 9단계: 신고자(피해자)와 행위자(가해자)에게 결과 통보
- *10단계: 결과 시행*
- 11단계: 조직 전체에 조사 및 처리결과 공지
- 12단계: 신고자(피해자) 보호 및 지원을 위한 사후 조치
- *13단계: 행위자(가해자)의 보복 및 또 다른 가해행위에 대비한 사후 조치*
- 14단계: 예방대책 마련
- 15단계: 조직 전체 예방 교육 실행

* 이탤릭은 피해 사실이 입증되었을 때 이행하는 조치

앞에서 3, 4, 5단계(피해자, 행위자, 목격자 조사)를 군이 구분한 건, 합쳐뒀을 때 일부만 진행해도 되는 걸로 생각하는 관리자들이 있었기 때문입니다. 당사자인 피해자와 행위자만 신고하면 되는 게 아니냐는 거죠. 피해자와 행위자의 주변에 있었던 목격자의 조사도 꼭 필요합니다. 피해자와 행위자의 증언이 다를 때, 좀 더 객관적인 증언을 확보하기 위해서입니다. 때로는 피해자가 미처 기억하지 못하던 사실을 목격자가 알려주기도 하고, 허위나 과장 신고임을 알게 해주기도 하니까요.

피해 사실이 입증되면 15단계 전체가 대응 절차에 포함되며, 입증되지 않은 경우는 7, 8, 10, 13단계를 제외한 11단계가 포함됩니다.

다소 오래된 자료이긴 하지만 2016년에 수집된 데이터를 보면, 피해 신고 접수부터 절차를 제대로 알고 따른 경우는 무척 적은 편이었습니다. 피해 사실이 입증되지 않을 때 따라야 하는 11개 절차를 모두 수행한 경우는 20.0%에 불과했고, 아예 1~2개 절차만 따른 곳도 8.7%나 되었습니다.[43] 피해 사실이 입증되었을 때 따라야 할 4개 절차를 모두 수행한 경우는 34.6%에 불과했고, 13.6% 정도는 한 개의 절차만 따르기도 했습니다.

2019년 직장 내 괴롭힘 금지법 시행 이후, 5인 미만 사업장을 제외한 모든 기업과 기관, 관공서에는 괴롭힘을 예방하고 대응하기 위한 지침을 마련할 의무가 부여되었습니다. 조직들은 괴롭힘에 대응하기 위한 절차를 잘 알고 수행할 수 있어야 한다는 의미입니다.

같은 내용으로 조사한 2022년 데이터에서도 눈에 띄는 개선점은 발견되지 않았고, 오히려 2016년보다 퇴화된 부분도 있었습니다.44) 직장 내 괴롭힘 금지법 시행 이후에도 괴롭힘 신고에 대한 조직의 대응 역량이 크게 개선되지 못했음을 보여주는 것입니다.

A씨의 조직에서는 회사에서 관례적으로 대부분의 직원이 해왔던 일이 갑질로 외부 소통창구를 통해 신고되었습니다. 조직의 수장이 대응을 지시한 것은 감사부서였습니다. 감사부서가 나섰다는 점에서부터 이미 조직이 책임회피를 하고자 함을 알 수 있었습니다.

조사에는 행위자 본인만이 포함되었으며, 조사 기록도 정리되지 않았습니다. 목격자에 대한 조사도 없었습니다. 진상조사위원회도 없었고, 징계위원회도 없었습니다. 그저 조사 후 사과하라는 지시가 내려졌습니다. 다른 직원들도 모두 하는 일인데, 왜 그것이 자신의 갑질이 되느냐는 행위자의 호소는 무시되었습니다. 사과는 갑질이 성립될 때 하는 것이나, 확인 절차도 없이 징계에 근접한 조치가 내려진 것입니다.

즉, 위의 15단계 중 충족된 것은 오직 4개 뿐이었습니다. 신고 접수 및 보고, 조사관 임명, 조사, 행위자에게 사과하라고 명령한 조치. 마지막 조치는 진상조사위원회와 징계위원회도 없이 이뤄진 조치였기에 타당성도 없었고요.

B씨의 조직에서는 정반대의 상황이 발생했습니다. 내부 소통창구를 통해 신고가 접수되었으나, 조직의 수장은 아무 조치도 취하지 않았습니다. 그저 신고자가 오해해서 그런 것 같다고 한마디 했을 뿐이었죠. 이 사례를 보면, 신고의 접수와 보고만이 이뤄진 것으로

보입니다. 15단계 중 단 1개의 단계만이 충족된 것입니다.

C씨의 조직에서는 신고가 접수되자 신고자와 행위자를 한 자리에 불러놓고 조사를 진행했습니다. 신고자는 조사받는 내내 전혀 보호받지 못하는 기분이었고, 도중에 감정이 북받쳐 울음을 터뜨렸습니다.

행위자는 모든 신고된 행위에 대해 부인했고, 조사관들이 아예 진상조사위원회 역할까지 맡아 조사가 끝나자마자 갑질이 아니라고 결론을 내렸습니다. 행위자와 신고자에게 같이 식사라도 하며 잘 풀어보라고 어깨를 두드리기도 했습니다.

C씨의 사례에서는 신고의 접수와 조사관 지정, 피해자 조사, 행위자 조사, 진상조사위원회 개최, 조치까지 5개의 단계가 진행되었습니다. 하지만 목격자 조사가 빠진데다, 조사관과 진상조사위원회 구성의 원칙도 위반한 채로 진행된 절차였습니다.

D씨의 조직에서는 신고가 접수되고, 조사관이 임명되고, 조사가 이뤄지긴 했습니다. 하지만 신고된 행위자와 개인적인 갈등이 있던 사람이 조사관으로 임명되었고, 조사 과정 중 행위자에게 폭언 등의 부적절한 언행을 자행했습니다.

행위자는 조사관 교체를 요청했으나, 수장은 거절했습니다. 신고자도 아닌, 행위자가 요청한 사항은 들어줄 수 없다는 것이었죠. 게다가 여기서도 진상조사위원회와 징계위원회는 개최되지 않았고, 오로지 조사관이 공유한 내용을 바탕으로 수장이 결정을 내렸습니다. 그 결과 행위자는 조직 내 다른 사람들은 아무도 갑질이라고 생각하지 않는 행위로 갑질 가해자가 되어 징계받았습니다.

E씨의 조직에서는 신고가 접수되자마자 경영진 간부가 E씨에게 그냥 사과를 하고 정리하자며 E씨의 희생을 강요했습니다. 신고된 행위가 갑질이 아닌 것은 알고 있다고 하면서도, E씨의 사과로 일이 쉽게 해결될 수 있다는 것이었습니다. 하지만 사과를 한다면, E씨가 실제로 갑질을 한 것으로 인정하게 된다는 의미입니다. 즉, 경영진 간부는 E씨에게 누명을 씌우려 한 것이나 마찬가지입니다.

위와 같이 제대로 된 절차를 밟지 않는 사례, 절차를 밟긴 했지만 부적절한 방식으로 이행된 사례, 그 안에서 또 다른 괴롭힘이 발생한 사례 등 주먹구구식으로, 엉망으로 대처한 사례가 곳곳에서 확인되었습니다. 이런 대처방식 때문에 한쪽에서는 갑질로 보기도 힘든 행위로 가해자가 되고, 또 한쪽에서는 명백한 갑질도 행위자의 부인으로 갑질이 아니게 되기도 했습니다.

▌8. 본인의 조직에는 괴롭힘이 없다고 굳게 믿는 리더

조직 내부에 고충 상담원을 임명했지만 신고가 들어오지 않는다고, 그러니 자신이 경영하는 조직에는 직장 내 괴롭힘이 없는 것 같다고 얘기하는 리더를 만난 적이 있습니다. 자랑스러워하는 그분께 차마 진실을 알려드릴 수가 없었습니다. 직원의 생각은 많이 달랐다는 것을 말이죠.

신고가 접수되지 않는다는 것이 어쩌면 그 리더의 믿음처럼 조직이 화목하기 때문일 수도 있습니다. 하지만 직장 내 괴롭힘이 이미 조직문화에 깊이 파고들어 있어 피해자들조차 둔감해졌기 때문일 수도 있습니다. 사례 속의 직원들이 은연중에 내보인 것처럼, 리더의 태도가 그러니 신고해도 아무 의미가 없다는 생각 때문에 말입니다.

리더가 조직 내에서 직장 내 괴롭힘이 발생하지 않는다고 굳게 믿으면, 그 눈앞에 괴롭힘을 가져다 놔도 괴롭힘이라고 인식하질 못합니다. 오해였을 거로 생각하거나, 다소 짓궂은 친밀감의 표현 정도로 생각하기도 합니다.

직장 내 괴롭힘 관련 학회에도 찾아왔던 걸 보면, 사례 속의 리더는 분명 괴롭힘이 문제임을 알고 있었을 것입니다. 하지만 어떤 행위들이 직장 내 괴롭힘이 되는지는 알지 못했겠죠. 성희롱이 잘못된 것이라는 건 알지만, 본인의 행동이 성희롱이라는 건 깨닫지 못하는 사람들처럼 말입니다.

리더의 직장 내 괴롭힘에 대한 감수성이 떨어지는 데다, 조직에 대한 믿음이 지나치게 굳은 탓에, 그의 조직 내에서는 직장 내 괴롭힘에 대한 적절한 대응이 이뤄지지 않고 있었습니다. 직원들은 개선을 요구하는 건의를 해봤자 소용없다는 걸 알고 있었기 때문에, 조용히 말하지 않고 넘어가는 것을 택했습니다.

▌9. 직장 내 괴롭힘 '0'건을 목표로 하는 리더

'0건'을 목표로 하는 건 표면적으로는 매우 적절한 직장 내 괴롭힘 대응 방식처럼 보일 것입니다. 하지만 여기에는 함정이 있습니다. 직장 내 괴롭힘 '0'건을 목표로 하는 조직 다수가 실제 발생하는 괴롭힘 사건 자체를 0건으로 만드는 것이 아니라, 신고되는 건수를 0건으로 만들려고 하기 때문이죠.

게다가 '0건' 정책을 실행할 때는 흔히 신고가 발생한 부서에 벌점이나 처벌을 부여하는 방식으로 진행하기도 합니다. '상'은 모르고 '벌'만 아는 리더들의 특성 때문이지요. '상'을 아는 리더가 경영하는 조직에서도 신고가 발생하면 벌점, '0'건이면 포상 이런 정책을 펴는 수준이고요.

'0건' 정책이 실시되면 각 부서에서는 어떻게 대응을 할까요? 정말로 괴롭힘 발생을 막으려고 노력할까요? 서로 괴롭히지 않는 분위기를 조성하려고 할까요?

아닙니다. 신고하려는 사람의 입을 막는 방식으로 대응합니다. 그것이 가장 쉽게 '0'건에 도달할 수 있는 방법이니까요. 그 과정에서 더 큰 괴롭힘이 발생합니다. 이미 괴롭힘을 겪고 있었던 사람의 입을 막기 위해 더욱 강압적인 행위가 이뤄지지요.

직장 내 괴롭힘 금지법이 통과되면서 제가 걱정한 것 중 하나가 바로 조직들이 이 '0'건 정책을 내세우는 것이었습니다. 그저 우려로 끝이길 바랐는데, 정말 '0건'을 내세운 조직이 나타나더군요.45) 부디 이 조직이 문제를 겪지 않고 있기를, 이미 겪고 있다면 어서 깨닫고 대응 방식을 바꾸기를 바랍니다.

해외에도 '0건'을 목표로 했던 조직이 있긴 했습니다.46) 하지만 금방 그 위험을 알아챘고, '0건(Zero Case)'이 아닌 '무관용(Zero Tolerance)' 법칙으로 개선했습니다. 신고자를 포상하는 제도도 함께 도입했고

실패로 배우는 리더십(독 되는 리더, 득 되는 리더)

요. 초반에는 수많은 허위·과장 신고가 쏟아져 나오긴 했습니다. 엄벌과 포상이 병행되면 신고 건수가 증가하는 게 보통이니까요. 하지만 조직은 그 모든 신고에 정석으로 대응했고, 허위·과장 신고와 진짜 괴롭힘 신고를 분별해냈습니다.

조직의 적절한 대응은 직장 내 괴롭힘 예방에도 효과를 발휘했습니다. 언제 어떤 목격자가 신고할지 모르니 가해자들은 가해행위를 자제하게 되었고, 서로 조심하는 문화가 조성된 것입니다.

10. 신고를 수단으로 삼는 사람들에게 휘둘리는 리더 (feat. 허위·과장 신고)

직장 내 괴롭힘 금지법 시행 4년 차가 되었습니다, 2021년에는 법이 개정되었고, 10월부터는 개정된 법이 시행되기 시작했습니다. 여전히 사후 대처에 중점을 두고 있긴 하지만, 다른 나라의 관련 법과 비교할 때 상당히 강한 법에 속합니다.

현행 직장 내 괴롭힘 금지법

1. 개요: 근로기준법 개정으로 직장 내 괴롭힘의 개념을 법률로 명시 및 금지하고, 괴롭힘 발생 시 조치 의무 등을 규정함으로써 근로자의 인권과 노동권을 보호

2. 주요 내용(제6장의2 직장 내 괴롭힘의 금지)
- 직장 내 괴롭힘 개념* 및 금지 명시(제76조의2)
  * 사용자 또는 근로자가 직장에서의 지위 또는 관계 등의 우위를 이용
   하여 업무상 적정범위를 넘어 다른 근로자에게 신체적·정신적 고통
   을 주거나 근무환경을 악화시키는 행위
- 누구든지 직장 내 괴롭힘 발생사실을 사용자에게 신고 가능(제76조의3
 제1항)
- 직장 내 괴롭힘 발생사실을 신고받거나 인지한 경우 사용자는 지체없
 이 조사할 의무(제76조의3 제2항)
  * 위반 시 500만원 이하 과태료
- 사용자는 괴롭힘 피해자 의견을 들어 근무장소 변경, 유급휴가 명령
 등 적절한 조치(제76조의3 제3항 및 제4항)
  * 위반 시 500만원 이하 과태료
- 직장 내 괴롭힘이 확인된 경우 사용자는 행위자에 대한 징계 등 적절
 한 조치 의무(제76조의3 제5항)
  * 위반 시 500만원 이하 과태료
- 직장 내 괴롭힘 발생사실을 신고하거나 피해를 주장한다는 이유로 피
 해근로자에 대한 해고 등 불이익한 처우 금지(제76조의3 제6항)
  * 위반 3년 이하의 징역 또는 3천만 원 이하의 과태료
- 직장 내 괴롭힘의 예방 및 발생 시 조치에 관한 사항 등을 정하여 취
 업규칙에 필수적으로 기재(제93조 제11호)
  * 위반 시 500만원 이하 과태료
- 사용자가 직장 내 괴롭힘을 한 경우에는 1천만원 이하의 과태료 부과
 (제116조 제1호)

우리나라보다 먼저 강력한 법을 시행한 국가들이 경험한 부작용
이 있습니다. 바로 신고를 수단으로 삼는 사람들이 나타난 것입니
다. 강력한 법을 시행하는 국가는 대체로 사용자에게도 책임을 부과

실패로 배우는 리더십(독 되는 리더, 득 되는 리더)

합니다. 때로는 가해자 본인보다도 더 강한 책임을 묻기도 하죠. 그러니 사용자는 책임을 최소화하기 위해, 신고가 접수되었을 때 과잉 반응을 하게 된 것입니다. 괴롭힘인지 아닌지도 모호한 행위가 접수되어도 괴롭힘으로 인정하는 방식으로 말입니다.

직장 내 괴롭힘 신고가 인정되면, 신고자는 다양한 형태의 보상을 받을 수 있었습니다. 그런 보상을 받기 위해 허위·과장으로 괴롭힘을 신고하는 사람들이 증가하고 있습니다.

이미 부작용을 겪은 호주의 전문가들은 이러한 경향이 직장 내 괴롭힘 금지법의 시행과 노동시장의 악화로 인한 고용 불안정이 맞물리면서 발생했다고 보고 있습니다. 어차피 재계약의 가능성이 낮기 때문에 물질적 보상을 노리고 허위·과장 신고를 하거나, 직장 내 괴롭힘을 신고했기 때문에 재계약을 해주지 않는다고 주장하기 위해 신고를 한다는 것입니다. 전자의 경우에는 돈을 받을 수 있고, 후자의 경우에는 계약연장을 노릴 수 있으니까요.

허위·과장 신고 사례는 최근 들어 우리나라에서도 반복적으로 확인되고 있습니다. 호주의 사례처럼 물질적인 보상을 노렸거나, 관심을 받으려고 한 경우, 보복이나 화풀이를 목적으로 한 경우 등이 있었지요.

매우 안타까운 사례 중에 장애인의 허위 신고도 있었습니다. A씨는 장애인 근로자 사업장에서 일하는 보조 직원이었습니다. 일하다 말고 불려간 자리에서 대뜸 장애인 직원에게 폭행을 행사한 적이 있느냐는 질문을 받았습니다. 학습 장애가 있는 여직원 하나가 A씨에게 맞았다고 신고를 했다는 것입니다. 다행히 신고가 허위인 것이 확인되었지만, 잠시라도 누명을 쓴 것이 A씨에게는 무척 불쾌한 기분이었습니다. A씨가 작업장으로 돌아가자 함께 일하는 복지사가 알려주었다고 합니다. 그 직원이 가끔 그렇게 폭력을 당했다고 허위 신고를 한다는 것을 말이죠.

그 직원에게는 신고가 관심을 받기 위한 수단이었습니다. 직원의 지능은 신고를 할 수 있는 만큼은 되었지만, 허위 신고된 사람이 어떤 일을 겪게 되는지 이해할 만큼은 되지 못했습니다. 그 직원이 아는 것은 신고하면 많은 사람의 관심이 자신에게 집중된다는 것이었고, 관심을 받으면 좋다는 것이었습니다. 그래서 반복적으로 허위 신고를 한 것입니다.

그 직원의 지적 능력을 바탕으로 생각했을 때, 스스로 신고를 생각해냈을 가능성은 매우 낮아 보입니다. 누군가가 가르쳐줬을 가능성을 의심해 볼 수 있지요. 만약 그렇다면, 순진한 지적 장애인에게 이런 신고를 가르쳐 준 사람은 대체 누구였으며, 무슨 의도로 했던 걸까요?

A씨가 관심을 갈구한 장애인에게 허위 신고를 당했다면, B씨처럼 화풀이로 허위·과장 신고를 당한 사람도 있습니다. B씨는 회식 때 부서장으로부터 성희롱과 성추행을 당하고 있는 후임 C씨를 보고 부서장을 제지했습니다. 하지만 C씨는 도리어 왜 피해자가 될 것을 강요하느냐며 B씨에게 소리를 지르고 자리를 박차고 나갔지요. 이후 C씨는 B씨 때문에 회식자리에서도 불안감을 느껴야 했다며 괴롭힘으로 신고했고, 노동청에도 신고하겠다며 엄포를 놓았습니다.

회사 측은 상황 파악을 위한 조사도 없이, C씨가 강경하게 나오니 기분을 풀어주라며 B씨에게 사과할 것을 요구했습니다. B씨가 반발하자 곧 승진 대상이 되는 B씨의 상황을 언급하며 압력을 가했고요. B씨가 C씨에게 사과했지만 C씨는 말로만 사과하면 끝이냐며 정신적 피해에 대한 보상을 요구했습니다.

C씨가 진짜 가해자인 부서장이 아니라 B씨를 신고한 목적은 화풀이로 볼 수 있습니다. 부서장은 직급도 높고, 본인의 근평을 담당하기 때문에 힘의 격차가 극복할 수 없을 만큼 크게 느껴졌을 것입니다. 반면 C씨는 선임이지만, 다른 선임과는 달리 피해 상황에서 자신을 도우려 했던 점 때문에 오히려 더 만만하게 느껴졌을 것이고요. 따라서 부서장 때문에 발생한 분노를 C씨에게 쏟아내는 방식으로 해소하려 했던 것으로 해석해볼 수 있는 것입니다.

허위·과장이 아닌 진짜 괴롭힘 사례를 봐도 오히려 강하게 괴롭히거나 직급이 매우 높은 가해자가 신고 되는 경우는 극히 드뭅니다. 피해자가 가해자를 두려워하기 때문에 신고할 엄두조차 내지 못하기 때문입니다.

허위·과장 신고사례를 보면 만만한 사람을 물고 늘어지는 경향이 두드러집니다. 여성, 직급이 유사한 선임, 젊은 관리직, 소기업 사업주 등 신고자가 힘의 격차를 크게 느끼지 않는 사람, 허위·과장 신고에 대처하기 어려운 사람이나, 조직에서 제대로 보호하지 않을 법한 사람들의 비중이 높은 편입니다. 게다가 허위·과장 신고자는 외부 신고 매체를 이용하거나 언론 노출을 언급하는 등 일을 크게 키우는 방식으로 리더를 압박합니다. 조직을 위한다는 명목으로 기꺼이 개인을 희생시키는 국내 조직의 성향을 이용하는 것입니다.

허위·과장 신고를 경험한 사람들은 신고자의 악의와 책임을 떠넘기는 리더로 인해 충격받고 PTSD와 유사한 증상을 보이곤 합니다. 소기업 사업자가 신고당한 사례를 보면 허위·과장 신고자의 요구를 거부한 것에 대한 또 다른 보복 행위로 인해 폐업한 경우도 있었습니다. 근로자를 보호하기 위해 만들어진 직장 내 괴롭힘 금지법인데, 그 법을 악용하는 새로운 형태의 괴롭힘(을질)이 등장한 것입니다.

▌11. 직장 내 괴롭힘의 모호한 기준에 휘둘리는 리더

허위·과장 신고자에게 힘을 실어주는 또 다른 요인은 직장 내 괴롭힘의 적용 기준이 모호하다는 점, 그리고 리더들이 그 모호한 기준에 휘둘린다는 점입니다.

이미 허위·과장 신고의 피해를 경험한 호주는 직장 내 괴롭힘 성립 기준을 명확히 제시하고 있습니다. 명백한 괴롭힘 행위, 즉 성희롱과 성추행, 폭력, 폭언은 1회만 발생해도 인정됩니다. 하지만 그만큼 명백하지 않은 다른 행위는 지속적으로, 반복적으로 발생했을 때 괴롭힘으로 인정됩니다. 이런 기준은 괴롭힘 관련 연구에서 출발한 것으로, 연구자들은 보통 3~6개월 이상, 월 1회 또는 주 1회 이상을 기준으로 보고 있습니다.

하지만 우리나라에서는 명확한 기준이 마련되지 않은 채로 법이 제정되었고, 그 상태로 괴롭힘 신고가 접수되고 있습니다. 앞쪽의 사례에서 등장한 것처럼, 괴롭힘으로 보기 어려운 행위조차 신고되었다는 이유로 갑질의 낙인이 찍히기도 합니다. 노동청이나 국민권익위원회, 기타 관련 인권단체조차도 기준이 모호한 채로 신고를 접수하고 있기 때문입니다.

이런 기관과 단체의 담당자들은 괴롭힘으로 성립하기 어렵다는 것을 알면서도 신고자의 손을 들어주기도 합니다. 허위·과장 신고자 중 원하는 보상을 얻어낼 때까지 반복적으로 신고하거나 민원을 넣는 사람들도 있으므로 담당자 본인이 민원의 대상이 되지 않기 위해 강경하게 나오는 허위·과장 신고자의 손을 들어주기도 하는 것입니다.

심지어 감독관 중에는 허위·과장 신고된 행위 자체가 모호할 정도로 경미한 수준이니, 신고된 사람이 크게 처벌받지는 않을 것이라고 말한 사람도 있었습니다. 누명을 쓰게 된 당사자의 충격이나 고충은 고려하지 않은 것이죠.

실제 사례를 한번 보겠습니다. A씨는 직장 갑질로 신고를 당했습니다. A씨가 관리하는 비정규직 직원은 코로나로 인해 재택근무를 했으나 종종 연락되질 않았습니다. 이메일로 일을 부탁하면 빨라봤자 다음 날, 늦으면 2~3일 뒤에야 겨우 답이 왔습니다. 전화는 수차례 해야 겨우 한번 받을까 말까 했습니다. 이미 정해진 계약기간이 있었기 때문에 내보내고 다른 사람을 찾을 수도 없었습니다.

특히 급하게 처리해야 할 업무가 있었던 날, A씨는 직원이 전화를 받을 때까지 여러 차례 전화를 걸었습니다. 간신히 통화가 연결되자 A씨는 전화를 받지 않는 것을 한두 마디로 지적한 뒤, 직원에게 업무를 지시했습니다. 그 직원은 A씨와 통화한 내용을 녹음하여 갑질로 신고했습니다. 본인이 재택근무 중 전화나 이메일에 잘 답하지 않았으며, 맡겨진 일도 거의 하지 않았다는 사실은 제외한 채로요.

직원은 지역 내 인권단체를 통해 신고했고, 조직의 리더는 민감하게 반응했습니다. A씨를 불러 질책하고 직원에게 사과할 것을 강요했습니다. A씨가 어떤 상황이었는지 설명하려고 해도 듣지 않았습니다.

A씨는 주변의 조언을 받아 조직을 통하지 않고 직접 대응했습니다. 직원의 신고를 접수한 단체에 1) A씨가 이메일을 보내고 직원이 답한 시간 사이에 최소 1~2일, 심지어 2~3일의 간격이 항상 발생했음을 보여주는 복사본, 2) 통화도 여러 차례 반복한 다음에야 직원과 연결되었음을 증명할 수 있는 화면 캡처본, 3) 직원이 재택기간 중 일한 결과물의 부실함을 보여주는 자료를 보냈습니다. 사측이 나서주었어야 하는 일이지만 사과만 강요할 뿐 아무것도 해주지 않았기에, A씨가 스스로 나서야 했던 것입니다.

덕분에 누명을 쓰지는 않았지만, A씨가 받은 충격은 적지 않았습니다. 신고했던 직원과 비슷하게 생긴 사람만 길거리에서 봐도 심장이 내려앉거나, 숨이 콱 막히는 듯한 괴로움을 느꼈다고 합니다. 리더와 조직에 대한 신뢰를 상실한 것은 물론이었고요.

직장 내 괴롭힘은 기준이 처음부터 확고하지 않았기 때문에 이런 문제 발생의 가능성을 내재하고 있었다고 볼 수 있습니다. 하지만 그나마 기준이 있었던 성희롱도 모호해진 이유는 대체 뭘까요?

2015년경 성희롱 고충 상담원 교육에 참여했을 때, 강사는 성희롱의 적용 기준에 대해 이렇게 설명했습니다. '피해자가 성적 수치심을 느꼈다면 성립할 수 있으며, 다만 상식적인 수준일 것을 전제라고 한다'라고요. 이런 기준은 관련된 연구나, 다른 나라의 지침을 봐도 유사합니다.

여기에서의 '상식적인 수준'을 좀 더 계량적인 방식으로 보완하면, 신고자와 유사한 특성을 가진 집단(성별, 연령대, 직군, 직급 등)이 그 행위가 성희롱이라는 것에 동의하는가가 기준이 될 수 있습니다. 사람마다 민감도가 크게 다를 수 있다는 점을 인정하면서도 동시에 상식의 선을 지키는 기준이 되는 것이죠.

이렇던 기준이 최근 몇 년 전부터 모호해졌습니다. 귀에 걸면 귀걸이, 코에 걸면 코걸이라는 표현이 생각날 정도지요. 미투 운동 이후의 사례들을 보면, 꽤 오랫동안 이쪽 연구를 해 왔고, 나름 민감성을 가졌다고 생각하는 저조차 '이게 왜 성희롱이지?'하고 헷갈리는 경우가 꽤 됩니다.

몇 가지 예시를 들어볼까요? B씨(예)는 고양이를 키우고 있었고, 마찬가지로 고양이를 좋아하는 다른 직원들과 고양이의 사진과 에피소드를 공유하곤 했습니다. 그날은 고양이를 중성화 시킨 뒤, 배에 붕대를 감고 있는 고양이의 모습을 담은 사진을 다른 직원들에게 보여 주었습니다. 중성화를 꼭 해야 하는지 묻는 동료에게 어떤 점에서 하는 것이 좋은지를 알려주기도 했고요.

그런데 갑자기 한쪽 끝에 앉아있던 여자 동료가 얼굴을 찌푸리며 이렇게 말했다고 합니다. 성적인 얘기 하는 건 성희롱이니까 하지 말라고 말이죠. 이후 그 여자 동료는 부서장에게 가서도 성희롱을 당했다고 주장했고, 부서장은 B씨에게 직장에서 고양이에 대한 얘기를 하지 말라고 했다고 합니다. 또 성희롱 주장이 나오면 시끄럽다면서 말이죠.

중성화 수술이 고양이의 성과 관련되는 것이니 어떤 면에서는 성적인 얘기이긴 합니다. 하지만 상식적인 수준에서 생각했을 때, 사람에게 성적 수치심을 주는 성희롱이라고 볼 수 있는 걸까요?

C씨는 예비군과 여군들이 함께 훈련받았을 때 발생한 상황을 공유했습니다. 훈련 중 간식을 나눠줄 때, 여군 하나가 우유는 안주냐고 물었고, 알아서 드시라고 답한 남성이 있었습니다. 그 여군은 그 남성을 성희롱으로 신고했습니다.

어쩌면 남성이 알아서 드시라고 말하는 방식이 불쾌감을 주었을지도 모릅니다. 저 역시 느물거리며 비꼬는 투의 말을 들으면 혈압이 솟는 걸 느끼곤 하니까요. 하지만 그 말을 어떤 면에서 성희롱이라고 볼 수 있을지는 의문이었습니다. 사례자인 C씨 역시 이해하기 어렵다고 했고요.

신고자에게는 나름의 논리가 있었습니다. 행위자가 알아서 드시라고 한 말이 여성의 모유를 직접 짜서 먹으라는 뜻이라는 것이 그의 주장이었죠. 신고자의 신고로 인해 실제로 조사가 진행되기도 했다고 합니다. 일단 신고가 접수되면 조치가 이뤄져야 하고, 군대 내 성범죄에 대해 한참 민감해져 있는 시기이기도 했으니까요.

D씨는 생각지도 못한 이유로 성희롱 신고를 당했습니다. 회사 행사 중 여직원이 폰을 놓고 왔다며 사진을 부탁했고, D씨는 자신의 폰으로 여직원의 사진을 찍어주었습니다. 그러다 예쁜 포즈를 지

어 보라는 말을 했고요.

여직원은 이후 D씨를 성희롱으로 신고했습니다. 포즈를 지어보라는 말이 성희롱이라면서요. 신고자가 D씨가 카톡으로 사진을 보내준 것을 캡처해서 증거물로 제출했습니다. 그 사진이 성희롱의 산물이라는 주장이었죠.

D씨가 자신의 폰으로 여직원의 사진을 찍어주었다는 점이 상황을 불리하게 만들었습니다. 마치 좋지 못한 의도를 갖고 여직원을 도촬하기라도 한 것처럼 말입니다. 다른 직원들이 어떤 상황이었는지를 증언해줬지만, 여직원은 노동청을 언급하며 경영진에게 압박을 가했습니다. 그러자 조직의 수장은 조사 결과를 진상조사위원회에 상정하지도 않은 채, D씨를 불러 여직원에게 사과할 것을 요구했습니다. D씨가 거부하자 머리를 식히고 다시 생각해보라고 한 뒤, 다음 날 또 D씨를 독대했습니다.

D씨는 리더의 압박에 못 이겨 여직원에게 오해를 할 수 있는 상황이 된 것에 대해 사과했습니다. 성희롱만큼은 인정할 수 없었기 때문입니다. 여직원이 말로만 사과하면 끝이냐며 보상금을 요구하자, D씨는 거절했습니다. 여직원은 경찰에 신고하겠다고 했고, D씨는 본인도 무고죄로 신고하겠다고 대응했습니다. 그제야 여직원은 물러섰습니다. D씨가 강경하게 나오자 더는 허위·과장 신고를 이어갈 수 없었던 것입니다.

위의 4개 사례는 성희롱을 포함한 직장 내 괴롭힘의 성립 기준이 얼마나 모호해지고 있는지, 리더들이 얼마나 상황을 더 악화시키고 있는지를 보여줍니다.

허위·과장 신고자는 이미 퇴사한 경우도 많고, 근무 중인 경우에도 제재하기가 쉽지 않습니다. 허위·과장 신고 관련 규정이 없기 때문입니다. 허위·과장 신고를 당한 피해자가 개인적으로 무고죄로 신고하는 것만이 현재로서는 거의 유일한 방법입니다. 하지만 괴롭힘을 경험한 다른 피해자들이 그렇듯, 허위·과장 신고 피해자역시 정신적으로 지치고 움츠러들었기에 쉽게 나서지 못합니다. 즉, 허위·과장 신고자는 그들이 한 신고가 허위·과장으로 판명된 경우에도 별다른 책임을 지지 않는 것입니다.

성공하면 보상, 실패해도 딱히 책임이 따르지 않는 데다 주변 상황이 오히려 허위·과장 신고를 돕는 형태이니 허위·과장 신고자는 더욱 신고를 수단으로 삼을 의지를 얻습니다. 그들이 허위·과장 신고를 할 때마다 과잉 반응하는 조직의 리더들이 또 그들에게 힘을 주고요.

상식적인 수준으로 보기 힘든 행위도 신고하며 수단으로 삼기도 하는 신고자들도 문제이지만, 거기에 무게중심을 잡지 못하고 휘둘리는 리더들이 허위·과장 신고자들을 더욱 부추기고 있는 것입니다.

▍12. 책임회피 하려다 가해자가 되는 리더

앞에서 이미 언급했듯이, 허위·과장 신고가 접수되었을 때, 리더들은 그 책임을 회피하려고 합니다. 작은 책임을 회피하려다가, 진짜 괴롭힘을 저지르고 가해자가 되기도 합니다. 직원에게 거짓된 누명을 씌우는 것도 괴롭힘이 되기 때문이죠.

어떤 허위·과장 신고가 들어와도, 정석으로 상세하게 조사를 하고 맥락을 파헤친다면 허위·과장임을 파악하고 대처할 수 있습니다. 하지만 우리나라 리더들은 그런 정석의 대처를 선호하지 않습니다. 시간과 노력이 오래 걸리니까요.

거기다 허위·과장 신고자들은 첫 신고부터 노동청과 같이 외부의 신고처를 적극적으로 이용하는데, 리더들은 바로 압박감을 느끼고 허위·과장 신고자의 요구대로 부응해 주려고 합니다. 사과를 하건, 돈을 요구받건 본인이 직접 해야 하는 것이 아니니 쉽게 생각하는 것이죠.

리더들은 기본적으로 회사 내부 사정이 유출되는 것을 기피하고, 이미 유출되었다면 더 많이 알려지는 것을 막으려고 합니다. 조직에 대한 안 좋은 이미지가 퍼질 수 있다는 이유 때문이죠. 좋지 않은 일은 쉬쉬하려고 하는 보수적인 사람들의 특성 때문이기도 하고요. 일을 축소하려는 목적으로 괴롭힘으로 볼 수 없는 행위가 신고되어도 신고당한 직원에게 무작정 사과할 것을 요구하고, 거부할 때는 직간접적 위협을 가하기도 합니다.

심지어 신고된 직원이 사과한 이후에도 근평에 악영향을 끼치거나, 조직 내에서 고립시키거나, 못마땅해하는 발언을 앞에서 하기도 합니다. 리더가 나서서 누명을 씌웠기에 그 직원의 존재를 껄끄러워하는 것입니다. 이미 허위·과장 신고와 조직의 태도로 인해 고통을 겪은 직원에게 또 다른 트라우마를 가하는 행위이며 괴롭힘이기도 합니다.

리더들의 책임회피 성향은 이후에 발생하는 진짜 괴롭힘 신고의 대처에도 영향을 줍니다. 허위·과장 신고를 경험한 리더는 진짜 괴롭힘 신고도 허위·과장 신고일 것이라는 편견을 쉽게 갖게 됩니다. 거듭 발생하는 신고가 조직의 문제라고 인정하기보다는 신고자 개인의 문제라고 생각하는 것이 본인들에게 편하기 때문입니다. 신고자가 문제 있는 사람이니 리더들에게는 아무런 책임이 없고, 자신들의 리더십에도 문제가 없다고 생각할 수 있으니까요.

허위·과장 신고자와는 달리, 진짜 피해자는 이미 정신적으로 지쳐있으므로 문제를 크게 만드는 것을 견디기 힘들어합니다. 겨우 용기를 내서 한 신고를 리더가 허위·과장 신고, 또는 오해로 몰아가면, 더 이상 지탱할 힘이 없어 포기하곤 합니다. 이렇게 몰아가는 것 또한 괴롭힘입니다. 진짜 신고를 허위·과장 신고로 모는 것도 누명이고, 그 과정 중에 리더들이 입에 담는 언어 역시 정신적인 피해를 준다는 점에서 언어적 괴롭힘이 됩니다. 또한 신고를 접수하거나 인지하고도 즉시 조사를 진행하지 않으면 과태료 500만원이 부과됩니다(제76조의3 제2항).

미투 운동 이후 우리는 과도기를 겪고 있고, 위의 사례들 모두 그 과도기의 산물로 볼 수 있습니다. 과도기에는 언제나 혼란이 따랐고, 그 혼란이 정리되면 다시 상식적인 수준의 기준이 성립될 수 있을 것입니다. 하지만 그 과정 중에 발생하는 허위·과장 신고의 피해자들을 무시할 수는 없습니다. 그들도 엄연히 누명을 씌우는 유형의 직장 내 괴롭힘을 당한 피해자이니까요.

리더들이 제대로 중심을 잡지 않으면 리더들 스스로가 가해자가 될 수 있습니다. 위에서 제대로 진상 파악을 하지 않은 채, 사과할 것을 요구한 리더들은 모두 허위·과장 신고자와 함께 억울한 사람에게 누명을 씌운 '가해자'입니다. 진짜 피해자를 허위·과장 신고자로 몰며 제대로 대처하지 않았을 때도, 리더는 '가해자'가 됩니다. 사용자가 직장 내 괴롭힘의 가해자인 경우, 1,000만원 이하의 과태료가 부과됩니다(근로기준법 제116조 제1호). 조직 차원의 책임을 회피하려다가 가해자가 되어 과태료를 맞을 수도 있는 것입니다.

▌13. 허위·과장 신고와 진짜 신고를 구분하지 못하는 리더

상식적인 선에서 생각하면 허위·과장 신고와 진짜 신고를 구분하는 건 크게 어렵지 않습니다. 경계선에 있어 매우 모호한 일부 행위에 대해서만 좀 더 명확한 기준이 필요하고요. 하지만 작정하고 노리는 허위·과장 신고자가 나서면 이 기준은 흐려지기 쉽습니다.

그 때문에 호주에서는 반복성과 지속성을 괴롭힘의 기준으로 삼고 있으며, 심지어 입증 책임이 신고자에게 있습니다. 아일랜드는 신고자가 본인이 신고하는 괴롭힘 때문에 정신적 또는 신체적 고통을 겪었음을 입증할 수 있어야 신고를 접수합니다.

국내외에서 확인된 관련 사례들을 살펴보면, 허위·과장 신고자들에게 비교적 일정한 패턴이 나오고 있으며, 이런 패턴을 바탕으로도 허위·과장 신고를 구분해 볼 수 있습니다. 예외적인 사례도 분명 존재하지만, 지금껏 확인할 수 있었던 사례들에 적용해 보면 상당히 많은 허위·과장 신고를 걸러낼 수 있었습니다.

👤 1단계, 신고자의 첫 신고 창구를 확인합니다.

진짜 괴롭힘을 겪은 신고자는 보통 조직 내부의 창구를 통해 먼저 신고합니다. 리더가 적당주의로 대처하거나 무마하려고 하면, 진짜 신고자 중 일부만이 외부의 신고 창구를 통해 다시 신고하지요. 대다수는 첫 신고 이후로 다시 신고하는 일도 드물고요.

물론 행위자가 조직의 수장 본인이거나, 행위자와 수장 사이의 친분이 깊다는 이유로 첫 신고부터 외부 창구를 통할 수도 있습니다. 보통 내부적으로 괴롭힘 신고가 접수되면 조직의 수장이 보고를 받은 뒤, 조사를 진행할지를 결정합니다. 하지만 조사와 대응을 지시해야 할 수장 본인이 행위자일 때, 또는 그런 수장과 친분이 깊은 사람이 행위자로 신고되었을 때, 과연 공정하고 정당하게 조사와 대응이 진행될까요? 피해자가 이런 이유 등으로 조직을 신뢰할 수 없어 첫 신고부터 외부 창구를 통할 수도 있습니다. 다만 이런 경우에는, 신고된 행위 자체가 꽤 심각한 수준이거나, 오랫동안 반복되어 온 괴롭힘의 기록이 있기 마련입니다.

진짜 피해자와는 달리, 허위·과장 신고자는 애매한 행위에 대해서도 첫 신고부터 노동청이나 인권단체, 국민권익위원회 등의 외부 신고처를 이용합니다. 조직 내부의 신고 창구를 사용하더라도 외부 신고나 언론제보의 가능성을 초반부터 언급합니다. 신고를 수단으로 삼기 때문에 외부 창구에 신고한 경험이 여러 차례 있거나, 동일한

(모호한) 행위를 여러 외부 창구를 통해 신고하기도 합니다. 외부 신고나 언론 유출의 가능성 등을 언급함으로써 조직에게 압박을 가하는 것이죠.

👤 2단계, 신고자의 근속기간과 신고된 행위 유형을 확인합니다.

허위·과장 신고자 중 상당수가 근속기간이 몇 달 미만, 심지어 1~2주 정도로 짧습니다. 물론 길게 근무한 허위·과장 신고자도 있긴 하지만요. 짧은 기간 중 심각한 괴롭힘이 발생했을 수도 있으니 괴롭힘 행위의 유형도 함께 살펴봐야 합니다. 예컨대 명백한 폭력, 폭언, 성희롱(성추행) 등에 해당하는가 아니면 다른 유형인가를 보는 것입니다. 앞의 유형은 한 번만으로도 괴롭힘이 성립할 수 있지만, 다른 유형이라면 반복성과 지속성이 확인되어야 합니다. 몇 달도 채 근무하지 않은 단기 근속자가 1~2건의 모호한 행위에 대해 신고를 접수했다면 허위·과장 신고일 가능성이 있습니다.

👤 3단계, 신고서에 사용된 언어적 표현을 확인합니다.

허위·과장 신고자는 행위자의 의도가 악의적이었던 것처럼 표현하는 강한 단어를 사용하곤 합니다. 자신의 느끼는 피해를 과장되게 묘사하거나, 발생한 행위의 수준에 비해 과도한 분노와 상처를 표현하기도 합니다.

진짜 피해자는 이미 신고할 행위 자체가 심각하거나 신고서에 작성할 사례가 많으므로 과장된 언어를 사용할 필요가 없습니다. 허위·과장 신고자는 억지로 꼬투리를 잡아 신고하는 경우가 많기 때문에 과장이 필요하지요.

👤 4단계, 신고된 행위가 조직 내에서 자주 발생하는지 확인합니다.

신고된 행위가 괴롭힘으로 볼 수 있는 행위이고, 자주 발생한다면 조직의 문화 자체가 잘못된 것입니다. 개인만의 책임이 아니라는 의미지요. 자주 발생하지만 괴롭힘으로 보기 어렵다면 허위·과장 신고일 가능성이 커집니다.

👤 5단계, 신고자와 같은 유형의 직원들(동일 부서, 직급, 성별, 연령대 등)이 신고된 행위를 괴롭힘으로 생각하는지 확인합니다.[47]

과거 성희롱의 기준이었던 '상식적인 수준'을 빌려서 생각해보는 것입니다. 일반적인 업무 지시나 일회성으로 발생한 작은 갈등조차 괴롭힘으로 신고되는 것을 예방하기 위해서입니다.

미투 운동 등의 영향으로 빠르게 사회적 인식이 전환되기 시작한 우리나라에는 폭력에도 둔감한 사람들과 소소한 갈등에도 민감하게 반응하는 사람들이 공존하고 있습니다. 모든 국민에게 통용될 수 있는 '상식적인 선'을 찾기가 무척 어렵지요. 차선책으로 조직 내에서 신고자와 유사한 특성의 사람들 어떻게 인식하는지 보는 것입니다.

이 기준은 리더가 무작정 쉬쉬하는 태도만 바꾼다면 쉽게 적용이 가능합니다. 피해자와 유사한 유형의 집단에게 신고된 행위를 보여주고 괴롭힘으로 보는지 아닌지만 확인하면 되니까요. 유사 집단이 괴롭힘으로 보지 않는다면 허위·과장 신고일 가능성이 큽니다.

👤 6단계, 신고자가 보상을 요구하는지, 행위자와 신고자 중 누가 먼저 보상을 언급하는지 확인합니다.

돈과 같은 물질적인 보상 외에도 업무 기여도의 과도한 인정이나 채용연장 등의 비물질적 보상이 포함될 수 있습니다. 진짜 피해자는 보통 행위의 중단과 진솔한 사과, (상황에 따라) 가해자의 처벌을 바랄 뿐, 먼저 보상을 언급하는 경우가 무척 드뭅니다. 보통 가해자 측이 처벌을 피하거나 낮추기 위해 먼저 보상을 언급하지요.

허위·과장 신고일 경우, 신고자가 먼저 보상을 언급하곤 합니다. 보상 내용을 직접 말하기도 하고, 보상 관련 언급을 유도하기도 합니다. 말로만 사과하면 다냐, 뭘 어떻게 해줄 거냐, 하는 식으로 말이죠.

위와 같은 단계별 체크를 통해 허위·과장 신고 피해를 줄일 수 있습니다. 리더와 조직은 직원을 부당한 피해로부터 보호할 의무가 있으며, 괴롭힘 신고를 접수하는 외부의 관련 기관은 진짜 괴롭힘에 대처하고 무고를 막기 위한 전문성을 갖출 의무가 있습니다.

리더와 신고를 접수하는 기관이 정석대로 대응하기 귀찮다고, 좋지도 않은 일이니 쉬쉬한다고, 민원을 피하겠다고 적당주의로 대처한다면, 제대로 된 직장 내 괴롭힘의 기준이 수립되고 안정적으로 정착되는 것을 방해하게 될 수 있습니다. 기준이 계속 모호한 채로 남아있으면, 신고가 더욱 난립하게 될 것이고, 그럼 리더와 조직, 외부 관련 기관 모두 난립하는 신고에 시달리게 되겠지요.

진짜 피해자는 두려움에 신고조차 망설이곤 합니다. 특히 가해자가 악질적이고 심하게 괴롭힐수록 신고될 가능성은 낮아집니다. 피해자의 두려움이 너무 크기 때문이지요. 이런 피해자들이 더욱 설자리를 잃게 하는 것이 허위·과장 신고자들입니다. 진짜 피해자들을 위해서라도 이런 신고자들을 걸러낼 수단의 마련이 필요하겠지요.

▌14. 2차 가해를 하는 리더

괴롭힘을 신고한 뒤 제대로 조치가 이뤄지는 경우는 드뭅니다. 특히 내부 소통창구를 통해 신고하면, 신고를 적당히 무마시키고 가해자를 제대로 처벌하지 않는 경우를 쉽게 찾아볼 수 있습니다. 반면 신고 후의 2차 가해는 무척 흔합니다. 피해자들이 신고를 망설이게 되는 주요 원인 중 하나가 바로 2차 가해이기도 하죠.

앞의 2번 사례에서 성추행과 폭력을 신고했던 피해자 A씨도 2차 가해로 괴로움을 겪었습니다. 선임들은 마치 피해자가 엄살을 부려서 부서 이동을 한 것처럼 취급했습니다. 조직 내에서 성희롱 신고 처리를 담당하던 선임조차 피해자에게 대놓고 왜 혼자만 힘든 것처럼 문제를 만드느냐며 나무라기도 했습니다. 심지어 그 선임은 조직의 수장으로부터 성희롱 신고 대처를 무척 잘한다고 칭찬을 받는 사람이었습니다. 수장이 보는 '잘하는 대처'는 무조건 조직의 책임이 최소화되는 대처였을 뿐, 그 안에서 고통받은 피해자의 입장은 고려

실패로 배우는 리더십(독 되는 리더, 득 되는 리더)

되지 않은 것이죠.

새로 이동한 부서에서도 피해자는 부서장으로부터 왜 그 사람이 당신에게만 그랬겠냐는 말을 들어야 했습니다. 마치 피해자가 잘못했기 때문에 성추행과 폭력을 당했다는 식의 발언이었지요.

피해자가 몇 년 뒤, 자신에게 2차 가해를 했던 부서장에게 당시 일을 얘기하자 그는 자신이 언제 그랬느냐며 발뺌을 했습니다. 피해자에게 왜 혼자만 힘든 것처럼 그러느냐며 나무랐던 성희롱 고충 담당 선임은 다른 괴롭힘 사건을 피해자와 함께 처리한 뒤, "너는 이렇게 힘든 일은 없었지?"하고 묻기도 했습니다. 피해자가 성추행과 폭력을 신고했었고, 본인이 2차 가해를 했었다는 것은 까맣게 잊은 모습이었습니다.

또 다른 피해자인 B씨도 성추행을 신고했고, 가해자로부터 구두 사과와 합의금 제안을 받았습니다. B씨는 가해자와 어떤 식으로 관련되는 것도 싫었기 때문에 가해자가 제시한 합의금을 모 비영리 단체에 기부하도록 했습니다. 이후 가해자는 돈이 오갔다는 이유 하나로 B씨가 꽃뱀인 것처럼 소문을 퍼뜨렸습니다.

B씨는 헛소문을 퍼뜨리는 가해자를 다시 신고했지만, 조직의 수장은 마치 B씨가 거듭 문제를 만드는 것처럼 귀찮아하는 티를 냈습니다. 성추행 신고조차 제대로 된 처벌 없이 넘어갔던 수장이었습니다. 헛소문은 문제로도 여기지 않았습니다. 심지어 B씨에게 가해자가 돈을 줘야 했던 것은 사실이 아니냐며, 수장 자신이 2차 가해를 하기도 했습니다.

B씨는 그런 조직에서 더는 일할 자신이 없었습니다. 사람에 대

한 트라우마가 생긴 탓에 쉽게 다른 직장으로 이직하지도 못했습니다. B씨는 한동안 심리치료를 받았고, 겨우 회복해서 재취업할 수 있었습니다. 하지만 여전히 상처가 남았기에 새로운 직장의 동료들과 교류하는 것을 기피 하게 되었습니다.

C씨는 늦게까지 야근을 한 다음 수고했으니 집에 데려다주겠다는 부서장의 제안을 받고 그의 차에 탔습니다. 하지만 부서장은 C씨의 집이 아닌, 자기 집으로 차를 몰았고 C씨에게 자고 가라고 했습니다. C씨는 바로 차에서 내려서 택시를 불러 타고 집으로 돌아왔습니다.

다음 날, 부서장의 성희롱을 신고했지만, 조직의 수장은 C씨가 차에 탄 것이 잘못이라는 반응이었습니다. 부서장이 자고 가라고 한 발언조차 너무 늦어서 C씨가 피곤할 것 같으니 더 가까운 부서장의 집에서 자라고 한 것이 아니냐며 두둔하기도 했습니다.

성희롱 신고에 대한 2차 가해가 워낙 많다 보니 성희롱 사례를 주로 들긴 했지만, 다른 형태의 괴롭힘 신고에 대해서도 2차 가해는 발생하고 있습니다.

D씨는 리더급 두 명으로부터 반복적으로 언어적 폭력을 당하고, 그 스트레스로 쓰러져 병원에 입원했습니다. 몸을 추스른 뒤, 언어폭력을 신고했으나 조직의 수장은 D씨의 몸이 약해서 쓰러진 것이지 괴롭힘이 있었던 것이 아니라며 신고를 무마시켰습니다.

수장이 D씨의 신고를 무시하고, 쓰러진 원인을 D씨의 건강에 둔 것부터 이미 2차 가해였습니다. 이후 가해자들은 D씨와 한 팀으로 일하는 직원들에게 D씨를 깎아내리는 발언을 하는 등의 2차 가해를 반복했으나, 수장은 그런 상황도 방치했습니다.

위의 수장들 중에는 전 직원 앞에서 억울한 일이 있으면 언제든 본인에게 찾아와 얘기하라고 한 사람도 있었습니다. 하지만 정작 본인들이 피해자에게 한 행동이 2차 가해라는 인식조차 없었습니다. 법적으로 직장 내 괴롭힘에 대응할 것이 요구되고 있으니, 겉으로만 괴롭힘을 좌시하지 않는다고 할 뿐이었습니다. 리더들의 인식 개선이 시급함을 보여주는 사례들이었지요.

┃ 15. 괴롭힘 관련 교육을 후임에게 대신 듣게 하는 리더

왜 리더들은 괴롭힘에 대한 인식 수준이 유독 낮은 걸까요? 그들의 높은 연령대 탓에 인식 수준도 과거에 머물러 있기 때문이기도 하겠지요. 관련 예방 교육에 적극적으로 참여하지 않는다는 점도 원인 중 하나로 볼 수 있겠고요. 앞에서 거듭 말했듯이 조직문화를 개선할 수 있는 것은 리더의 자세와 가치관입니다. 하지만 그런 리더들이 제대로 교육을 받지 않으니 인식의 개선이 이뤄지지 않고, 조직문화도 변화하지 못하는 것입니다.

우리나라의 많은 근로자들은 법정의무교육과 필수교육을 매년 이수해야 합니다. 직장 내 성희롱 예방교육, 성매매 예방교육, 성폭력 예방교육, 가정폭력 예방교육, 직장 내 괴롭힘 예방 교육 등 교육의 종류도 많고 다양합니다. 또한 다수가 괴롭힘과 깊은 관련이 있기도 합니다.

　적극적으로 외부 강사를 활용하여 교육을 진행하는 조직도 있지만, 교육실적을 쉽게 관리하기 위해 온라인 교육을 선호하는 조직도 있습니다. 특히 온라인 교육을 선호하는 조직에서는 교육이 형식적으로 이뤄지기 쉽습니다. 온라인 영상을 틀어둔 채, 다른 일을 하는 직원들이 많기 때문이죠. 더 나아가 아예 후임에게 관련 교육을 대신 듣게 하는 리더도 있습니다. 형식적으로 듣는 시늉조차 할 의향이 없는 것이죠.

　A씨의 조직에서는 정규직만이 법정의무교육과 필수교육 이수 대상자였습니다. 정규직인 프로젝트 리더는 비정규직인 A씨에게 본인의 온라인 교육 계정을 알려주고, 교육을 대신 들을 것을 지시했습니다. 심지어 교육 마감일 직전에 알려둔 탓에 A씨는 눈코 뜰 새 없이 바쁜 와중에 온라인 교육을 틀어놓고 일해야 했습니다. 사후 평가 문항에도 A씨가 답을 해야 했고, 리더는 만점을 받지 못한 A씨를 조롱하는 발언을 하기도 했습니다.

　B씨는 정규직이었기 때문에 교육을 두 번씩 들어야 했습니다. 본인의 계정으로 한번, 부서장의 계정으로 한번. 부서장은 들어봤자 쓸모없는 교육이라고 하면서도 B씨에게 대신 교육을 들을 것을 지시했습니다. B씨는 매년 두 번씩 반복해서 듣다 보니 이제는 자신이 직접 강의를 할 수도 있을 것 같다며 착잡한 심경을 토로하기도 했습니다.

　괴롭힘 관련 교육은 리더야말로 반드시 들어야 하는 중요한 교육이지만, 정작 리더의 참여는 저조한 것이 우리 주변의 현실입니다. 그저 법적으로 해야 하는 귀찮은 의무 정도로 생각하고, 교육내용에는 관심을 두지 않는 것입니다.

온라인 교육 대부분이 지루한 것이 사실이긴 합니다. 게다가 워낙 많은 교육이 있다보니 교육을 듣는 사람의 몰입도도 떨어지고, 시간 낭비로 보기 쉬운 것도 사실이긴 하고요. 하지만 직원들은 그런 것을 감수하며 교육 이수의 의무를 다하고 있습니다. 리더들은 직원들보다 더 나은 모습을 보여야 리더답다고 할 수 있지 않을까요?

IV

리더, 당신에게도 힘든 세상

IV

리더, 당신에게도 힘든 세상

리더의 자리에 오르면 그렇지 않은 사람보다 좋은 대우를 받는 경우가 흔합니다. 규모가 있는 조직의 리더들은 넓고 쾌적한 사무실을 사용하며, 관사와 개인 비서, 운전기사까지 제공받기도 합니다. 리더로서 막중한 의무가 부여되는 대신, 그만큼의 혜택이 허용되는 것이죠.

하지만 의무만 등에 질 뿐, 정작 혜택은 누리지도 못하는 리더들도 있습니다. 특히 작은 조직을 운영하는 리더들일수록 더욱 그런 경우가 흔합니다. 아무리 작은 조직을 운영하는 리더도 리더이기 때문에 막중한 책임이 따라옵니다. 작은 조직을 운영하기 때문에, 큰 조직 내에서는 여러 부서가 나눠서 추진하는 일을 리더 혼자 모두 해내야 하기도 합니다. 리더라서 힘든데, 리더라서 딱히 하소연하기도 쉽지 않습니다. 이어지는 사례 속의 리더들처럼요.

1. 근로기준법 적용 확대가 두려운 소기업 리더

근로기준법이 처음 제정된 이후, 5인 미만 사업장은 줄곧 예외로 적용되어 왔습니다. 5인 미만 사업장을 대상으로 근로감독을 시행할 정부의 행정력 부족, 5인 미만 사업장의 시행 능력 등이 대표적인 이유였습니다. 이후에도 몇 차례 5인 미만 사업장 적용 확대 여부를 놓고 갑론을박이 오갔으며, 최근 들어 다시금 불이 붙었습니다.

현행법상 직장 내 괴롭힘 금지법을 포함한 몇 가지 법령이 5인 미만 사업장에는 적용되지 않고 있습니다. 하지만 우리나라에서 5인 미만 사업장에 근무하는 근로자는 전체 중 18.5%, 379만 5천여 명에 달합니다.[48] 그만큼 많은 근로자가 마땅히 누려야 할 보호를 모두 받지 못하고 있는 것이죠. 이런 점에서 근로기준법의 적용 확대가 필요한 것은 확실해 보입니다.

하지만 문제는 과연 적용 확대를 시행할 준비와 기반이 마련되어 있는지 여부입니다. 추가적으로 발생하는 비용을 고려하는 것만으로 끝이 아닙니다. 소기업 사업주들이 근로기준법을 알고, 법과 관련하여 무엇을 어떻게 시행해야 하는지도 이해할 수 있어야 하니 교육과 홍보도 필요합니다. 그들이 법을 지키며 경영을 할 수 있도록 도와줄 전문 조언자도 있어야겠지요.

또한 5인 미만 사업장의 사업주 등을 타겟으로 하는 허위·과장 신고의 피해를 예방하거나, 허위·과장 신고 발생시 사업주를 보호하고 도와줄 조치도 필요합니다. 국내 5인 미만 사업장 상당수가 취약한 기반에 의지해 간신히 유지되고 있습니다. 한두 건의 허위·과장 신고나 문제 발생으로도 그 기반이 크게 흔들릴 수 있기 때문입니다.

<표 1> 현재 5인 미만 사업장에 적용되는 근로기준법[49][50]

항목	적용 여부	관련 법 조항
근로조건의 명시(고용 계약서 작성)	적용	근로기준법 제17조, 기간제및단시간근로자보호에관한법 제17조
해고의 예고(종료일 1개월 이전)	적용	근로기준법 제26조
휴게(4시간 근무, 30분 이상 휴식. 8시간 근무, 1시간 이상 휴가 지급)	적용	근로기준법 제54조
주휴일(주 15시간 이상 근무자 대상)	적용	근로기준법 제55조
출산휴가	적용	근로기준법 제74조
육아휴직	적용	남녀고용평등과일가정양립지원에 관한 법률 제19조
퇴직급여	적용	근로자퇴직급여보장법 제4조
최저 임금의 효력	적용	최저임금법 제6조
부당해고 및 부당해고 구제신청	미적용	근로기준법 제23조 제1항, 제28조
근로시간	미적용	근로기준법 제50조
근무시간 주 12시간 연장 한도	미적용	근로기준법 제53조
연장·휴일·야간 가산수당 적용	미적용	근로기준법 제56조 제1,2항
연차 휴가	미적용	근로기준법 제60조 제2항
직장 내 괴롭힘 금지	미적용	근로기준법 제76조, 제96조 제11호, 제11조 제1호

근로기준법 확대 적용과 관련하여, 5인 미만 사업장이 당면한 문제 중 하나는 사업주 중 상당수가 현행 근로기준법도 잘 이해하지 못하고 있다는 것입니다. 한 예로 주 15시간 이상 근무한 근로자를 대상으로 주휴수당을 지급하게 되어 있으나, 고연령층 사업주나 지방에 위치한 사업주 중에는 이를 알지 못하는 경우가 꽤 흔합니다.

실제로 지방에서 작은 가게를 운영하는 A씨 역시 마찬가지였다가 일주일간 근무한 직원으로부터 주휴수당 미지급 신고를 당했습니다. A씨는 주휴수당을 지급했으나, 신고자는 처벌을 원하지 않는다는 의사표시를 하지 않았습니다. 같은 건을 신고한 신고자 대부분이 수당을 받고 나면 처벌을 원하지 않는 것과는 다른 행보였습니다. A씨는 주휴수당 외에도 2백만원의 벌금을 물었습니다.

주휴수당을 지급하지 않은 것이 분명 위법입니다. 그 점에 있어서는 A씨에게 귀책사유가 있습니다. 하지만 이런 법이 있다는 것을 모르는 소기업 사용자는 A씨 외에도 많습니다. 법령에 대한 홍보나 교육이 잘 이뤄지지 않았다는 의미지요.

신고자의 행보 자체에서도 다소 의문을 남기는 면이 있습니다. 신고자는 A씨에게 주휴수당을 달라는 말을 한 적이 없습니다. 근무기간이 끝난 이후에 곧바로 노동청에 신고했습니다. 같은 일을 다른 사업장에서도 반복했습니다. 1~2주씩 짧게 일한 다음에 주휴수당 미지급을 신고하는 것을 말입니다. 상식적인 수준으로 생각해 봤을 때, 한번 사용자가 주휴수당 지급을 모를 수도 있다는 것을 경험하면, 이후에는 사용자에게 주휴수당 지급해달라고 한 번쯤은 말해볼 수 있지 않았을까요? 신고자는 매번 사용자와의 소통 없이 바로 노동청에 신고했습니다.

신고할 때마다 매번 처벌을 원하지 않는다는 의사를 전하지 않았고, 신고된 모든 사업주들이 벌금을 물었습니다. 대부분의 경우 주휴수당만 받고 나면 처벌까지는 원치 않는 것과 대조되는 모습이지요. 이쯤 되면, A씨를 신고한 사람이 정말로 선량한 피해자인지, 아니면 신고를 수단으로 삼는 것인지 합리적인 의심도 해보게 됩니다. 어쨌건 A씨로서는 비싼 수업료를 지불한 셈이었습니다.

A씨는 법을 미처 몰랐기 때문에 신고를 당했지만, 법을 알고 있으면서도 허위·과장 신고를 당한 사례도 있었습니다. 5인 이상이지만 소기업에 속하는 사업장을 운영하던 B씨의 경험이 바로 그런 사례였지요. B씨의 사업장은 연중 계속 일하는 몇몇 사람만 정규직이고, 성수기인 몇 개월간은 비정규직 직원을 일시적으로 채용하는 방식으로 운영되고 있었습니다.

B씨의 사업장에서 1~2달 일하고 퇴사한 직원 중 하나가 노동청을 통해 미사용 휴가 보상을 요구해 왔습니다. B씨와 다른 직원들이 기억하길, 신고자는 이미 휴가를 모두 사용한 상태였습니다. B씨의 사업장에서는 화이트보드에 각 직원의 휴가를 표시하고, B씨의 서명을 받은 서면 신청서를 파일에 보관하는 것 정도로 휴가 관리를 하고 있었습니다.

B씨 본인도 신고자의 휴가 신청서에 서명한 것을 기억했고, 다른 직원들도 화이트보드에서 신고자의 휴가일을 본 기억이 있었습니다. 하지만 B씨가 파일을 확인했을 때, 신고자의 서류는 그곳에 없었습니다. 정황상 신고자는 휴가 신청서에 B씨의 서명만 받고 서

류를 파일에 넣지 않았던 것으로 추정되었습니다.

다른 직원들이 신고자가 휴가를 사용했음을 증언해주려 했지만, 신고자는 근무하는 동안 다른 직원들이 본인을 따돌려왔으며, 그들의 증언 역시 사장의 영향을 받은 거짓이라고 주장했습니다. B씨는 다른 직원들이 피해를 보는 것이 걱정되어 신고자의 요구대로 연차수당을 지급했습니다.

B씨의 사업장과 같은 소기업에서 연차 신청이나 출퇴근을 관리할 전산 시스템을 구축하는 것은 어렵습니다. 비용상의 부담이 크기 때문이죠. 대신 서면 신청서를 받아 관리하고 있었지만, 신고자가 작정하면 악용할 수 있는 맹점이 있었습니다. 5인 미만의 사업장은 서면 신청서도 없이 서로 구두로만 소통하는 일도 흔합니다. 그럼 맹점은 더욱 커지게 되겠죠.

이렇듯 단 두 가지의 조항만 놓고 봤을 때도, 상당한 부작용의 위험이 존재하는 것으로 보입니다. 다른 조항까지 고려하면 부작용이 발생할 범위는 더욱 커지겠지요. 비록 이런 허위·과장 신고자는 소수지만, 한 사람이 여러 사업장을 옮겨가며 일할 수도 있습니다. 실제로 여러 허위·과장 신고자가 짧은 기간만 일하며 여러 사업장을 옮겨 다니는 패턴을 보였고요.

5인 미만 사업장까지 근로기준법이 확대되고, 사각지대가 줄어들게 되는 것은 물론 필요한 일입니다. 하지만 그에 따른 부작용을 방지하고, 5인 미만 사업장 사용자의 법령 이해와 시행을 도울 조치는 함께 준비되고 있는 걸까요? 비용에 대한 논의에 계속 진행되어 왔습니다. 하지만 그 외의 영역에 대해서는 과연 어떨까요?

사용자 역시 부당한 대우를 당하지 않도록 보호받아야 하는 우리 국민입니다. 근로기준법이 확대되어서는 안 된다는 의미가 아닙니다. 확대하는 과정에서 발생할 수 있는 부작용과 사업주의 피해에 대비할 수 있도록 준비와 지원 수단 마련이 필요하다는 것이지요.

▌2. 계속 변화하는 법 따라가기 벅찬 리더

누군가 이렇게 말한 적이 있습니다. 유럽의 법은 단순하지만 빠져나가기 어렵고, 우리나라의 법은 복잡하지만 빠져나갈 구멍이 있다고. 즉, 유럽의 법은 잘 아는 사람이건 아니건 걸리려면 다 같이 걸려듭니다. 하지만 우리나라의 법은 잘 알면 안 걸릴 수 있고, 모르면 걸려든다는 것입니다.

이렇게 복잡하다는 우리나라의 법은 지금도 계속 바뀌고 있습니다. 직장 내 괴롭힘 금지법은 첫 시행된 지 2년 만에 개정되었습니다. 개정을 통해 상당히 엄격한 법이 되었죠. 그 외에도 근로자의 권익이나 조직의 경영에 관련된 여러 법이 계속 바뀌어 왔고, 또 바뀌고 있습니다.

규모가 큰 기업은 그래도 괜찮습니다. 법무팀이 알아서 새로운 법을 알아내고 빠져나갈 구멍을 찾아 나갈 테니까요. 문제는 규모가 작은 곳들입니다. 직원 한두 명이 인사팀이나 법무팀 역할을 해야 하는 곳, 사장님 본인이 인사팀이자 법무팀이기도 한 곳들. 빠져나갈 구멍을 찾기는커녕, 어떤 것들이 문제가 되는 건지도 알지 못합니다.

위의 1번 본문 속 사례에서도 나왔지만, 시행된 지 수년이 지난 법도 미처 알지 못하는 사장님이 있었습니다. 가게를 운영하는 데 급급해 진작 법이 변한 것을 알지 못했지요. 이런 사장님들에게 법이 바뀐 것을 알려주는 곳도 딱히 없습니다. 정부부처에서 홍보자료를 발간하긴 하지만, 이런 자료가 있는지조차 모르는 사람들이 찾아서 볼 수 있을 리가 없습니다.

근로기준법이 바뀌고, 산업안전보건법이 바뀌고, 중대재해처벌법이 생겼습니다. 전문가가 아닌 이상 이렇게 계속 변화하는 법을 다 알기는 어렵습니다. 본인이 하는 일이 법의 위반인지도 모르다가 누군가로부터 신고된 다음에야 알게 되곤 합니다. 신고당하지 않으면 여전히 모르는 채로 남아 있게 될 때가 많고요.

법률 상담을 지원하는 서비스가 운영되고 있지만, 그것조차 모르는 사람들도 많습니다. 법도 복잡하고, 소기업을 지원하는 서비스도 워낙 다양한데다 복잡합니다. 우리나라 소기업들 특성상 업무가 노동집약적이고, 하루에 10~12시간 이상 일해야 하는 경우가 많습니다. 일에 쫓기는 와중에 현실적으로 이런 서비스를 알아보고, 법을 공부할 시간을 확보하기는 어렵습니다.

법을 쫓아가기 어렵다는 소기업 사용자의 한탄을 들으면서 현실성 떨어지는 생각을 해봅니다. 정부가 중소기업 지원에 쓰는 예산을 활용해서 소기업 사업주들을 위해 산업, 경영, 노무관리 전반을 관리해주는 시스템을 만들어 운영해 줬으면 좋겠다는 생각을요. 포스기로 매출과 재고를 관리하듯이 말입니다. 새로 직원을 채용한다면 고용계약서 작성 화면이 뜨고, 근무하는 동안은 근태와 연차를 관리해주고, 퇴사하면 필요한 후속 조치까지 알림과 함께 나와주는 식으로 말이죠. 일일이 메뉴를 찾아서 들어가는 것이 아니라, 음성인식으로 할 수 있다면 고령자인 사용자에게는 더욱 도움이 되겠죠.

같은 지역 내에 있는 비슷한 사업장들을 묶어서 전담 노무사와 회계사 2인 1조를 배정하고, 노무와 재정 관리를 지원해주는 방법도 한번 떠올려 봅니다. 노무사와 회계사 수가 훨씬 더 늘어나야 가능한 일일지도 모르지만요.

어떤 형태나 방식으로든 사용자들이 빠르게 변화하는 법과 제도에 적응할 수 있도록 도움의 손길이 필요합니다. 사용자들이 모르고 있다가 법을 위반하게 되는 일, 알고 실행했는데도 그 맹점을 노린 허위 신고를 당하는 일이 사라질 수 있도록 말입니다.

▍3. 상하청 관계 속에 갑질 당하는 리더

A씨는 부품을 납품하는 중소기업 사장이었습니다. 원청과의 계약을 위해 술과 골프 접대는 필수고, 접대 자리에서 모욕당하는 일은 비일비재했습니다. 원청 담당자가 장난삼아 머리로 쏟아붓는 술을 맞고, 욕설과 폭행을 당하기도 했습니다.

계약된 용역비 중 일부는 계약을 담당하는 원청 직원과 상사의 몫이었습니다. 초반에 목돈으로 주기도 하고, 그들이 원하는 계좌로 다달이 정해진 금액을 송금하기도 했습니다. 뒷돈을 받는 것이 발각

될까 봐 우려를 했는지, 가족이 아닌 다른 사람의 계좌로 받는 갑들도 있었습니다.

마찬가지로 중소기업 사장인 B씨도 접대와 계약금 떼어주기 없이는 계약을 따내기가 어렵다는 점을 성토했습니다. B씨도 A씨와 같은 상황을 여러 차례 경험했으며, 술자리에서 가족사진을 요구한 원청 간부가 아내에 대해 온갖 성적인 발언을 쏟아내는 성희롱을 겪기도 했습니다. 하지만 반발하면 계약이 끊기는 것은 해당 원청뿐만이 아니었습니다. 소문이 돌아서 다른 원청과의 관계에도 영향을 미치기 때문이었죠.

C씨는 원청 담당자를 접대한 날이면 자신의 차로 그를 내연녀의 집에 데려다줘야 했습니다. 술 취한 그를 집안까지 옮기는 일도 해야 했고, 내연녀로부터 아랫사람처럼 하대당하기도 했습니다. 매달 내연녀의 통장에 돈도 입금해야 했습니다.

사례자들은 때로는 모멸감을 느끼고, 때로는 이렇게 살아야 하나 싶지만, 가족과 직원들을 생각하며 참을 수밖에 없다고 했습니다. 사업을 접고 업계를 떠날 각오를 하지 않는 한, 원청의 요구를 들어주며 관계를 유지해야 한다는 것입니다.

위의 사례와 같이 상하청 관계 속에서 발생하는 괴롭힘은 이미 언론에서 조명된 바 있습니다. 재고 떠넘기기, 원가 깎기, 특허 빼앗기 같은 업무 관련 갑질과,[51][52][53] 폭력과 폭언, 성희롱, 내연녀(남)의 생활비 지원 등의 개인적 갑질 등 그 유형도 다양했습니다.

근로자는 갑질을 당했을 때 노동청이나 다른 기관을 통해 신고할 수 있습니다. 하지만 하청 사업주들은 신고하고 보호받기가 어렵습니다. 원청 측을 신고하는 건 곧 거래 중단을 의미하니까요.

대기업 의존도가 높고 기업 간에 서로 복잡한 상하청 관계로 얽혀있는 우리나라 경제구조 특성상, 원청 한 곳과의 거래 중단은 다른 원청과의 거래 중단으로도 이어질 수 있습니다. 만약 원청 한 곳에 의존하고 있다면, 거래 중단은 곧 폐업을 의미합니다.

대기업에 의존하는 구조에서 벗어나 다른 판매처를 찾으려고 한다면 보통 해외시장을 뚫어야 한다고 합니다. 대기업을 등지는 순간, 그 대기업과 연결된 다른 기업들과도 등지게 되고, 그 규모는 산업 전체가 될 수도 있기 때문입니다.

해외시장을 뚫는 것도 힘들지만, 한번 뚫었다고 안정적으로 수요처가 유지되는 것도 아닙니다. 한 기업이 그 자리에 있던 다른 기업을 밀어냈듯이, 그 기업 역시 수많은 경쟁자에게 밀려날 수 있으니까요. 밀려나지 않도록 경쟁력을 키우라지만 말처럼 쉬운 것이 아닙니다. 그에 비하면 갑질을 당하더라도, 국내 원청과 거래하는 것이 그나마 안전하고 예측 가능하다는 것이 사례자들의 말이었습니다. 원청 담당자와 좋은 관계를 유지하면, 거래가 유지될 수 있으니 말입니다.

정부에서 대기업과 중소기업의 동반성장, 상생협력 정책을 추진하기도 했지만, 근본적인 문제를 건드리지는 못했습니다. 교육훈련 같은 몇 가지 영역에서 중소기업을 지원하는 정도가 한계였지요.

기업 생태계가 바뀌지 않는 한, 중소기업의 많은 사장님은 '갑'들로부터 갑질 당하면서도, 보호받지 못하는 상황에서 벗어나기 어렵습니다. 그 기업 생태계를 바꾸려면 우리나라 기업들 전체를 들었다

놔야 하고, 그러면 우리나라 경제에 미치는 타격이 너무 큽니다. 그러니 이도저도 못하고 현 상황이 유지되는 것입니다. 우리나라의 여러 사장님들의 애환이지요.

▎4. 직원들이 무서운 리더

직원들이 무서워서 뭘 못하겠다는 리더들의 이야기를 간혹 듣게 됩니다. 최근에는 좀 자주 듣고 있고요. 과거에 직원들에게 대하듯 했다가 무슨 일을 당할지 알 수 없다는 것입니다. 일정 부분은 리더들의 문제도 있긴 합니다. 여전히 성역할의 강요나 개인사에 대한 참견을 덕담처럼 착각하는 사람도 있고, 적당주의로 편법을 저지르는 걸 문제로 생각하지 않는 사람도 있으니 말입니다.

하지만 어떤 면에서는 리더들의 생각도 이해가 갑니다. 언제, 어떤 일로 문제가 생길지 알 수 없어 불안해하게 되는 사례들이 발생하는 것도 사실이니까요.

A씨는 팀원들과 식사 약속을 잡은 상태였지만, 급한 일로 참석할 수 없었습니다. 그래서 팀원 중 한 명에게 법인카드를 주고, 팀원들끼리 식사를 하라고 했습니다. 사실 이것이 회사 내부 규정 위반이긴 했습니다. 본인 이름으로 된 법인카드는 본인만 쓰는 것이 기본이었으니까요. A씨 나름대로는 뒤늦게 식사 약속을 취소하기 미안했기 때문에 팀원들만이라도 식사를 하도록 한 것이었습니다. 다른 팀에서도 팀원들끼리 팀장의 카드를 받아서 회식을 하는 일은 흔

했고요. 하지만 카드를 받아 간 팀원은 식사를 한 뒤, A씨를 규정 위반으로 신고했습니다.

B씨는 새로 입사한 신입직원에게 갑질 신고를 당했습니다. B씨가 지시한 업무가 근로계약서에 적혀있지 않은 일이라는 것이 이유였지요. 고용계약서를 확인해보니, 업무 목록 뒤에 '등'자가 빠져있었습니다. '등'이 빠졌으니 계약서에 적혀있는 일만이 본인의 업무라는 것이 직원의 논리였습니다. 과거 유럽의 국가들도 유사한 일을 경험했다고 합니다. 그래서 현재 유럽의 채용정보를 보면 담당하게 될 업무의 목록이 무척 상세하게 제시됩니다.[54]

C씨는 회사에서 핸드폰만 만지고 있는 신입 직원에게 몰라서 할 일이 없는 거라면, 일을 배우려고 노력해야 하지 않겠냐며 타일렀다가 그 직원의 부모로부터 폭언 섞인 전화를 받았습니다. 직원의 부모는 갑질로 신고해버리겠다며 소리를 지르고는 전화를 끊었습니다.

D씨는 인턴 직원에게 업무를 지시했다가 너무 어렵다며, 힘든 일을 시키는 것은 갑질이 아니냐는 질문을 받았습니다. 인턴에게는 너무 어려운 일인가 싶어 쉬운 일을 하도록 지시하자 이번에는 자신은 이런 수준의 일을 할 사람이 아니라며, 너무 하찮은 일을 시키는 것도 괴롭힘이라고 했다고 합니다. D씨는 인턴 직원과 함께 일하길 포기했습니다.

분명 위의 사례와 같은 직원들은 소수일 것입니다. 하지만 최근 들어 이런 사례들을 유독 자주 접하게 됩니다. 저는 경험을 전해 듣는 것뿐이지만, 사례를 전한 리더들은 본인이 직접 경험한 것입니다. 그만큼 충격도 더 클 수밖에 없지요.

사례를 공유한 리더들은 이런 말을 했습니다. 이렇게 새로운 사람들을 믿기 어렵게 되면, 본인들도 아는 사람들하고만 일할 수밖에 없지 않겠느냐고요. 학연·지연을 타파하고, 공정하게 사람을 채용하라고 하지만, 그렇게 뽑은 사람들이 무슨 일로 문제를 만들지 불안해하게 될 바에야 차라리 조금이라도 아는 사람을 채용하는 것이 안심할 수 있다는 것입니다. 일종의 펜스룰(Pence Rule)55)이 형성되는 것이죠. 대상자가 성별과 무관하다는 차이점은 있지만요.

5. 직원의 차별이 힘든 리더

여러 리더들과 함께 일하면서, 각 리더를 대하는 행동과 자세가 다른 직원도 있습니다. 직원이 리더를 차별하는 것입니다. 이런 직원들은 보통 직급이 더 높고, 조직 내에서 더 큰 권력을 갖고 있고, 자신에게 강압적으로 대하는 리더에게는 깍듯하게 행동합니다. 반면, 자신과 직급 차이가 크지 않거나, 배려하는 리더는 가볍게 여기고 무시하는 모습을 보이지요.

A씨의 부서장도 A씨와 같은 직급인 동료로부터 그런 차별을 당하고 있었습니다. A씨가 보기에 부서장은 항상 다른 사람을 배려하고 잘 챙겨주는 사람이었습니다. 끝없이 스스로를 성찰하고 문제 되는 행동을 한 것은 아닌지 살폈고요. 그런 모습 때문에 다른 선임들에 비해 더 유약해 보일 수는 있었지만, 심지는 굳은 사람이라고 A씨는 보고 있었습니다.

하지만 A씨의 동료는 그런 부서장을 호구처럼 생각했습니다. 힘든 상황을 호소할 때마다 리더가 배려해주자, 그 배려를 당연한 것으로 여겼습니다. 지시받은 일도 이런저런 핑계를 대며 하지 않았고, 회의 중에 간접적으로 부서장을 무시하는 발언을 하기도 했습니다.

동료의 그런 태도는 은퇴를 1~2년 앞두고 조용히 지내는 온화한 선임들에 대해서도 마찬가지였습니다. 그들이 진행하는 프로젝트에 참여할 때는 적당주의로 일했고, 회의나 회식 중에는 노골적으로 그들을 무시하는 발언을 하기도 했습니다.

힘 있거나 강압적인 선임들 앞에서 동료의 태도는 완전히 달라졌습니다. 그런 선임과 관련된 일은 지시를 받지 않아도 따라다니면서 챙겼습니다. 자신이 참여하는 프로젝트가 아닌데도 함께 가서 돕기도 했습니다. 정작 부서장으로부터 지시받은 일은 바쁘다는 핑계로 하지 않으면서 말이죠.

힘 있고 강압적인 선임들은 동료를 일 잘하고 성실한 사람으로 보며 좋아했습니다. 그렇지 않은 선임들과 같은 직급의 직원들은 동료에 대해 의문을 가졌죠. 동료의 업무능력 자체는 뛰어난 편이었습니다. 하지만 선택적으로만 능력을 발휘했고, 리더들의 특성에 따라 행동과 태도가 크게 달라졌습니다.

동료의 승진은 빠른 편이었습니다. 일명 줄타기를 잘한 것이었죠. 승진하고 나자 B씨는 부서장을 더욱 공공연히 무시하기 시작했습니다. 여전히 부서장의 직급이 더 높았지만, 강하게 나오지 않는 그를 동료는 쉽게 생각했습니다. 부서장 역시 더는 참지 못했고 갈등이 불거졌습니다. 동료는 부서 이동을 신청했습니다.

A씨는 동료의 사내 정치와 이중적인 모습이 두렵게까지 느껴졌다고 했습니다. 하지만 그런 동료가 승승장구하는 것을 보니 조직이 그런 사람을 선호하는 것 같아 암울하다고 했습니다.

A씨의 동료와 같은 직원들은 배려의 리더십을 가진 리더들을 힘들게 만듭니다. 이런 직원들을 반복해서 겪으면, 리더 역시 그런 직원들을 좀 더 쉽게 통제할 수 있는 리더십을 택하게 될 가능성이 높아지니까요. 배려하던 리더가 강압적인 리더로 바뀌게 되는 것입니다.

리더가 직원을 만들지만, 직원이 리더를 만들기도 합니다. '사람' 중심의 리더십을 발휘하는 리더가 곁에 있다면, 직원들 역시 그런 리더를 아끼고 존중하는 마음을 가져야겠지요. 그래야 그런 리더들이 본연의 모습을 잃어가지 않을 테니까요.

▎6. 없는 말 만드는 직원이 스트레스인 리더

앞에서 허위·과장 신고를 수단 삼는 직원들의 사례를 살펴봤습니다. 그런 정도까지는 아니지만 리더의 입장에서는 역시 누명을 쓰는 느낌을 받게 되는 행동을 하는 직원들이 있습니다. 바로 없는 말도 만드는 직원들이죠.

과거 가게를 운영하던 A씨는 두 명의 직원을 고용하고 있었습니다. 물건을 파는 가게의 특성상 언제, 어느 때 손님이 올지 알 수 없었습니다. 최근에는 가게마다 점심시간을 정해놓고 문을 닫아놓곤 하지만, A씨가 가게를 운영하던 당시에는 가게 안에서 식사하면서,

식사 도중에도 멈추고 손님을 챙기러 나가는 일이 흔했습니다.

가게에서 먹는 식사는 보통 일반 백반 메뉴를 배달시킨 것이었지만, 직원들이 유독 냄새가 강한 음식을 먹고 싶어 할 때도 있었습니다. 그럴 때면 A씨는 가게 뒤쪽으로 연결된 별도의 공간에서 식탁과 의자를 놓고 식사하도록 했습니다. 가게 안에 냄새가 밸까 봐 우려되었기 때문입니다. 그런 A씨에 대해 직원 중 하나가 맨날 가게 한구석에 쪼그리고 앉아 몰래 식사하게 한다며, A씨가 악덕 고용주라는 소문을 퍼뜨렸습니다.

A씨에게 언니, 언니하며 함께 일해서 좋다고 하던 사람이었기에 A씨는 배신감마저 느꼈다고 합니다. 입소문으로 장사를 하는 좁은 지역에서 함부로 말을 만든 것에 대한 원망도 들었고요.

B씨는 프로젝트 리더의 바로 아래에서 중간 관리자 역할을 하던 직원이었습니다. B씨는 함께 일하는 남직원으로부터 자신에 대한 이상한 소문이 돈다는 것을 전해 들었습니다. B씨가 관리하는 여직원에게 부적절한 관심을 보이며, 퇴근 시간 이후에도 계속 연락한다는 것이었습니다.

B씨가 퇴근 시간 이후에 직원에게 연락한 것은 손가락으로 꼽을 정도였고, 여직원에게 한 것은 1~2번 정도였습니다. 그나마도 프로젝트 리더의 지시로 업무와 관련해서 한 것이었고요. 여직원이 담당하고 있던 일의 결과물을 좀처럼 제출하지 않았기 때문이었습니다. 게다가 B씨는 결혼한 지 얼마 되지 않은 신혼이었습니다.

B씨는 관리하는 다른 직원들이 모이는 자리에서 그 일을 꺼냈습니다. 여직원과 둘이 만나 조용히 얘기하는 것도 생각해봤지만, 또

안 좋은 소문을 만들어낼까 봐 염려되었던 것입니다. 대놓고 누가 한 것인지를 얘기하지는 않았지만, 자신에 대해 소문을 퍼뜨리는 사람이 있음을 알고 있으며, 계속 문제가 지속되면 명예훼손 신고를 고려하겠다고 했습니다.

C씨는 부서 내에서 자신의 개인사에 대해 헛소문을 만든 직원 때문에 무척 스트레스를 받았습니다. C씨는 외국어에 능통했고, 회사의 간부는 외국인 손님을 접대하는 자리에 몇 차례 C씨를 동행했습니다. 그때 C씨가 함께 차를 타고 나갔다가 돌아오는 것을 본 직원이 C씨가 간부와 내연 관계에 있다는 뉘앙스의 말을 동료에게 한 것입니다.

C씨가 직원을 질책했지만, 직원은 그런 말을 한 적이 없다고 잡아뗐습니다. 직원으로부터 그 말을 직접 전해 들은 다른 직원도 그런 뉘앙스였다고만 했습니다. 간부는 문제를 크게 만들기를 원치 않았기 때문에 상황은 흐지부지되었고, 소문은 물밑에서 부풀려졌습니다. 직원들이 자신을 보는 시선에서 그런 소문이 돌고 있음을 짐작할 수는 있었지만, 직접적인 증거를 잡아낼 수가 없었기 때문에 C씨는 참을 수밖에 없었습니다.

누군가에 대해 헛소문을 퍼뜨리는 것은 분명 직장 내 괴롭힘에 해당합니다. 소문을 퍼뜨린 사람이 소문의 당사자보다 낮은 직급에 있다고 해서 괴롭힘이 되지 않는 것은 아니죠. 리더가 한 일을 과장하며 스스로를 피해자로 만드는 소문을 퍼뜨리는 것, 비교적 흔한 형태의 '을질'입니다. 리더의 개인사에 대한 허위 소문을 퍼뜨리는 것 역시 자주는 아니지만 간간이 확인되는 을질입니다.

직원으로서는 별 생각 없이 하는 말일 수 있지만, 그런 말이 당하는 사람에게는 고통이 됩니다. 장난삼아 던진 돌에 개구리는 죽습니다. 리더 역시 직원이 던진 돌에 죽을 수 있습니다.

▎7. 직장의 일을 유출하는 직원 때문에 골치 아픈 리더

유튜브에 '직장인 브이로그', '직장 브이로그'라는 키워드를 입력하면 자신의 직장 생활을 영상에 담아 올려둔 유튜버들이 나옵니다. 묵묵히 일을 하는 모습을 보여주는 사람도 있고, 업무의 일환으로 다른 사람과 소통하는 모습을 담아내는 사람도 있습니다.

하지만 그런 유튜버 중 일부는 사전에 회사나 동료들로부터 허락을 받지 않은 채, 무단으로 촬영을 해서 올리고 있습니다. A씨의 후임 직원도 그런 사람 중 하나였습니다.

A씨의 직장은 종합병원이기 때문에 특히나 후임의 행동이 문제되는 상황이었습니다. 영상 속에 병원 내부가 찍혔고, 환자에게 복약지도를 하는 장면에서는 환자의 음성도 함께 나갔습니다. 종합병원 내부의 약국에서 약물을 처방받아 가는 사람 중에는 유독 민감한 질환을 앓는 환자도 있었습니다. 비록 짧은 대답과 질문을 하는 음성이라지만, 해당 환자가 봤다면 충분히 문제 삼을 수 있는 장면이었습니다.

발각된 뒤에도 직원은 전혀 반성하지 않았습니다. 병원 측이 이후에는 사전승인과 겸직 신청을 하고 영상을 올리라고 지시하자,

반발하며 사직서를 제출했습니다. 당장의 책임회피만 생각했던 것입니다.

유튜버가 인기를 끌고, 브이로그가 관심을 얻으면서, 자신의 일상을 영상으로 올리는 직장인들이 늘고 있습니다. A씨의 병원에서처럼 환자가 노출되는 일도 있었습니다. 초상권 보호와 개인정보보호 등 영상과 관련하여 지켜야 할 법과 규정을 알지 못하는 개인들이 마구잡이로 영상을 올린 결과입니다.

유튜브뿐만 아니라 온라인 카페나 SNS 활동을 하면서 회사 내부의 모습을 노출 시키고, 회사 업무와 관련된 사항들을 누구나 볼 수 있는 곳에 올리기도 합니다. 공적인 부분에 해당하는 회사 업무와 자신의 개인적인 일상을 구분하지 못하는 것이죠.

B씨의 후임 직원은 일하는 모습을 찍은 사진을 SNS에 올렸고, 사진 속의 컴퓨터 스크린에는 작업하던 서류가 떠 있었습니다. 사진상으로도 조금 큰 글씨나 볼드체로 작성된 내용을 확인 가능할 정도였습니다. 후임의 직급상 당장 매우 중요한 서류를 작성하고 있었던 것은 아니었습니다. 다만 지금 바로잡지 않으면 이후에는 문제 될 서류를 노출 시킬 가능성도 무시할 수 없었습니다.

B씨와 그 윗 직급의 부서장은 후임 직원을 불렀고, SNS에 올린 사진에 대해 얘기했습니다. 하지만 후임은 무엇이 문제인지를 전혀 이해하지 못하는 눈치였습니다. 작성하던 서류가 중요한 서류가 아닌데 왜 불려와서 말을 들어야 하는지 이해할 수 없다고 했습니다.

나중에 더 중요한 서류를 담당할 때 실수할까 봐 걱정되어서 불렀다고 해도, 아직 그렇게 한 것도 아닌데 무엇이 문제냐는 반응이

었습니다. 자신이 그런 판단력도 없다고 생각하느냐며, B씨와 부서
장이 자신을 부른 행위를 괴롭힘이라고 주장했습니다.

A씨와 B씨의 후임들은 회사 내부 상황을 불특정 다수가 볼 수
있는 매체에 노출 시켰을 뿐만 아니라, 왜 그런 행동이 문제가 되는
지조차 제대로 이해하지 못했습니다. 질책당한다고 느끼자 그에 대
해서만 방어적으로 행동했습니다. 상식적인 수준의 판단력을 가진
성인이라고는 보기 어려운 행동들이었습니다.

▌8. 위로 치이고 아래로 치이는 리더

리더가 항상 최상위 자리에 있는 것은 아닙니다. 그 윗급의 다른
리더로부터 지시받는 입장일 때도 많습니다. 개인 사업장을 운영하
는 리더 역시 프랜차이즈 본사나 원청, 고객 앞에서는 '을'이기도 합
니다. 이렇게 중간에 있는 리더들은 위로 치이고, 아래로 치이는 상
황을 종종 경험합니다. 위쪽의 요구를 그대로 수용하자니 아래쪽에
서 불만이 올라오고, 아래쪽을 배려하려면 위쪽의 지탄을 감당해야
합니다.

개인 사업을 하는 사용자들은 원청으로부터 더 빨리, 더 품질 좋
은 제품을 생산하라는 요구를 듣습니다. 하지만 피로에 지친 근로자
들은 힘겨워하고 더 이상 생산 속도를 높이기 어렵습니다. 근로자를
위하고 싶지만, 원청의 요구를 듣지 않으면 이후에 거래를 따내지
못할까 봐 걱정됩니다. 거래가 따내지 못하면 사업이 중단되고 근로

자들의 일자리가 사라집니다.

A씨도 이런 악순환을 겪는 사용자 중 하나였습니다. 공장을 운영하는 A씨는 원청의 요구에 맞춰 빠른 속도로 부품을 생산해서 납품해야 했습니다. 하지만 연장근무를 시키기에는 법도 걸리고, 인건비도 감당할 수 없었습니다. A씨는 직원들이 퇴근한 뒤에 혼자 남아 밤새 기계를 돌렸습니다. 주말에도 마찬가지였습니다. 그렇게 일해서 A씨가 가져갈 수 있는 수입은 280만원 안팎, 직원들의 월급과 차이가 없었습니다. 일하는 시간을 생각하면 오히려 직원들보다 시급이 낮았습니다.

A씨는 대중소기업 동반성장 관련 회의에 참여했고, 원청의 하청업체 착취를 호소했습니다. 하지만 원청 측은 그 자리에서만 머리를 숙일 뿐이었고 이후에 개선되는 점은 없었습니다. 그런 전후 사정을 알지 못하는 직원들은 A씨를 무능한 경영자라고 생각했고, 사정을 아는 직원들도 낮은 월급에 한숨 쉬었습니다.

중간 관리자들은 위로부터는 비용은 더 줄이고, 근로자는 더 굴리고 싶은 경영진의 압박을 받습니다. 그런 경영진의 의사결정을 전달하는 과정에서 근로자들이 토로하는 불만들을 고스란히 받아내야 합니다. 근로자들의 고충을 위쪽에 전달하면 경영진은 직원들의 불만 하나 제대로 대처 못 하는 무능력한 사람 취급을 합니다. 경영진이 바뀌지 않으면, 근로자들은 중간 관리자를 의견 하나 제대로 전달하지 못하는 무능력한 리더라고 생각합니다.

B씨는 이렇게 위아래로 치이는 중간 관리자 중 하나였습니다. 마찬가지로 치이던 동료들은 그나마 쉬운 길을 선택했습니다. 바로

힘 있는 리더들의 말에 따르고, 직원들의 불만에는 귀를 막는 것이었죠. 차마 그렇게 할 수 없었던 B씨는 꿋꿋하게 보직자 회의에서 직원들의 의견을 전달했습니다.

그 결과, B씨는 경영진의 눈 밖에 났고 근평은 최하등급을 받았습니다. 직원들을 배려하지 않는 동료들은 우수 직원 표창을 받았지만, B씨는 주요 정보 공유 대상자에게서 배제되었고, 의사결정 회의 중에도 동등한 발언권을 보장받지 못했습니다.

발언권이 강하지 못한 B씨를 무시하는 직원들도 하나둘씩 나타났습니다. B씨로부터 보호받았던 직원 중에도 뒤에서 B씨를 깎아내리는 사람이 있었습니다. 그 말을 들은 B씨는 인생을 잘못 살았다는 자괴감을 느꼈다고 합니다. 차라리 동료들처럼 회사의 지시에 따르고, 직원들의 고충은 한 귀로 듣고 흘리는 게 나았을 거라고 말이죠.

이렇듯 우리 주위에는 A씨와 B씨와 같은 리더들도 있습니다. 권한은 약하지만, 책임은 막중하고, 원청이나 최상위 경영진 대신 직원의 원망을 떠안아야 하는 리더들 말입니다. 원청과 경영진의 조직 경영방식에 문제가 있고 노동력 착취가 심하고 부당한 요구가 많을수록, A씨와 B씨처럼 중간에 있는 리더들은 더욱 고통받습니다.

9. 과도한 배려를 요구하는 직원이 부담스러운 리더

리더가 직원에게 희생을 요구한 사례는 우리 주변에서 흔히 볼 수 있습니다. 최근에는 정반대되는 상황, 직원이 리더에게 과도한 배려를 강요하는 사례도 등장하기 시작했습니다.

A씨는 다른 부서에서 근무하다가 계약 종료로 퇴사한 비정규직 직원을 채용하게 됐습니다. 주 5일 근무임을 미리 알려주고 계약서를 작성했지요. 하지만 막상 근무를 시작하자 직원은 이전에 함께 일한 프로젝트 리더가 서류상으로는 주 5일을 채용했지만, 실질적으로는 주 3일만 근무하게 했다며 같은 대우를 요구했습니다. 즉, 급여는 주 5일 기준으로 받지만, 출근은 주 3일만 하겠다고 한 것입니다.

업무량이 많아 주 3일만 근무하게 할 수는 없다고 A씨가 거절하자, 그 직원은 다른 비정규직들에게 A씨가 과도하게 업무를 지시한다며 험담을 하고 다녔습니다.

B씨는 다른 조직에서 근무하다가 온 비정규직 직원을 단기로 채용했습니다. 계약서를 작성하고 첫날 근무를 시작하자마자 그 직원은 본인의 몸 상태를 이유로 단축근무를 하게 해달라고 요구했습니다. 법적으로 단축근무 대상인지를 묻자 직원은 아니라고 했습니다. 하지만 이전에 일하던 조직에서는 그래도 단축근무를 허용해줬다는 것이 비정규직 직원의 주장이었습니다.

그런 주장 하나만으로 정당한 사유 없이 단축근무를 하게 할 수는 없었습니다. B씨는 다른 직원들이 보는 눈도 있으며 같은 대우를 해야 하는 것이 원칙이므로 단축근무를 허용할 수 없다고 답했습니다. 이후 직원은 퇴사한 뒤에 B씨를 노동청에 갑질로 신고했습니다. 자신이 일을 못 한다고 험담했다는 것이 갑질 신고의 사유였습니다. B씨는 다른 직원들 앞에서 그 비정규직 직원을 험담한 적이 없었습니다. 직원이 만들어 낸 허위 신고였던 것입니다.

비정규직 직원은 과장된 표현을 사용하며 B씨를 신고했고, 노동청에 출두했을 때도 매우 분노한 모습을 보였습니다. 노동청 감독관은 그 직원이 정신적으로 문제가 있는 사람 같다고 하면서도, B씨에게 신고가 들어온 이상 갑질이 아니라고 하기는 어려우니 직원이 원하는 대로 들어주라고 권고했습니다. 순식간에 갑질 가해자가 된 B씨에게는 상처가 남았지만, 감독관은 대수롭지 않은 일이라는 식이었습니다.

C씨 역시 비정규직 직원과 함께 일하고 있었습니다. 직원은 매번 정식으로 휴가를 신청하는 대신, 출근 시간이 지난 다음에 문자로 휴가를 사용하겠다고 통보하곤 했습니다. 휴가를 모두 사용한 어느 날, 직원은 본인의 아버지가 쓰러져 입원하셨다며 재택근무를 하게 해달라는 문자로 보내왔습니다.

원칙적으로 C씨의 회사에서는 재택근무를 허용하지 않았지만, C씨는 인사 부서에 이야기해 볼 의향으로 직원에게 부친의 입원을 증명할 서류를 보내달라고 했습니다. 직원은 어떤 서류도 보내오지 않았고, 연락 자체를 하지 않았습니다.

직원의 연락을 기다리던 C씨는 서류가 없는 상태에서 일단 인사 부서에 문의를 했고, 재택근무를 허용할 수는 없다는 답을 받았습니다. 정규직과 비정규직 모두에게 공통되는 사항이었으며, 정규직들도 가족을 간호해야 하는 상황에는 휴가나 휴직계를 냈다는 것이 인사부서의 답이었습니다.

C씨는 직원에게 연락하여 회사의 규정을 설명한 뒤, 출근을 할 수 없는 상황이라면 잠시 계약을 중단했다가 다시 재계약하는 것이

어떻겠느냐고 물었습니다. 부친의 건강이 나아지면 채용을 하겠다고 약속하기도 했습니다. 직원은 퇴사하긴 했으나, 조직의 내부 창구를 통해 C씨를 갑질로 신고했습니다. 퇴사를 권유했다는 것이 신고 사유였습니다.

리더로서 직원에게 할 수 있는 배려는 기본적으로 조직의 지침에 따른 수준을 넘어서기가 어렵습니다. 그렇지 않으면 공정하지 못한 배려, 같은 배려를 받지 못하는 직원들에게 차별을 느끼는 배려가 될 수 있으니까요.

물론 그런 배려가 꼭 필요한 상황이라면 때로는 지침을 넘어서는 배려를 리더의 판단하에 할 수도 있습니다. 다만 그렇게 하기 위해서는 타당한 근거가 있어야 하지요. 게다가 한 명의 리더가 그런 배려를 해줬다는 이유로 다른 리더도 의무적으로 같은 배려를 해줘야 한다는 뜻은 아닙니다.

사례 속의 직원들은 타당한 근거는 제시하지 않은 채 차별적인 배려를 요구했습니다. 요구가 받아들여지지 않자 사례자들을 갑질하는 리더로 몰아가려 했습니다. 과거에는 이런 직원들의 사례를 찾아보기 어려웠지만, 최근에는 여러 리더들이 비슷한 상황을 호소하곤 합니다. 이런 직원들은 리더가 공정한 리더로서 역할을 수행하는 것을 어렵게 만듭니다. 갑질 신고라는 압박 수단으로 차별적인 배려와 이익을 얻어내려 하기 때문이지요.

10. 코로나19로 직원의 급여를 지급할 수 없었던 리더

코로나19 이전에도 상습적으로 직원의 급여를 체불하는 사장들이 있었습니다. 자녀를 유학 보내고 본인들이 골프를 치러 갈 돈은 있어도 직원에게 줄 돈은 없는 사람들이었죠. 다음에 줄게, 다음 주에 줄게, 다음 달에 한꺼번에 줄게, 핑계도 많았습니다.

하지만 모든 사장이 고의로 급여를 체불하는 것은 아니었습니다. 특히 코로나19 이후로는 가게의 경영이 어려워지면서, 있는 돈을 깎아 먹다 못해 많은 빚을 지고 직원의 급여조차 마련하기 어려워진 사장들도 있습니다.

A씨를 고용하던 사용자가 바로 그런 경우였습니다. 작은 가게를 운영하던 사용자는 코로나 이전에도 겨우 현상을 유지하는 수준이었습니다. 코로나가 시작되면서 경영 사정은 순식간에 악화하였습니다. 온종일 가게를 열어도 손님의 얼굴 보기 힘들 때도 있었습니다.

여태껏 가게 내부 설비에 투자한 자금이 있었고 가게를 시작할 때 진 빚도 있다 보니 사용자는 가게를 닫겠다는 결정을 쉽게 내리지 못했습니다. 가게를 열거나 닫거나 가겟세는 계속 내야 한다는 것도 문제였습니다. 간신히 결단을 내렸을 때쯤에는 이미 빚이 눈덩이처럼 더 불어난 상태였습니다. A씨의 급여도 마지막 한 달 치는 지급하지 못했습니다.

사용자가 모든 일을 다 얘기하는 것은 아니었기 때문에 A씨는 상황을 정확히 알지는 못했습니다. 다만 급여를 받지 못한 것은 분명 부당한 일이었기에 노동청에 신고했습니다. 그 후에 사용자의 전후 사정을 알게 되었고, A씨는 당연한 권리를 주장한 것임에도 죄책 감을 느꼈다고 합니다. 마지막에 급여가 밀리긴 했지만, 근무하는 동안 사용자가 무척 잘 챙겨줬기 때문에 더더욱 죄책감이 컸습니다.

A씨는 이러지도 저러지도 못하는 사장의 상황이 안타까워서 사용자의 손을 붙들고 울었습니다. 사용자는 매달 조금씩이라도 급여를 꼭 갚겠다며 유예를 부탁했습니다. 그나마 A씨는 배우자의 수입이 있었고, 가게에서 일했던 것도 여유 시간에 용돈이라도 벌어보려는 생각에서 한 것이었습니다. 덕분에 다른 임금체불 피해자보다 사용자의 사정을 봐줄 수 있는 여력이 있었습니다. 만약 본인도 월급으로 생활비를 충당해야 하는 상황이었다면 사용자의 사정이 딱해도 유예해주기는 어려웠을 것이라고, A씨는 말했습니다. 사용자는 이후 조금씩 돈을 보내왔고, 체불된 급여를 모두 갚았습니다. 상황이 여의치않았을 뿐, 양심적인 사용자였던 것이죠.

아무리 작은 사업장이라도 경영을 하면서 직원을 두는 것은 큰 책임을 동반합니다. 사용자라면 계약으로 명시된 직원의 급여와 복지를 꼭 보장할 수 있어야 하죠. 하지만 인력으로 통제할 수 없는 천재지변이 닥쳤을 때는 사용자가 대처하기 어려운 것도 사실입니다. A씨가 공유한 사례 속의 사용자도 그렇게 코로나19로 인해 사용자의 의무를 다하기 힘든 상황을 맞았습니다.

V

리더, 당신과 내가 '우리'가 되는 순간

V

리더, 당신과 내가 '우리'가 되는 순간

빠르게 변화하는 사회와 점점 더 복잡해지는 각종 규제, 극심해지는 경쟁은 리더의 역할을 한층 더 어렵게 만듭니다. 리더 본인이 아무리 뛰어난 능력을 갖추고 있어도 혼자서는 버티기 어렵습니다. 구성원들과 같은 목표를 가지고 함께 노력해야 다 같이 생존할 수 있는 환경이 되었습니다.

현실의 리더들은 구성원들과 함께하기 위해 어떤 노력을 하고 있는지, 어떤 노력이 필요한지 이어지는 사례들을 통해 살펴보겠습니다.

1. 직원의 상황을 배려하는 리더

코로나19로 국가와 기업들도 어려움을 겪었지만, 근로자들도 강제로 무급휴가를 쓰게 되거나, 아예 직장을 잃는 등 많은 고통을 겪었습니다. 위기 상황 속에서 근로자로부터 등 돌리는 기업의 모습이 또다시 반복된 것입니다. 과거 IMF 국제금융위기 속에서 무너진 신뢰가 아직 회복되기도 전에 말입니다.

기업을 경영하는 리더들은 본인들 나름의 사정이 있었겠죠. 하지만 위기 속의 배려 넘치는 리더십은 더더욱 빛을 발하는 법입니다. 지금처럼 코로나19로 모두가 힘든 상황에서는 더더욱 그렇겠지요.

미국 텍사스 주에서 매니저로 근무하는 아론 제네스트(Aaron Genest)는 재택근무 중 자녀 양육으로 업무에 지장을 겪은 여직원으로부터 근무시간을 80%로 줄여달라는 연락을 받았습니다.56) 업무시간이어야 할 때, 업무에 집중하지 못하고 있으니 100%의 급여를 그대로 받는 것이 적절치 않다는 것이 여직원의 사유였습니다. 근무시간을 단축하면 이후의 근평과 승진도 영향을 받게 된다는 것을 감수하고 한 요청이었습니다.

아론은 여직원의 요청을 거절했습니다. 직원이 코로나19 때문에 임금 삭감을 겪도록 놔둘 수 없다는 것이 그의 주장이었습니다. 아론은 코로나19 이전과 같은 생산성을 코로나19 중에도 기대해야 한다는 것 자체가 잘못된 전제라고 했습니다. 지금까지의 높은 생산성도 정해진 시간에 칼처럼 근무하고 가족을 배제하면서 달성한 것이 아니고, 함께 협력하고 서로 도운 덕분이라며 앞으로 함께 노력해가자고 여직원을 격려했습니다. 또한 여직원이 자유롭게 근무시간을 조절할 수 있도록 배려하기도 했습니다. 근무시간이라도 언제든 가정사를 돌봐야 하면 일을 중단해도 좋고, 시간에 여유가 생길 때 자유롭게 다시 일을 시작해도 좋다고 한 것입니다.

아론은 그의 경험을 트위터에 올렸고 열렬한 지지를 받았습니다. 관리자들이 모두 아론 같아야 하는 것이 맞지만, 현실은 그렇지 않다며 아쉬워하는 댓글도 있었습니다.

아론은 여성이 남성보다 더 많은 가사와 양육을 부담하고 있고, 코로나19로 인해 더 큰 타격을 입었다며 다른 관리자와 사용자에게 그들을 배려할 것을 호소했습니다. 힘겨운 시간을 보내는 직원들을 돕기 위해 위, 아래, 옆, 전방위에서 지원하자며 그들의 참여를 독려하기도 했습니다.

아론의 배려 넘치는 리더십은 1998년 IMF 국제금융위기 때 우리나라의 Y사가 보여주었던 리더십과도 비슷합니다. Y사는 정리해고가 만연하던 그 시기에 어떤 직원도 해고하지 않기 위해 과감히 4조 2교대를 편성한 기업이었습니다. 직원을 모두 살리면서 동시에 회사도 살기 위해 감행한 결단이었습니다.

4조 2교대 개편을 통해 평균 주간 근무시간을 56시간에서 42시간으로 줄여 직원의 피로를 줄이고 생산성을 높였습니다. 12시간씩 4일 근무하고 4일을 푹 쉬면서 직원들은 시간의 활용도가 높아졌습니다.

초반에는 남는 시간에 적응하지 못하고 그 시간에 모여 술을 마시는 직원들도 있었다고 합니다, 하지만 연간 300시간 이상 학습을 지원하는 평생학습제도가 도입되면서 직원들은 적극적으로 자기계발을 시작했고, 그 결과는 생산성의 향상으로 이어졌습니다. 4조 2

교대 도입 후 불과 5년 만에 Y사의 시장 점유율은 3.5배나 크게 성장했습니다. 행복한 직원이 생산성 높은 직원이 된다는 것을 Y사는 몸소 증명해 보인 것입니다.

Y사는 해낸 일을 왜 다른 기업들은 하지 못했던 것일까요? 정확히는 못했다기보다 하려고 하지 않았던 것이겠죠. 변화를 일으킬 때는 항상 그만큼의 시간과 노력과 비용이 투입되니까요. Y사는 근로자의 생산성 향상으로 그 비용 이상의 이익을 얻을 수 있지만, 근시안적 시야를 가졌던 다른 조직의 리더는 그것을 보지 못했던 것입니다.

아론과 Y사의 사례는 리더가 직원을 배려하고, 신뢰하고, 능력을 발휘할 수 있는 바탕을 마련해주면 직원들이 그에 보답한다는 것을 보여주었습니다. 노사 양측이 서로 윈윈한 사례였지요.

▍2. 위기를 계기로 노사 간의 신뢰를 다시 쌓은 리더

위에서 언급된 Y사는 위기를 통해 노사 간의 신뢰를 더욱 견고히 다시 쌓은 기업으로도 유명합니다.

Y사는 4조 2교대 도입 외에도, 조직 경영에 대해 노조의 의견을 적극적으로 수렴했습니다. 근로자 존중의 일환으로 출퇴근 시간을 통제하지 않고 직원들이 자율성을 갖고 근무하도록 하기도 했습니다.

사측이 먼저 나서서 직원을 회사 경영의 동반자로 생각하는 모습을 보이고, 직원을 신뢰하는 자세를 가지면서 직원들도 그에 응답

했습니다. 덕분에 국제금융위기의 악조건이 그들에게는 오히려 발돋움할 기회가 되었습니다.

Y사의 사측이 직원에게 다가가기 위해 했던 노력에는 여러 가지가 있습니다. 그 중 하나를 살펴보자면, 한 공장의 공장장이 직원들이 일하는 곳을 매일 청소한 사례가 있었습니다.57) 처음에는 놀라고 불편해했던 직원들은 곧 직원을 위해 봉사하고자 하는 공장장의 마음을 이해했고, 이런 이해의 마음이 노사관계를 부드럽게 하는 데도 도움이 되었습니다.

공장장의 청소는 사람의 심리를 잘 파악한 매우 의미 깊은 행위였습니다. 사람은 기본적으로 동질감이나 친밀감을 느끼는 사람의 말을 그렇지 않은 사람의 말보다 훨씬 신뢰하기 마련입니다. 직원들 앞에 고급 양복을 입고 기사가 끄는 외제차를 타고 나타난 리더와 작업복을 입은 채 직원들의 작업공간을 청소하는 리더, 어느 쪽이 더 친밀감과 동질감을 느끼게 할지는 말할 필요도 없겠지요. 정서적으로 가깝게 느끼게 되니 그 사람이 하고자 하는 말이 더욱 귀에 잘 들어왔을 것이고, 서로서로 타협해 나갈 수 있는 계기가 되었던 것입니다.

Y사만큼은 아니지만 역시 국제금융위기 이후에 노사관계를 재구축한 다른 기업도 있습니다. 이 기업은 다른 기업들처럼 구조조정을 하고 일부 근로자들을 해고하기도 했습니다. 이미 노사 간의 신뢰는 바닥을 치는 상태였죠. 회사가 도산할 거라는 위기감을 느낀 근로자들이 스스로 퇴사하기도 했습니다.

최악의 상황을 마주했지만, 기업의 리더는 최선의 선택을 했습니다. 자신을 위해서가 아닌 회사를 위한 최선이었습니다. 바로 개인 자산을 털어서 회사를 살린 것입니다.[58] 다른 기업의 리더들이 차라리 회사가 도산하도록 방치하고 개인 자산을 지킨 것과는 대조되는 모습이었습니다.

리더의 희생으로 최악의 위기를 극복했고 국제금융위기가 지나갔습니다. 기업이 중국 시장을 뚫으면서 빠르게 성장하기 시작했습니다. 근로자들의 연봉은 IMF 이전에 비해 2~2.5배가 되었습니다. 기업은 오랫동안 함께 해준 근로자들에게 가족을 동반한 해외 연수의 기회를 제공했습니다. 정년을 맞아 은퇴한 근로자들에게는 3억의 퇴직금을 지급했습니다. 10여 년 전의 3억 원이었으니 당시 물가를 생각하면 상당한 거액이었습니다.

이 기업은 과거 낮은 임금과 무리한 교대근무제를 운영하며 근로자들의 노동력을 착취하는 악덕 기업 중 하나였습니다. 관리자들이 후임 직원들로부터 상납금을 요구하기도 하고, 상납금을 주지 않으면 괴롭히거나, 트집을 잡아 회사에서 내보내려 하기도 했습니다.

하지만 국제금융위기 속에서 기꺼이 스스로를 희생하는 결단을 내린 리더 덕분에 악덕 기업의 이미지를 벗었고, 이후에는 근로자들을 위한 복지도 크게 개선되었습니다.

한번 악덕 기업이 영원한 악덕 기업은 아닙니다. 리더가 생각을 바꾸면 최악의 조직문화도 개선될 수 있습니다. 그것이 리더가 발휘할 수 있는 힘입니다.

▎3. 직원들의 동향을 파악하려고 노력하는 리더

우리나라는 트렌드 변화가 빠르고, 그 트렌드를 따라가는 사람들이 많은 편입니다. 패션스타일부터 인기를 끄는 TV 프로그램과 유명인들, 너도나도 먹어봐야 한다는 음식들까지. 대체로 연령대가 높고 익숙한 것을 선호하는 리더들로서는 적응하기가 쉽지 않습니다.

하지만 적응하기 쉽지 않다는 것이, 노력하는 것도 포기해야 한다는 의미는 아니지요. 업무가 감당되어 힘겨워하는 직원들에게 리더들이 보통 어떻게 반응하나요? 힘드니까 일 내려놓고 하지 않아도 된다고 하나요? 더 노력해보라고들 하지요. 직원들을 파악하고 함께 소통하기 위해 노력해야 하는 것은 리더가 해야 할 역할입니다. 물론 따라가기 어렵더라도 노력은 해봐야겠지요.

물론 젊은 세대들이 좋아하거나 아는 것 일부만 파악하고, '나는 신세대 리더야.' 자화자찬하는 리더가 된다면 곤란하겠지요. 직원이 보기에 이런 리더는 일명 '자뻑'하는 리더일 테니까요. 아는 척하기보다는, 이해하려고 노력하는 모습을 보여주는 것이 더욱 근로자와 좋은 관계를 유지하는 데 도움이 될 것입니다.

A씨가 근무하는 조직의 수장은 60대 후반의 나이에도 이런 노력을 보여주는 사람이었습니다. 자녀와 손주들에게 최신 유행하는 것들을 확인한 뒤, 직원들에게 "요즘 젊은 사람들은 이런 걸 좋아한다던데, 내가 제대로 알고 있는 게 맞는 건가요?"하며 물었고, 소통을 시도했습니다.

직원들이 그런 곳을 좋아한다고 하면 다음 회식을 그곳으로 가도록 했고, 유행이 바뀌었다고 하면 바뀐 것이 무엇인지를 물어보고 스마트폰에 검색해 보곤 했습니다.

수장은 회식에 함께 참여하는 일이 드물었지만, 참여할 때는 직원들의 말을 들으려고 노력했습니다. 본인이 주도해서 대화를 이끌어 나가려 하지 않고, 서툴게나마 직원들이 편하게 말할 수 있는 환경을 만들려고 했습니다. 부서장급이 대화를 주도하려고 하면 자제시키면서 다른 직원들의 말을 들어보자고 했습니다.

초반에는 수장이 기회를 열어주려 해도 젊고 직급이 낮은 직원들이 별로 얘기를 하지 않았습니다. 기본적으로 상하관계가 쉽게 형성되는 우리나라 문화 특성 때문에 리더들 앞에서 말을 꺼내는 것이 조심스러웠던 것입니다. 현재의 수장이 오기 전까지 조직 내에는 자유롭게 의견을 얘기할 기회가 별로 없었고, 젊고 직급 낮은 직원들의 건의 사항은 별로 수용되지 않았습니다.

수장은 젊은 직원들이 입을 열지 않자, 차라리 그 시간을 조용하게 아무 말도 없는 시간으로 놔뒀습니다. 부서장이나 연령대 높은 직원들이 자꾸 말을 하려고 하면 자제시키면서요. 그리고 끝에 이런 말을 했다고 합니다.

"여러분이 의견 말하는 걸 조심스러워하는 모습을 보니, 그동안 여러분들의 말을 잘 들으려고 하지 않았다는 반성을 하게 됩니다. 다음 시간에는 여러분들이 좀 더 편하게 말할 수 있으면 좋겠습니다. 회사는 여러분이 함께 해주셔야 잘 될 수 있습니다. 앞으로 여러분의 말을 더 듣도록 노력할 테니 마음을 열어주시면 좋겠습니다." 하고요.

수장의 말을 부담으로 받아들인 직원도 있었지만, A씨는 그 말이 무척 마음에 와닿았다고 합니다. 평소 수장이 권위주의적이지 않고 소탈한 모습을 보였기에 더더욱 그 말을 신뢰할 수 있었고요.

그동안 우리나라의 많은 조직은 직원들의 의견에 귀를 열지 않았습니다. 형식적으로 간담회를 열고, 소통창구를 만들고, 전체 미팅을 하기도 하지만, 다수의 직원들은 본인에게 발언권이 있다고 느끼지 못했습니다. 리더급들과 연령대 높은 직원들이 할 말을 다 한 뒤, 남은 약간의 시간에 겨우 몇 마디 할 수 있었던 것이 전부였으니까요.

용기내서 발언하려던 젊은 직원의 말을 도중에 끊거나, 시간이 부족하다며 아예 발언할 기회조차 주지 않는 일도 있었습니다. 발언하는 젊은 직원이나 비정규직 직원에게 '네가 뭔데 이런 자리에서 얘기를 하냐'고 눈치를 주는 리더급들도 있었습니다.

이미 조성되어 버린 경직된 문화, 엄격한 상하관계를 타파하기는 쉽지 않습니다. 리더로서는 그런 문화를 유지하는 게 더 편할 수도 있습니다. 의견에 반대하는 사람도 없고, 과도할 정도로 충성하려는 사람들만 주변에 보일 테니까요. 하지만 사례 속 수장은 그런 문화를 개선하고, 자유로운 소통의 기회를 열기 위해 노력했습니다.

▌4. 직원의 생산성을 높이는 리더(feat. 호손 효과)

직원 개개인을 파악하는 것, 직원들 사이의 최신 동향을 파악하는 것, 모두 직원을 향한 리더의 관심을 필요로 하는 일입니다. 리더의 관심이 긍정적인 방향으로 작용할 때, 그 관심이 직원에게는 '상'으로 작용하고, 직원의 생산성을 높일 수도 있습니다. 반드시 리더가 관심을 직접 주어야 하는 건 아닙니다. 리더가 직원들의 상황에 관심을 두고 있음을 보여주는 간접적인 방식으로도 전달될 수 있지요.

이런 효과가 본격적으로 알려진 건, 미국의 모 공장에서 실행한 엘튼 마요(Elton Mayo)의 연구 결과 덕분이었습니다.59) 연구의 본래 목표는 공장 내부의 조명 변화가 근로자들의 생산성을 얼마나 높이는지 확인하는 것이었습니다. 실제로 조명을 더욱 밝힌 뒤, 근로자들의 생산성은 향상했습니다. 하지만 조명을 더 밝히지 않은 작업장에서도 마찬가지로 근로자들의 생산성이 향상되었죠.

마요의 보고서를 보면, 공장의 엔지니어들은 처음에는 이런 결과를 받아들이려고 하지 않았다고 합니다. 당연히 조명을 더 밝힌 곳의 생산성이 올라갔어야 한다는 거였죠. 엔지니어들이 기계는 잘 알지만, 사람의 내면은 알지 못했기에 나온 반응이었습니다.

실험이 진행되는 동안 조명을 밝힌 작업장의 근로자들도, 밝히지 않은 곳의 근로자들도 모두 '관심'을 받았습니다. 누군가가 곁에서 그들이 하는 일과 일하는 속도를 관찰하고 있었으니까요. 관심에 신경 쓰다 보니 더 집중해서, 더 빠르게 일하게 된 것입니다.

이 실험의 결과에 따라 지켜보는 사람의 유무(관심)로 사람들이 행동에 영향을 받는 현상을 호손 효과(Hawthorne Effect)라고 부르게 되었습니다. 호손 웍스(Hawthorne Works)의 공장에서 확인된 현상이었기 때문입니다.

호손 효과를 확인한 마요의 실험은 물리적인 조건 변화뿐만 아니라, 심리적인 요인이 근로자들의 생산성을 높일 수 있다는 걸 보여줬습니다. 월급을 올려주거나, 다른 물질적인 보상을 주지 않아도 '관심'이 보상이 될 수 있다는 걸 알려준 것이죠.

호손 효과로부터 직장 내 개인 상담제도가 시작되었습니다. 심리적인 요인으로도 근로자의 행동에 변화가 있었으니, 심리상담을 제공한다면 더욱 효과를 볼 수 있을 것이라고 기대한 것이죠. 하지만 일시적으로만 효과를 봤을 뿐, 근로자들의 의욕은 다시 하락했습니다. 상담만 해주었을 뿐, 그 상담을 통해서 확인된 근로자들의 고충을 처리해주지는 않았기 때문입니다.

리더가 상담만 제공하고 고충 처리까지 챙겨주지는 않는다면, 근로자로서는 상담 몇 번으로 문제를 무마시키려 한다는 인상을 받기 쉽습니다. 이런 문제들 때문에 당시의 개인 상담제도는 근로자들에게 '보상'으로 받아들여지지 못했습니다. 비싼 개인 상담 비용만 발생했기에 기업으로서는 오히려 손해였습니다. 리더의 관심이 긍정적인 방향을 향하지 않을 때는 차라리 관심을 안 주느니만 못하다는 걸 보여준 것이죠.

만약 개인 심리상담을 제공한 리더가 고충 상담도 함께 처리해줬다면 상황은 어떻게 바뀌었을까요? 심리상담을 통해 받은 관심＋회사가 자신의 의견을 수용해준다는 것에 대한 만족감＋일을 어렵게 하던 고충 사항이 사라졌다는 것에 대한 행복감 등이 합쳐져서 무척 강한 보상이 될 수 있었을 것입니다.

다시 호손 효과가 확인된 공장으로 돌아가서, 마요의 실험에 함께 참여한 공장의 사용자는 최소한 근로자가 물질적 보상만으로 움직이는 것이 아니라는 것을 알고 있었습니다. 주변 환경이 근로자에게 미치는 영향을 알고 있었고, 마요와 함께 한 실험을 통해서는 심리적인 요인도 작용한다는 걸 깨달았습니다. 리더로서 근로자를 기계처럼 일하는 존재로만 보지 않았고, 주변 환경이나 그 외의 다양한 것들로부터 영향을 받는 '사람'이라는 걸 이해하고 있었습니다. 그런 태도가 호손 효과와 같은 현상을 찾아내는 데도 기여했다고 볼 수 있겠지요.

▌ 5. 직원의 정서적 안녕을 돕는 리더(feat. 업무 비타민 모델)

행복한 근로자가 생산성 높은 근로자라는 것은 조직 심리학의 기본 전제 중 하나입니다. 내 직원을 행복한 근로자가 되도록 하기 위해서는 리더로서 직원의 정서적 안녕도 신경 쓸 필요가 있지요. 월급만 올려주면 직원들이 행복해진다고 착각하는 리더들도 있습니다. 하지만 월급은 직원의 행복을 만드는 요소 중 하나에 불과합니다. 훨씬 더 많은 것들이 복잡하게 직원들의 내면에 작용하고 있습니다.

A씨는 작은 사업장을 경영하고 있으며, 나름대로 근로자들의 만족도를 높이기 위해 노력하고 있었습니다. 그는 본인의 학력이 높지 않기에 전문 서적을 보는 것은 어렵다며, 주로 블로그에 정리된 내

용을 보곤 한다고 했습니다.

업무 스트레스 관련 블로그 글을 읽다가 그가 발견한 것은 비타민 모델이었습니다. 비타민 모델은 피터 워(Peter B. Warr)가 개발한 것으로, 근로자의 정서적 안녕에 마치 비타민처럼 작용하는 업무 관련 특성들이 있다고 전제하고 있습니다.

우리가 알고 있는 일반 비타민들을 생각해보면, 비타민 C와 E는 수용성입니다. 섭취량에 따라 일정 수준까지는 효과가 증가하다가 어느 순간부터는 더 섭취해도 효과가 늘지 않습니다. 비타민 A와 D는 지용성으로, 과다 섭취하면 오히려 건강에 악영향을 가져옵니다. 업무와 관련된 특성(예: 근로 환경)중에도 바로 이렇게 수용성 비타민이나 지용성 비타민처럼 작용하는 게 있다는 것이 워의 주장이었습니다. 쉽게 이해할 수 있었고, 먹는 비타민에 빗대어 볼 수 있었기 때문에 A씨는 읽으면서 무척 흥미로웠다고 합니다.

워는 비타민 C와 E처럼 작용하는 특성들을 효과 유지 (Constant Effect), 즉 CE 그룹으로 분류하고, 비타민A와 D처럼 작용하는 특성들은 과잉시 효과 감소(Additional Decrement), AD 그룹으로 분류했습니다. 직원이 최적상태(subjective optimum)로 보는 시점을 지나면, CE 그룹은 더 이상 효과 상승이 없고, AD 그룹은 오히려 효과가 반감된다고 봤습니다(그림 5] 참조).60)

CE 그룹에 해당하는 업무 비타민 중에는 급여, 안전한 근무환경, 일자리의 의미, 긍정적 리더십, 커리어 발전 가능성, 공정성 같은 것들이 포함되었고, AD 그룹에는 자율성, 역량 발휘, 목표, 다양성, 역할의 명확성, 사회적 접촉 등이 포함되었습니다.

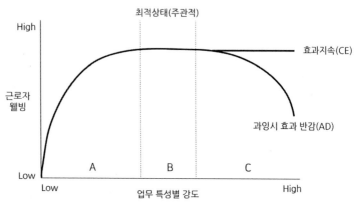

[그림 5] 워의 업무 비타민 모델 61)

업무 비타민을 더 구체적인 알고 싶다는 A씨의 부탁으로 제가 찾은 것은 메이어딩(Meyerding)의 연구 결과였습니다. 메이어딩은 워보다 더 세분화된 업무 비타민을 연구했고, 현직에서 근무하는 근로자들의 응답을 바탕으로 CE 비타민에 해당하는 요소와 AD 비타민에 해당하는 요소들을 구분했습니다(그림 6 참조).62)

메이어딩이 연구한 업무 비타민을 살펴보면 과연 우리나라에도 이렇게 적용될까 싶은 것들이 몇 가지 있습니다. 예를 들어 새로운 스킬 학습 기회, 우리나라에서는 CE 비타민보다는 AD 비타민이 될 가능성이 크지요. 우리나라에서는 훈련 기회가 너무 많아도 근로자들이 좋아하지 않으니까요.

유럽이나 북미 국가는 근로자의 훈련비용이 무척 비싸고, 훈련 기회 자체가 많지 않습니다. 그러니 새로운 학습 기회가 많으면 많을수록 좋다고 느낄 수 있겠지요. 반면, 우리나라는 워낙 많은 교육

실패로 배우는 리더십(독 되는 리더, 득 되는 리더)

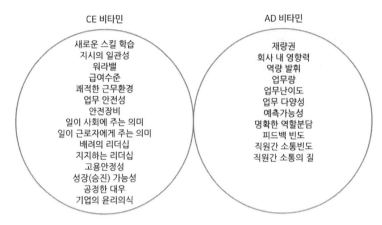

CE 비타민

새로운 스킬 학습
지시의 일관성
워라밸
급여수준
쾌적한 근무환경
업무 안전성
안전장비
일이 사회에 주는 의미
일이 근로자에게 주는 의미
배려의 리더십
지지하는 리더십
고용안정성
성장(승진) 가능성
공정한 대우
기업의 윤리의식

AD 비타민

재량권
회사 내 영향력
역량 발휘
업무량
업무난이도
업무 다양성
예측가능성
명확한 역할분담
피드백 빈도
직원간 소통빈도
직원간 소통의 질

[그림 6] 메이어딩의 업무 비타민 요소

훈련을 매년 의무적으로 받아야 하다보니, 교육훈련 참여 자체에 질린 근로자들도 워낙 많고요. 물론 여전히 열정적으로 새로운 걸 배우기 좋아하는 근로자들도 있긴 하지만 말입니다.

업무 비타민 모델, 그리고 그 외에 경영과 관련된 심리학 연구와 이론들을 보면 리더와 팀원, 조직과 구성원의 관계가 얼마나 복잡하게 연결되어 있는지 볼 수 있습니다. 단순히 노동력을 급여로 팔고 사는 일차원적인 관계가 아니라는 거죠.

A씨가 이 비타민 이론을 사업장에 실제로 적용했는지, 얼마나 잘 적용했는지는 저도 알지 못합니다. A씨가 노력하고 있다는 것 정도와 A씨와 함께 일하는 직원들이 A씨를 꽤 편안하게 대한다는 것 정도만 알뿐이죠. 최소한 A씨가 직원들을 잘 챙기기 위해 노력하고 있다는 것만은 분명해 보입니다.

과연 '나'는 리더로서 직원들에게 몇 가지나 되는 비타민을, 얼마나 잘 챙겨주고 있을까요? 또한 나의 리더는 얼마나 나를 포함한 다른 직원들에게 얼마나 비타민을 잘 챙겨주고 있을까요? 결핍 상태로 방치하고, 방치되고 있는 것은 아닐까요? 과잉 상태로 만들어 악화시키고 있는 것은 아닐까요? 나를 이끄는 리더의 리더십과, 리더로서 나의 리더십을 여기서도 한번 점검해 볼 수 있습니다.

6. 서류상 계약과 심리적 계약의 차이를 아는 리더

호손 효과의 사례와 업무 비타민 모델에서 봤듯이 리더와 직원, 조직과 구성원의 관계는 일차원적이지 않습니다. 사람이기 때문에 작업 환경과 성장 가능성, 복지 등 다양한 요소의 영향을 받기 때문입니다. 그래서 계약을 할 때도 서류상의 계약만 존재하는 것이 아니라, 그 계약을 바탕으로 시작되는 심리적인 계약이 존재하게 됩니다.

아무리 서류상으로 명확하게 계약하고, 그대로 이행한다고 해도 뭔가 삐걱거리는 문제점이 생기곤 합니다. 바로 이 서류상의 계약과 심리적 계약에 차이가 발생했기 때문입니다. 서류상의 계약이야 서류에 쓰여진 그대로를 보면 됩니다. 하지만 심리상의 계약에서는 내가 이만큼 했으니 상대방은 얼마나 해 줘야 한다는 기대감이 작용합니다.

직원이 리더에게 해줄 수 있는 것은 서류상에 나열된 업무를 충실히 이행하는 것 외에도 조직을 위해 그 이상으로 일하는 것입니다. 이걸 조직 시민 행동(Organisational Citizenship Behaviour)이라고 부릅니다. 직원이 스스로를 조직의 한 부분으로 보고, 그 조직의 이익을 나의 이익과 동일시하며, 조직의 발전에서 성취감을 느낄 때 이런 행동을 하게 됩니다.

만약 직원이 계약된 업무를 다 하고, 조직 시민 행동까지 보여줬는데도 리더와 조직이 적절한 보상을 해주지 않는다면, 직원의 심리적 계약이 흔들리게 됩니다. 심리적 계약이 흔들리면 직원은 조직을 위해 노력할 의욕을 잃게 됩니다. 조직 시민 행동을 중단하고, 더 나아가면 계약상에 명시된 역할도 다 하지 않게 되지요.

반대로 조직이 의무를 다하고, 충분한 보상을 제공하고 있는데도 직원이 자신의 의무를 소홀히 한다면 조직의 심리적 계약이 흔들리게 됩니다. 직원의 계약 연장을 거부하기도 하고, 해고하기도 합니다. 해고가 어려운 조직에서는 직원을 없는 존재처럼 방치하게 되죠.

일부 월급 루팡을 꿈꾸는 직원은 오히려 이런 상황을 반길지도 모릅니다. 하지만 대부분은 없는 사람 취급에 모멸감을 느끼고 괴로워하게 됩니다. 참다못해 스스로 사직서를 쓰기도 합니다.

심리적 계약을 잘 활용한 사례로 우리나라의 모 대기업을 꼽을 수 있습니다. 물론 대기업이기 때문에 기본적으로 급여 수준이 높고, 그곳에서 근무한다는 것이 사회적으로 인정받는다는 점은 있습니다. 대기업이라는 것 자체로 갖는 강점이지요.

하지만 다른 대기업과 비교해보면 어떨까요? 그 기업은 소속된 직원에게 무척 많은 일을 시키는 것으로 알려져 있습니다. 그곳에서 일해본 적 없는 사람들도 알 정도로 말이죠. 워낙 일을 많이 시키기 때문에 그곳에서 근무했던 근로자는 다른 조직으로 이직할 때도 '일 잘하는 근로자'로 여겨집니다. 업무량 대비 급여를 고려한다면 다른 대기업과 비교해서 비슷하거나 오히려 부족한 편이라고 합니다.

이렇게 많은 일을 시키지만, 급여는 다른 기업에 비해 많은 건 아니라는 그 기업이 심리적 계약에 실패하지 않을 수 있었던 이유는 뭘까요? 바로 급여 외에 보상이 될 수 있는 것들을 지급했다는 것입니다. 기본 급여나 정해진 보너스의 보상 효과는 제한적입니다. 아무리 많은 금액을 줘도 정해진 대로 받는 것이기 때문에 효과를 보기 어렵고, 효과를 발휘하게 하려면 매우 전략적으로 지급해야 합니다.

사례 속의 대기업은 이렇게 다루기 힘든 급여나 보너스 대신, 다른 보상을 택했습니다. 쇼핑할 때나 여행 가서 숙소를 잡을 때 임직원 할인을 받을 수 있도록 했습니다. 레스토랑 중에도 임직원 할인이 되는 곳이 여럿 있었고, 결혼을 준비할 때도 특별 패키지나 할인 상품을 이용할 수 있었습니다. 자기 계발을 위한 교육 기회도 많았습니다.

스스로의 선택에 따라 얻을 수 있는 이익, 계약서에 기록되지 않은 보상, 이런 것들이 주는 효과는 같은 금액만큼의 급여를 추가로 주는 것보다 훨씬 큽니다. 또한 외부로 나갔을 때 그 조직의 소속이라는 이유로 대우가 달라지기 때문에 직원이 자부심을 느낄 수 있습니다. 소속감이 높아지고, 조직과 자신을 동일시할 가능성이 커지죠. 조직이 잘 될수록 더 대우받게 될 것이라고 기대하며, 조직의 성공을 곧 자신의 성공이라고 생각하게 됩니다. 조직을 위해 계약 이상으로 뭔가를 더 하려는 조직 시민 행동을 하게 될 가능성도 커지게 됩니다.

지시받지 않아도 알아서 척척척, 스스로 하는 직원들이 늘어날 수록 회사의 성공 가능성은 커집니다. 심리적 계약을 어떻게 하느냐에 따라 같은 금액을 쓰고도 직원들의 만족도를 높이고, 회사에도 더 이익이 될 방향을 찾을 수 있는 것입니다.

▎7. 물질적 보상을 효과적으로 다루는 리더

앞에서 급여나 보너스와 같은 금전적인 보상은 다루기가 참 힘들다고 언급을 했었습니다. 그냥 단순히 정해진 대로 지급하는 건 어렵지 않지만, 심리적 계약 속에서 효과를 볼 수 있게 하는 건 어렵다고 말이죠. 때로는 기존에 제공하던 복지를 중단하고, 추가 급여로 지급했기 때문에 직원들 사이에서 불만이 터져 나오기도 합니다. 바로 영국의 찰스 왕세자가 했던 실수였습니다.

영국 왕궁에서 근무하는 사람들의 급여는 생각보다 높지 않습니다. 근무시간은 길고, 지켜야 할 규칙이나 기준은 엄격하죠. 그런데도 직원들은 기꺼이 왕궁에서 일합니다. 비록 지금은 다소 퇴색되었지만, 영국 왕실은 국민에게 큰 사랑을 받아왔고, 그런 왕족들의 곁에서 일한다는 자부심을 느낄 수 있기 때문입니다.

영국 왕실이 가끔씩 공급하는 물품들(왕실 문장이 찍힌 비누나 수건 등)은 직원들의 자부심을 더욱 고조시키는 '보상'이었습니다. 왕족과 같은 물건을 쓴다는 자부심에 오직 왕족과 그 곁에서 일하는 사람들만이 가질 수 있는 물건이라는 특별한 가치도 더해졌기 때문이죠.

찰스 왕세자는 관련 업무를 맡은 뒤, 이런 물품의 지급을 중단하기로 했습니다. 물품 관리를 위해 발생하는 행정비용을 아끼겠다는 생각, 흔한 경영자와 같은 생각을 한 것입니다. 직원들에게는 그 대신 같은 액수의 금액을 추가 급여로 지불하겠다고 했습니다. 물품으로 받으나, 돈으로 받으나 금액은 같으니 상관없을 것이라고 착각한 것입니다. '사람'을 보지 않고, '돈'만 봤기 때문이었죠.

직원들의 반발은 어마어마했습니다. 찰스 왕세자의 경영 능력 자체를 의심하는 목소리도 있었다고 합니다. 심한 반발에 부닥치자 찰스는 계획을 철회했고, 다시 물품을 지급하는 것으로 바꾸었습니다. 잘 유지되고 있던 심리적 계약을 공연히 흔들어놨다가 낭패를 본 것입니다.

찰스 왕세자의 사례와는 대조되는, 효과적인 보상 활용 사례도 있습니다. 제 대학 시절 미니 프로젝트 지도교수였던 에이드리언 펀함(Adrian Furnham) 교수의 사례처럼요.

펀함 교수는 경제학자이자 조직 심리학자로 전략적으로 금전적인 보상을 다루는 사람이었습니다. 기네스북 기록에 도전 중이라는 말이 나올 정도로 많은 저서와 논문을 내고 있었고,[63] 원고 정리를 위해 개인 비서를 두고 있었습니다.

계약된 급여 외에 보너스를 줄 때, 펀함 교수는 절대로 규칙성을 만들지 않는다고 했습니다. 정해진대로 받는 급여와 보너스는 별다른 보상 효과가 없기 때문이죠. 기대하지 않을 때 갑자기 받는 보너스도 일시적으로 효과를 줄 수 있지만 오래가지는 못합니다. 그래서 펀함 교수는 교묘하게 가끔씩, 전혀 규칙을 찾을 수 없게, 보너스를 지급했습니다. 비서는 생각지도 못했던 보너스에 놀라면서도 만족했다고 합니다.

편함 교수는 여기에 더해서 비서에게 주 5일 대신 주 3일 출근하고 장시간 근무하는 것을 허용했습니다. 런던 중심가로 진입하려면 혼잡통행료를 지불해야 하는데 그 비용도 아낄 수 있도록 한 것입니다. 출퇴근 시간과 비용을 아끼고, 시간을 더 효율적으로 쓸 수 있다는 점도 보상으로 작용하도록 말입니다.

편함 교수의 전략적인 보상 활용 덕분에 비서는 기꺼이 다른 일자리를 그만두고, 풀타임으로 교수의 비서가 되었습니다. 비용상으로는 다른 사용자보다 특별히 많이 쓰는 게 아니었음에도, 직원 만족도와 업무 몰입도가 올라가는 효과를 본 것입니다.

물론 여기서 기억할 점은 다른 사용자보다 급여와 보너스를 적게 준 건 아니라는 것입니다. 비서의 능력 수준을 고려할 때, 충분히 타당한 수준의 급여와 보너스를 책정하고, 그 금액 안에서 전략적으로 효과를 볼 수 있게 지급 방식을 바꾼 것이죠. 전략적인 지급 방식의 효과만 믿고, 금액을 더 적게 준다면 이런 효과는 누릴 수 없었겠지요.

▌8. 평등(Equality)과 공정성(Equity)을 이해하는 리더

평등과 공정성, 두 단어는 비슷해 보이지만 약간의 차이가 있는 단어입니다. 유네스코에서 정의한 평등은 '모든 구성원이 사회적 위치, 권리, 책임에 대해 같은 투입, 산출, 성과물을 누리는 것'입니다.64) 이렇듯 평등이 모두에게 동일하게 작용되는 것이라면, 공정성은 '모두가 같은 시작점에서 시작하는 것은 아님을 인정하고, 그 불균형을 보완하기 위해 조정을 하는 것'65)을 뜻합니다.

평등은 민주주의 국가의 기본 원칙입니다. 우리 모두는 평등하게 투표권을 행사할 수 있고, 평등하게 국민으로서 권리를 보장받을 수 있습니다. 동시에 평등하게 국민으로서 헌법에서 지정한 의무를 다해야 하지요. 과거에는 4대 의무라고 해서 국방의 의무, 납세의 의무, 교육의 의무, 근로의 의무만 얘기했지만, 최근에는 환경 보전의 의무를 더해서 5대 의무라고 보기도 합니다.

이런 평등이 때로는 공정성을 위해 양보 되어야 할 때도 있습니다. 주변에서 흔히 볼 수 있는 예시가 바로 장애인 화장실입니다. 비장애인이 사용하는 화장실보다 넓고, 의지할 수 있는 손잡이도 있고, 저절로 물이 내려가기도 하고, 위급 상황에 도움을 요청할 벨도 설치되어 있습니다. 비록 평등은 아니지만, 몸이 불편한 장애인을 위해서 필요한 시설이고, 이런 시설을 설치하는 걸 차별이라고 주장할 사람은 없을 겁니다.

리더로서 조직을 경영할 때도 반드시 평등의 원칙이 옳은 것은 아닙니다. 대체로 평등이 적용되어야 할 때가 많긴 하지만, 공정성을 위해 평등을 양보해야 할 때가 언제인지도 구분을 할 수 있어야 겠지요.

A씨는 임신 초기의 몸으로 이직을 하게 되었습니다. 새로운 회사에 채용이 결정된 직후에 임신을 알게 되었습니다. 입사한 지 1년

도 안 되어 출산휴가를 가게 될 여직원을 반길 회사는 없을 거라는 생각이 들면서, 채용이 취소되는 건 아닌가도 걱정되었습니다. 최대한 임신을 숨긴 채 일을 하고, 배가 불러서 숨길 수 없게 되면 그때 알려야겠다고 생각했습니다.

하지만 A씨의 입덧은 무척 심했고, 출산 경험이 있는 동료 직원들은 바로 입덧임을 알아봤습니다. 부서장이 A씨를 불러서 좋은 소식이 있는 걸 알게 됐다고 했을 때, A씨는 그만 울 뻔했다고 합니다. 혹시나 속이고 입사한 것처럼 생각할까 봐 A씨가 걱정했던 것과는 달리, 부서장은 임신한 여직원을 위한 단축근무제를 알려주었습니다. 의사의 진단서와 함께 신청서를 인사팀에 제출해도 된다는 것도 말이죠.

임신을 배려해준 부서장과 팀원들이 고마웠기 때문에 A씨는 근무시간 중에는 최대한 집중해서 일했습니다. 안정기에 접어들고 단축근무제를 벗어나면서부터는 부서장과 팀원들이 말릴 정도로 열심히 일했습니다.

임신 12주 이전, 36주 이후인 임산부들은 1일 2시간의 단축근무를 신청할 수 있으며, 사용자는 단축근무를 이유로 급여를 삭감할 수 없습니다(근로기준법 제74조제7항제8항). 하지만 제대로 지키지 않는 조직도 많은 편이고, 임신한 여성 근로자들도 단축근무제를 알지 못하고 지나갈 때도 많습니다. 또는 단축근무제를 신청해도 정작 일은 줄여주지 않아 신청만 해놓고 사용하지 못할 때도 있습니다.

A씨도 이전까지는 그런 법이 있는지도 알지 못했고, 오히려 임신으로 입사가 취소될까 봐 걱정하기까지 했습니다. 하지만 A씨의

회사는 이미 여러 직원들이 단축근무제를 포함, 법이 보장하는 배려를 눈치받는 일 없이 누려왔습니다. 먼저 그런 배려를 누렸기 때문에 동료들도 신입인 A씨의 단축근무에 대해 별다른 불만 없이 업무를 재분배했습니다. 배려를 받은 직원들은 이후에 열심히 일했기 때문에 회사의 생산성은 크게 영향받지 않았고, 조직문화도 서로 배려하고 돕는 분위기로 흘렀습니다.

단축근무제가 평등한 것은 아닙니다. 다른 모두가 주 40시간 일하는 때, 임신 초기와 말기의 여성은 주 30시간을 일하는 것이니까요. 하지만 그 시기의 불안정한 몸상태를 생각하면 임산부는 환자와도 같습니다. 환자인 사람에게 환자가 아닌 사람만큼 일하고 생산성을 보이라고 하는 것은 무리한 요구이죠. 모두가 같은 시작점에서 출발할 수 없을 때는 그만큼의 조정이 필요함을 인정하는 것이 공정성의 의의입니다. 단축근무제는 그런 조정수단 중 하나입니다.

근로시간 단축 대상

- 임신 12주 이내, 36주 이상의 임산부: 일일 2시간, 급여 삭감 불가(근로기준법 제74조 제7항 제8항)
- 만 8세 이하, 초등학교 2학년 이하의 자녀를 둔 부모: 단축 후 근로시간은 15~35시간, 단축 기간은 1년 이내(남녀고용평등과 일·가정 양립 지원에 관한 법률 제19조의2 제3항 제4항).
- 가족 돌봄이 필요한 사람: 단축 후 근로시간은 15~35시간, 단축 기간은 1년 이내(남녀고용평등과 일·가정 양립 지원에 관한 법률 제22조

의3 제1항 제3항 제4항).
- 가족의 질병, 사고, 노령으로 인하여 그 가족을 돌보기 위한 경우
- 근로자의 질병이나 사고로 인한 부상 등의 사유로 자신의 건강을 돌
  보기 위한 경우
- 55세 이상의 근로자가 은퇴를 준비하기 위한 경우
- 근로자의 학업을 위한 경우

단축근무제 외에도 공정성을 위해 마련된 다양한 법령과 제도들이 있습니다. 리더가 알지 못해서 하지 못하고 있었다면, 이제라도 알아내어 실행하는 것이 좋겠지요. 모르는 채로 있다가 직원이 법적으로 보장받을 수 있는 배려 제도를 신청했을 때, 당황해서 적절하지 못한 반응을 보이거나, 거부했다가 벌금을 물지 않도록 말입니다.

사례 속, A씨의 리더는 단축근무를 근무시간 손실이나 인건비 손실로 생각하지 않았고, 법이 보장하는 모든 권리를 직원들이 누릴 수 있도록 했습니다. 직원이 관련 사항을 알지 못하는 것 같으면 직접 나서서 알려주기도 했습니다. 법을 생각하면 당연히 해야 하는 일이지만, 현실은 하지 않는 리더들이 꽤 많지요. 그렇기에 A씨의 리더가 특별해 보이게 된 것이고요.

9. 함께 일하고 노력하는 모습을 보여주는 리더

직원들은 죽어라 바쁘게 일하고 있는데 리더가 뒤에서 팔짱을 낀 채 지시만 한다면, 그 리더를 존경하고 따를 직원이 있을까요? 직원들은 매일 야근하고 워라밸도 누리지 못하는데 리더는 매일 정시 퇴근을 하고 긴 휴가를 즐긴다면, 그 리더를 보는 직원들의 마음은 어떨까요?

일부 리더들은 이렇게 말하기도 합니다. 본인도 그런 시절을 거쳐서 리더의 자리까지 올라왔다고, 억울하면 빨리 승진해서 리더가 되라고 말입니다. 내가 당했으니 너도 당해봐야지 하는 생각을 보여주는 말이지요.

이런 리더들이 있는가 하면, 다른 직원들보다 더 적극적으로 나서서 일하며 모범을 보여주는 리더들도 있습니다. 본인이 젊은 시절, 부정적인 조직문화 속에서 일하며 힘든 상황을 겪었기 때문에 후임들에게는 그런 문화를 물려주지 않으려고 하는 것입니다.

A씨의 리더는 조직 내에서도 연차와 직급이 높은 사람이었습니다. 동일한 연차와 직급을 가진 다른 리더들은 뒷짐을 지고 지시하는 일이 대다수였습니다. 후임 직원들이 진행하는 프로젝트에 이름을 올려달라고 하고, 아무 일도 하지 않은 채 예산만 쓰는 경우도 있었습니다. 때로는 본인이 책임자이면서 사실상 책임 역할은 후임에게 맡겨두기도 했습니다. 이런 선임들이 흔한 상황에서 A씨의 리더는 단연 돋보였습니다.

A씨의 리더는 책임을 맡은 프로젝트와 관련된 세부적인 일들을

대부분 직접 처리했습니다. 함께 참여하는 팀원들에게 부담이 되지 않도록 배려했습니다. 후임이 책임을 맡은 프로젝트의 팀원으로 들어갈 때는 후임의 책임 역할을 돕고, 팀원으로서 적극적으로 함께 참여했습니다. 협력업체와의 사이에 소통 문제나 갈등이 생기면, 직접 나서서 문제를 해결했습니다.

또한 리더는 후임들이 자신의 전문성을 키울 수 있는 프로젝트를 진행할 수 있도록 도왔습니다. 그저 프로젝트 예산을 따내는 것에 급급한 것이 아니라, 하나의 프로젝트가 다음의 프로젝트로 연결될 수 있도록, 후임이 자신의 영역을 구축해나갈 수 있도록 했습니다.

다른 리더들은 직원에게 조직에서 요구하는 일을 우선시하게 하며, 조직이 정해둔 영역 안에 직원들의 능력을 가둬 놓았습니다. 하지만 A씨의 리더는 직원들이 제한 없이 능력을 발휘하도록 하고, 그들의 능력을 활용해서 조직의 영역을 넓혀갈 것을 지향했습니다.

A씨가 속한 조직 전체를 보면, 조직문화가 좋은 곳이라고는 보기 어려웠습니다. 하지만 A씨의 부서만큼은 직급과 관계없이 자유롭게 의견을 나누고, 바쁠 때는 서로 격려하고 협력했습니다. 직급이 높다는 이유로 일을 방치하는 일도 없었고, 모두가 적극적으로 나서서 열심히 일하는 조직문화가 조성되었습니다. A씨의 리더가 발휘한 리더십 덕분이었지요.

A씨의 리더는 협력업체의 구성원들 사이에서도 평이 좋았습니다. 협력업체가 갑일 때뿐만 아니라, 을일 때도 마찬가지였습니다.

이런 리더들이 있기에 우리나라의 조직문화도 조금씩 더 긍정적인 방향으로 나아갈 수 있었고, 앞으로도 그렇게 나아갈 수 있지 않을까요?

10. 조직 공정성(Organisational Justice)을 실천하는 리더

위의 사례처럼 리더가 직원처럼 열심히 일하고 노력하는 모습을 보여주면, 직원들은 리더가 그 위치에 있을 자격이 있다고 인정하고 믿고 따르게 됩니다. 더 높은 자리에 있고, 더 높은 급여를 받는 사람이 더 많은 역할을 하는 것, 바로 조직 공정성의 예시가 될 수 있는 사례지요.

조직 공정성은 근로자가 조직 내의 공정성을 어떻게 인식하는지를 설명하기 위해 그린버그(Greenberg)가 처음 소개한 개념입니다.[66] 조직 공정성의 유형은 총 4가지가 있습니다.[67][68]

- 분배적 공정성(Distributive Justice): 자원이나 급여의 분배, 성과물에 대한 기여율 인정 등이 공정하게 이뤄졌는지를 의미합니다.
- 절차적 공정성(Procedural Justice), 절차적 공정성은 분배가 이뤄지는 절차가 공정하게 추진되었는지를 의미합니다.
- 정보의 공정성(Informational Justice): 이런 절차와 결과가 모두에게 동등한 수준의 정보를 공유하면서 이뤄졌는지를 보는 것입니다.
- 상호작용 공정성(Interactional/Relational Justice): 직장 내 대인관계나

대우 등이 차별 없이, 공정하게 이뤄졌는지를 봅니다.

이런 공정성이 달성되었는지는 직원이 어떻게 인식하는가를 기준으로 판단합니다. 직원들이 공정함을 느끼게 하려면 그만큼 소통하고 함께 결정하려는 모습을 보여야 합니다.

예를 들어 근평 제도와 급여 체계를 개선할 때 조직 공정성을 확보하려면 다음과 같은 노력을 해볼 수 있습니다.

- 1단계: 기존의 근평 제도와 급여 체계에 대해 직원들이 잘 알고 있는지 확인하고(정보의 공정성), 개선을 위한 의견을 제안할 기회를 직원에게 열어줍니다(절차의 공정성).
- 2단계: 의견을 수렴할 때, 일부 직급이 높거나 리더급인 직원들에게 밀려 젊고 직급 낮은 직원들에게는 말할 기회가 제한되었던 것이 아닌지 확인합니다(절차의 공정성, 상호작용의 공정성).
- 3단계: 수렴된 의견을 취합하여 직원들에게 공유하고, 이 의견을 바탕으로 한 의사결정이 진행되는 과정 중에 발생하는 특이사항도 직원들에게 공유하여 추가 의견을 수렴합니다(정보의 공정성, 절차의 공정성). 즉, 의사결정이 진행되는 동안에도 직원들이 정보 부족 때문에 혼란이나 배제된 것 같은 기분을 느끼지 않도록 하는 것이죠.
- 4단계: 결정된 사항을 직원들에게 설명하는 시간을 갖습니다(정보의 공정성). 직원들의 의견을 최대한 수렴하려고 했으나 하지 못했던 의견이 있음을 알리고, 타당한 이유를 설명합니다(상호작용의 공정성).

- 5단계: 최종적으로 결정된 개선 제도에 따라 근평을 하고, 급여를 지급합니다(분배의 공정성). 근평을 할 때도 리더들이 직원들이 받아들일 수 있게 공정한 평가를 했었는지 확인합니다(분배의 공정성, 상호작용의 공정성). 리더의 압력 때문에 직원들이 억지로 리더에게 좋은 점수를 줘야 했던 것은 아닌지도 확인해 볼 필요가 있습니다(분배의 공정성, 상호작용의 공정성).

수직적인 문화, 리더급들이 모여서 의사결정을 하고 통보하는 문화에 익숙했던 조직이라면 이런 조직 공정성의 절차가 무척 머리 아프게 느껴질 겁니다. 왜 굳이 이렇게 복잡하게 해야 하나 싶기도 할 것이고요. 기본적으로 '사람'을 우선시하는 리더십은 그렇지 않은 리더십보다 신경 쓸 것도 많고, 챙겨야 할 것도 많으니까요.

하지만 시간을 좀 더 들여서 근로자들이 조직의 의사결정이나 변화가 공정하게 이뤄졌다고 판단한다면 그만큼의 가치가 있지 않을까요? 공정하다고 생각하는 근로자는 만족도도 높아지기 마련이고, 만족하는 근로자는 생산성 높은 근로자가 될테니까요.

▌11. 직원의 안전사고를 예방하는 리더

유독 안전사고 위험이 큰 산업 분야가 있습니다. 이런 분야에서는 사고를 예방하기 위한 안전교육이 필수지요. 하지만 흔히 진행되는 안전교육은 세미나 방식입니다. 그 분야의 전문성을 가진 강사가

와서 몇 시간 동안 강의를 하다가 가는 것이죠. 좀 더 신경을 쓴 워크샵 방식 역시 하루를 넘기지 못합니다. 하지만 짧은 강의나 워크샵으로 안전불감증을 개선하기는 어렵습니다.

그렇다면 리더가 선택할 수 있는 효과적인 방법은 인식보다 행동을 바꾸는 것입니다. 사고가 잦은 장소에서, 근로자들의 어떠한 행동이 사고를 유발하는지 조사한 뒤, 그 행동의 빈도수를 줄이는 것입니다.

행동의 빈도수를 줄이는 데 필요한 것이 '상'이나 '벌'인데 역시 상을 주는 것이 훨씬 효과적입니다. 규칙을 만들 때 '벌'을 준다고 명시하면 심리적으로 압박을 하는 효과가 있긴 합니다. 하지만 좋은 행동을 할 때 상을 주는 것이, 그른 행동을 할 때 벌을 주는 것보다 훨씬 쉽게 효과를 볼 수 있습니다.

'상'을 줄 때도 돈으로 바로 주면 효과가 떨어집니다. 대신에 토큰을 주고, 그 토큰을 돈처럼 사용할 수 있는 곳을 만들어주면, 보상 효과를 이중으로 볼 수 있습니다. 토큰을 줄 때 한번, 토큰으로 원하는 것을 얻었을 때 또 한 번. 거기에 리더의 칭찬과 격려가 더해지면 그야말로 금상첨화가 됩니다.

토큰을 사용해서 위험 행동을 줄인 사례, 이스라엘의 모 공장에서 일어났던 일입니다. 공장의 사용자는 근로자들이 청력 보호대를 사용하지 않는 것 때문에 골머리를 앓고 있었습니다. 소음이 심한 공장 안에서 청력 보호대를 쓰지 않으면, 결국은 근로자들의 청력에 손상이 오고 산재가 발생했습니다. 안전 지침에 처벌조항을 넣었지만, 근로자 중에는 여전히 청력 보호대를 사용하지 않는 사람들이 많았고, 좀처럼 그 습관을 고치지 못했습니다.

사용자는 고민 끝에 연구자인 조하(Zohar)와 퍼스펠트(Fussfeld)를 고용했습니다.[69] 조하와 퍼스펠트는 왜 일부 근로자들은 계속 청력 보호대 사용을 거부하고, 일부는 착용하는지를 알아냈습니다. 거부하는 사람들은 청력 보호대가 불편하므로 착용하지 않는다고 답했습니다. 청력 보호대를 착용하는 사람들은 초반에는 불편해도, 점차 익숙해지고 나면 소음이 더 괴롭게 느껴진다고 대답했고요.

조하와 퍼스펠트는 사용자와 상의해서 청력 보호대를 착용할 때마다 작은 토큰을 하나씩 주는 제도를 도입했습니다. 토큰을 모은 다음에는 공장 내 매점에서 원하는 물품으로 바꿔갈 수 있었습니다. 고작 일주일 만에 청력 보호대 착용률은 100%가 되었습니다. 두 달 뒤, 토큰 지급이 중단됐지만 그래도 착용률은 95% 수준으로 유지되었습니다. 이미 근로자들은 청력 보호대에 적응했기 때문에, 보호대를 착용하지 않았을 때의 소음을 견디기 어려웠던 것입니다.

청력 보호대 착용이 공장 내 문화처럼 안착하면서 이후에 입사한 신입 직원들도 모두 청력 보호대를 사용했습니다. 토큰을 지급하고 매점 물품으로 바꿔주는 데 들어간 비용은 새로운 청력 보호대를 구매하는 것보다 훨씬 적은 금액이었습니다. 조하와 퍼스펠트에게 지급한 의뢰비를 감안하고도 말입니다.

아무리 안전사고 '0건' 슬로건을 내걸고 외쳐봤자, 이미 근로자들 사이에 안전불감증이 팽배하면 별 소용이 없습니다. 근로자의 행동부터 개선하면, 그것이 인식 개선으로 이어질 수 있습니다. 사례 속의 리더는 문제를 해결하기 위해 적극적으로 외부 전문가를 활용했고, 간단하게 문제를 해결할 방법을 찾아냈습니다. 리더의 현명한 선택이 비용도 절감하고, 안전사고도 줄일 수 있었던 것입니다.

▍12. 일자리 창출을 사회적 책임으로 보는 리더

우리나라의 저출산 문제를 두고, 모 기업인이 출산의 의무를 헌법에 넣고 애 낳지 않는 여성은 군대를 보내자고 했다는 일화가 기사에 보도된 적 있습니다.70) 이 기사를 보고 제가 했던 생각은, '그럼 기업의 질 좋은 정규직 일자리 창출 의무를 헌법에 넣는다면?'이었습니다.

저출산은 청년층 실업 문제나 고용 불안정과도 관련이 있습니다. 기업이 안정적인 일자리를 계속 창출한다면, 청년층의 실업과 고용 불안정이 해소될 거고, 그럼 안심하고 가정을 이루고 자녀를 갖는 사람도 좀 더 늘어날 수는 있겠지요.

하지만 애초에 기업의 역할을 헌법에 명시한다는 것이 말이 되는 소리일까요? 마찬가지로 개인의 선택이어야 할 출산을 헌법에 명시해야 한다는 것도 언어도단이지요.

우리나라는 기업들이 일자리 창출에 소극적인 편입니다. 우리나라 기업들의 CSR(Corporate Social Responsibility) 보고서에도 일자리 창출은 거의 나오질 않습니다. 후원 사업을 진행하고, 협력 사업을 진행하고, 얼마를 기부하고, 이런 내용들은 있지만 말입니다. 일자리 창출 관련 사업을 찾아봐도 정부에서 주도하는 사업의 비중이 큽니다.

하지만 외국의 기업들은 일자리 창출을 기업의 주요 사회적 책임 중 하나로 손꼽고 있습니다. 2010년 국제적인 경제위기 이후, 스타벅스는 5백만 달러의 자금으로 Create Jobs for USA 프로그램을 시작했습니다. 당시 스타벅스의 CEO였던 하워드 슐츠(Howard Schultz)는 "기업의 책임을 이윤 창출에만 두던 과거를 거부하며, 더 많은 사람을 채용해야 할 윤리적 책임을 느낀다71)"고, 다른 기업인들의 참여를 독려했습니다.

네덜란드의 CSR 컨설팅 회사인 EMG는 지속 가능 성장의 목표를 환경 보호에만 두던 것에서 벗어나, 자원 재활용을 통해 비용을 절감하고, 그 비용으로 일자리를 창출하는 선순환 구조를 제안하기도 했습니다.72)

2010년 금융위기 직후 영국 정부는 긴축재정을 내세우며 공공부문의 일자리를 200만 개나 줄였습니다. 하지만 그 시기에 영국의 일자리 수는 오히려 증가했습니다. 민간 기업에서 일자리 창출을 늘린 덕분이었죠. 당시 영국의 모 기업인은 일자리 창출은 기업이 사회를 위해 할 수 있는 가장 큰 서비스라고 하며, 다른 기업인의 참여를 독려하기도 했습니다.

최근에도 일자리 창출을 키워드로 영국의 BBC의 기사를 검색해 보면, 기사와 관련된 것은 주로 민간 기업이었습니다(〈표 2〉 참조). 해외의 민간 기업들이 일자리 창출 책임을 얼마나 중요하게 생각하는지 여기서도 확인해 볼 수 있습니다.

<표 2> 영국 민간 기업의 일자리 창출 사례

연도	구분	분야	일자리 창출 규모(명)	일자리 창출 사업 투자
2020	Firefly[73]	온라인 교육 플랫폼	52	£230만+
	Bromborough[74]	육류가공	120	£1,500만
	Spectrum[75]	인터넷 브로드밴드	140	-
	Openreach[76]	인터넷 브로드밴드	5,300	£12억
2021	Basingstoke Warehouse[77]	물류창고	1,380	-
	Igale[78]	소프트웨어	100	-
	Almac[79]	제약	100	-
	Asos[80]	패션 리테일	184	£1,400만
	Shotton[81]	제조업(카드보드)	300	£5억

큰 기업이 아닌, 개인 단위로도 위기 상황에 일자리를 더 늘린 리더들이 있습니다. 제 지인인 워터스(Watters) 가족의 일화도 그중 하나입니다.

워터스 가족은 스리랑카에서 체류하는 동안 심한 홍수를 겪었습니다. 그들이 머무는 집은 다행히 홍수의 피해를 크게 겪지 않았지만, 길거리에는 홍수로 갈 곳을 잃은 현지인들이 넘쳐났습니다. 워터스 가족은 현지인들을 돕기 위해 집안일을 도울 사람들을 채용하기로 했습니다.

가족의 수는 3명에 불과했고, 사실상 필요한 인력은 2명 정도였습니다. 하지만 워터스 가족은 기꺼이 5명을 채용했습니다. 스리랑카의 인건비가 저렴한 편이라고는 해도 한꺼번에 숫자를 늘리는 건 그들의 경제 상황에도 작지 않은 타격이었습니다. 하지만 어려운 상황에는 서로 도와야 한다는 것이 워터스 가족의 생각이었습니다.

이렇듯이 해외의 리더들은 일자리 창출을 무척 중요하게 생각하며, 누군가를 도울 때도 단순히 돈을 주는 것보다는 일자리를 주는 방식을 선호하곤 합니다. 일자리의 선순환 기능을 잘 이해하고 있는 것이죠.

공공의 자금으로 창출할 수 있는 일자리 수는 한계가 있습니다. 세금으로 운영되고, 수익을 창출하지 않는 조직이 대부분이기 때문입니다. 과거, 그리스는 국가의 경제적 상황은 고려하지 않은 채 과도하게 공무원 숫자를 늘렸고, 경제위기를 맞았을 때는 공무원 일자리와 급여부터 삭감해야 했습니다.[82]

민간 기업은 스스로 수익을 창출하기 때문에 일자리 창출의 가능성도 훨씬 폭넓게 열려 있습니다. 물론 우리나라의 기업 중에는 도저히 인건비 부담을 늘릴 여력이 없는 열악한 곳도 있긴 합니다. 하지만 여력이 되는 기업이라면 일자리 창출이 사회를 위한 기업의 서비스라는 말을 다시금 생각해 볼 필요도 있지 않을까요?

직원은 회사의 구성원이지만, 회사 밖에서는 고객이 됩니다. 일자리가 줄어들면, 구매력 있는 소비자도 줄어듭니다. 반대로 일자리가 늘면, 소비계층도 두터워질 수 있습니다. 일자리 창출에 적극적이고 직원 복지에 신경 쓰는 기업은 이미지도 좋으니 소비자들도 기왕이면 그 기업의 생산품을 사용하려고 하겠지요. 직원들은 더더욱 그렇고요. 늘어나는 직원 수와 함께 기업이 생산한 물품과 서비스를 구매해줄 사람들도 늘어날 수 있습니다.

13. 직원의 보호와 안전을 무엇보다 중요하게 여기는 리더

우리나라의 조직에 근무하면서 직장 내 괴롭힘을 신고하는 것은 쉽지 않습니다. 적당히 무마시키려는 경영진, 적당주의로 대처하는 경영진, 2차 가해를 가하는 경영진 등 부적절하게 대응하는 경영진들이 흔하기 때문입니다.

경영진이 이런 태도를 보이니, 다른 직원들도 오히려 신고한 사람을 부적절한 소문을 만들기도 합니다. 심지어 직원이 믿고, 피해 사실을 털어놓은 동료나 선임들이 복잡한 일에 연루되기 싫어하며 공론화를 막으려고 하기도 하지요.

이런 상황 속에서도 꿋꿋하게 피해 직원을 보호한 리더가 있었습니다. 성희롱을 겪은 직원의 정신적 의지처가 되어주고, 신고를 돕고, 무마하려는 경영진을 막았습니다. 비록 가벼운 징계지만, 가해자에게 징계가 내려질 수 있었던 것도 리더의 대처 덕분이었지요.

하지만 회사 대표는 직원들이 모인 자리에서 피해 직원에게 눈치를 주는 발언을 몇 번이나 반복했습니다. 성희롱을 한 사람의 문제점은 무시한 채, 마치 신고한 사람에게 문제가 있다는 것처럼 말입니다. 리더는 더 이상 그런 회사에서 일할 마음이 없었습니다. 그러나 다른 회사로 이직한다고 해도, 더 나은 조직문화를 기대하기는 어려웠습니다.

리더를 믿고 의지하던 직원들은 창업을 권유했습니다. 리더는 사업이 잘되지 않아 따라온 직원들의 월급을 챙겨줄 수 없게 되는 것부터 걱정했습니다. 직원들은 밥만 굶지 않으면 되는 거 아니냐며 오히려 리더를 격려했습니다.

직원들의 지지에 힘입어 리더는 새로운 회사를 차렸습니다. 성희롱 피해를 겪었던 직원을 포함해서, 여러 직원이 리더를 따라왔습니다. 일이 잘 풀리지 않으면 급여를 받지 못할 수도 있고, 경력에 문제가 될 수도 있지만, 직원들은 그런 위험 요소에도 불구하고 리더와 함께 일할 수 있는 기회를 더욱 소중하게 생각한 것입니다.

리더는 능력 있는 사람이었고, 같은 업계의 다른 업체들은 힘겨워하는 일도 과감히 해내는 사람이었습니다. 덕분에 회사는 대형 프로젝트를 맡기는 고객층을 여럿 확보할 수 있었습니다.

일을 추진하는 동안 리더는 무엇보다도 직원이 다치지 않는 것을 우선시했습니다. 직원의 사고로 업무 자료가 담긴 노트북이 물에 젖었을 때도, 리더는 직원이 다치지 않았는지를 먼저 확인했습니다. 울먹이는 직원에게 고장 난 노트북은 수리하면 된다며 위로했지요.

고객층을 확보하고, 용역 프로젝트를 추진하는 과정 중에도 리더는 결코 직원이 부당한 대우를 받는 것을 좌시하지 않았습니다. 설령 백억 단위의 프로젝트를 준다고 해도, 갑 측이 직원을 성희롱하거나 괴롭힌다면, 차라리 프로젝트를 포기하겠다는 것이 리더의 마음가짐이었습니다.

리더는 고객의 접대 요구를 상대하는 지침을 이렇게 알려주었다고 합니다. 고객과 노래방이나 술자리에 남는 상황이 발생한다면, 화장실 가는 척하며 전화만 들고나와서 리더에게 전화를 걸라고 말이죠. 만약 리더가 전화를 받지 못한다면, 그대로 나와서 집으로 돌아가라고 일렀습니다. 그 후에 프로젝트를 잃게 되더라도 모든 것은 리더가 책임지겠다면서 말이지요.

이토록 소중하게 직원을 보호하는 리더 덕분에 그들에게 프로젝트를 맡기는 고객 중에서도 직원을 함부로 하는 사람은 드물었습니다. 또한 직원들도 리더를 위해 적극적으로 나서서 일하고, 힘든 일도 함께 견뎌냈습니다. 회사 업무의 특성상, 야근이 집중되는 시기가 있었고, 때로는 한밤중에, 심지어 새벽에 연락이 오기도 했지만, 직원들은 불평하지 않았습니다. 일은 힘들어도 사람에 대한 것만큼은 힘들지 않게 해주는 리더가 있었기 때문입니다.

리더가 먼저 손을 내민 덕분에 조직 전체에 긍정적인 조직문화가 퍼졌고, 직원들은 능동적으로 일하며 회사의 이익에 이바지했습니다. 리더가 직원을 아꼈기 때문에, 직원들은 그에 보답하고, 회사가 더욱 성장해 나갈 수 있었던 아주 좋은 사례지요.

▮ 14. 허위·과장 신고로부터 직원을 보호하는 리더

허위·과장 신고자는 주로 신고자가 보기에 만만한 사람을 대상으로 합니다. 스스로를 보호할 여력이 없는 사람이나, 리더들도 만만하게 보고 굳이 신경 써서 보호하려고 하지 않을 사람이 주 대상이지요. 허위·과장 신고에 휘둘려 직원을 상처 주고, 스스로 가해자가 된 리더들의 사례는 이미 앞에서 살펴봤습니다.

이번에는 반대로 허위·과장 신고로부터 직원을 보호하는 방향으로 대처한 리더의 사례입니다.

A씨는 프로젝트를 책임지는 리더였습니다. B씨는 A씨를 지원하는 직원이었고요. A씨와 B씨는 2~3일 정도면 끝낼 수 있는 작은 업무를 외주로 주기로 하고, 지인의 소개로 C씨를 알게 되었습니다. C씨에게 업무를 설명하고 진행을 확인하는 일은 B씨가 맡았습니다. 코로나19 때문에 모든 소통은 전화, 문자, 이메일로 이뤄졌고요.

정작 일을 맡고 나자 C씨는 번번이 핑계를 대며 업무를 끝내지 않았습니다. 아무리 기다려도 일이 마무리되지 않자 A씨와 B씨는 다른 사람을 찾기로 하고 C씨가 그때까지 해 온 일을 넘겨받았습니다. 역시나 일은 마무리되어 있지 않았지만, A씨는 약속한 급여를 지불했습니다.

하지만 C씨는 급여를 받지 못했다는 등의 사유로 B씨를 신고했습니다. 처음에는 급여를 아예 받지 못했다고 신고했다가, 받은 사실을 안 이후에는 실제 일한 기간은 더 길었는데 추가 금액을 주지 않았다며 신고했습니다. A씨는 C씨가 추가로 요구한 급여도 지불했습니다.

C씨는 이번에는 B씨가 자신에게 언어적 괴롭힘을 가했다며 또다시 신고했습니다. C씨는 노동청 외에 다른 기관을 통해서도 신고하길 반복했습니다. C씨는 B씨의 사과를 요구했고, 경영진은 B씨에게 사과를 하도록 하라고 했습니다.

A씨는 잘못한 것도 없는 B씨에게 사과를 하게 할 수 없다며 B씨를 보호했습니다. A씨의 단호함과 보호 덕분에 B씨는 끝도 없이 이어질 것 같던 허위 신고의 굴레에서 벗어날 수 있었습니다. 이후

C씨의 신고 대상이 조직의 다른 리더급으로 넘어가긴 했지만, 그건 그가 알아서 해결해야 할 문제였습니다.

만약 앞에서 나온 사례와 같은 리더가 A씨의 자리에 있었다면 어떤 상황이 발생했을까요? 먼저 C씨와 같은 사람을 알아 왔다는 이유로 B씨를 질책했겠지요. 추가 급여를 지급하길 거절할 수도 있고, 급여는 지급하더라도 B씨에게 책임을 돌렸겠지요. 반복적인 허위 신고에 B씨를 그대로 노출시키고, 조직이 시키는 대로 사과할 것을 강요했을 것입니다. 이후에도 계속 허위 신고가 이어지면, B씨를 문제 일으키는 직원 취급했을 것이고요.

선을 그을 때와 직원을 보호할 때를 잘 알고 있던 리더 A씨 덕분에 골치 아픈 사건이 잘 해결될 수 있었고, B씨는 리더에 대한 신뢰가 더욱 굳건해졌을 것입니다.

허위·과장 신고자가 강하게 나온다고, 외부 신고처를 통해 신고했다고 대뜸 그들의 요구를 들어주려 해선 안 됩니다. 그것이야말로 허위·과장 신고자가 노리는 것이니까요. 앞에서 나온 허위 신고 분류 방법에 따라 신고 내용과 정황의 초기 분석을 해봅니다. 허위·과장 신고자와 유사한 집단으로부터 확인한 결과까지 확인하면, 허위·과장 신고의 내용이 진짜 괴롭힘이 아님을 증명할 근거까지 확보됩니다.

괴롭힘은 피해자가 괴롭다고 느꼈을 때 성립할 수 있지만, 상식적인 선에서여야 한다는 기준도 함께 적용되어야 합니다. 신고자와 유사한 집단의 직원들이 신고의 내용을 괴롭힘으로 보기 어렵다고 하는데도, 외부 신고처 담당자가 계속 괴롭힘으로 인정할 것을 요구한다면, 그건 담당자의 잘못입니다. 그땐 그 담당자에 대한 민원을 넣으면 됩니다. 내부 조사를 통해 그 행위가 괴롭힘이 아니라는 증거를 제출했는데도, 괴롭힘으로 인정할 것을 요구하는 건 직원에게 누명을 씌울 것을 강요하는 의미니까요.

허위·과장 신고자의 특성상 이후에도 계속 다른 신고처를 통해 같은 내용을 신고하기도 합니다. 대체로 신고가 반복될 때마다 전에 없었던 다른 내용들이 추가되곤 하고요. 그때마다 같은 방식으로 대응하면 됩니다. 추가된 내용이 갑질이 성립될 수 있다면, 그때는 일반적인 괴롭힘 신고를 접수하고 조사하고 검토하고 조치하는 절차를 통해 정석으로 대응하면 됩니다. 추가된 내용은 보통 허위·과장 신고자가 급히 만들어낸 거짓일 가능성이 큽니다. 그러니 정식 조사를 하면 허위로 확인될 수 있습니다.

리더가 이렇게 정석으로 대응하면, 그 조직에 대해서는 허위·과장 신고자들이 더 이상 날뛰지 못합니다. 신고해봤자 원하는 걸 얻을 수 없다는 걸 깨닫게 될 테니까요.

해외의 허위·과장 신고 대응

우리나라보다 먼저 허위·과장 신고의 혼란을 겪은 해외의 국가들은 지속적이며 반복적으로 피해자에게 괴로움을 주는 행위가 발생했을 때 괴롭힘으로 인정한다는 기준을 세웠습니다. 신고된 행위 역시 상식적인 수준에서 괴롭힘으로 볼 수 있는 행위여야 한다고 전제합니다.

여기에 더해서 호주는 신고자에게 괴롭힘을 당했다는 것을 입증할 책임을 부여했습니다. 호주의 직장 내 괴롭힘 금지법은 가해자에게 최대 징역 10년까지의 과중한 처벌을 명시하고 있습니다. 처벌이 무거운 만큼, '유죄 입증 전까지는 무죄(Innocent Until Proven Guilty)'의 원칙을 고수합니다. 그리고 우리나라의 노동청과 같은 역할을 담당하는 호주의 Fair Work Commission은 재직자의 신고만을 접수합니다. 이미 피해자가 퇴사한 상황에서는 추가적인 괴롭힘 피해가 발생하지 않을 테니 위험성이 상대적으로 낮다고 보는 것이죠.

아일랜드는 Workplace Relations Commission에서 직장 내 괴롭힘 신고를 접수하고 있으며, 신고자가 괴롭힘 행위 때문에 심리적 또는 정신의학적 피해를 겪었다는 것을 증명할 수 있을 때만 신고를 인정합니다. 그리고 괴롭힘 발생 6개월 이내 신고해야만 접수를 해줍니다. 특별한 사정이 있어 6개월 이내 신고 접수가 어려웠음을 증명할 수 있으면, 1년까지 유예를 주기도 합니다.

영국은 성별, 인종, 성적 지향성 등을 바탕으로 취약집단에 포함되는 사람이 신고자일 때를 제외하고는 신고자 본인에게 피해 입증 책임을 둡니다. 괴롭힘을 당했다는 걸 증명하지 못하면 신고가 접수되지 않는 것입니다. 이런 조치에도 불구하고 허위·과장 신고가 발생한 적이 있었고 대응하기 위한 안내자료가 만들어지기도 했습니다.

프랑스, 벨기에, 스페인과 같은 나라들은 상대적으로 허위·과장 신고의 피해를 덜 겪은 것인지, 신고자가 괴롭힘 당했음을 충분히 의심해 볼 수 있는 초기 증거를 제출하면, 괴롭힘 신고를 인정해주고 있습니다. 이후에는 괴롭힘을 하지 않았다는 것을 행위자와 사용자가 증명할 수 있어야 합니다. 그래도 타당한 증거를 함께 제출해야만 신고를 인정하니, 어느 정도 허위·과장 신고를 예방하는 효과는 있을 것으로 보입니다.

15. 조직을 위해 기꺼이 비용을 부담하는 리더

우리 주변에서 조직을 위해 기꺼이 비용을 부담하는 리더는 과연 얼마나 될까요? 앞에서 살펴본 내용 중에는 국제금융위기 당시 기업을 살리기 위해 개인 자산을 털었던 리더의 사례가 있었습니다.

얼마 전에는 ○사에서 상속세 1,500억을 완납한 것이 사회적으로 이슈가 됐습니다.[83] 당연히 해야 할 의무를 한 것이지만 언론에서는 ○사를 갓○○라고 불렀습니다. 그만큼 많은 기업인들이 납세의 의무를 다하지 않고 있었기에 ○사가 갓○○로 불리며 호응을 얻은 것이죠.

해외에서는 심지어 부자들이 세금을 더 내겠다고, 조세재도를 개편하라고 요구하기도 합니다. 국가 경제의 위기 극복을 위해, 기꺼이 더 세금을 내겠다는 것입니다.

2010년, 세계적인 금융위기 때, 해외의 백만장자 기업인들은 조세제도를 바꿔서 자신들로부터 세금을 더 거둬야 한다고 주장했습니다. 2022년, 코로나19로 경제 침체가 계속되는 상황 속에 백만장자 기업인들은 다시 한번 자신들의 세금을 올려 달라고 요구했습니다.[84] 세금을 더 내게 해달라는 요구를 관철하기 위해 데모를 하기도 했습니다.[85]

이들은 2010년에 결성된 애국적 백만장자들(Patriotic Millionnaires)의 회원입니다. 초창기부터 가입한 사람들 중에는 디즈니 상속녀인 아비게일 디즈니(Abigail Disney), 영화배우 마크 러팔로(Mark Ruffalo), 아마존 투자자 닉 하노어(Nick Hanauer) 등과 같은 유명인사들이 포함되어 있습니다.

회원들은 그동안 본인들이 누려온 혜택을 잘 알지만, 그것이 현재 부유층에게 유리하게 되어 있는 경제구조를 정당화할 수는 없다고, 이제는 바로잡아야 한다고 주장해 왔습니다. 이들은 정치가들의 귀를 차지하고 있는 것이 가장 많은 부를 소유하고 있으며, 글로벌 경제위기로 가장 적은 경제적 타격을 받았고, 소득에 비해 매우 적은 세금만 내는 부유층이라며 비판했습니다. 여러 국가의 세금 제도가 비합리적이고 불공정하며, 백만장자급의 부유층으로부터 더 많은 세금을 거둬야 한다는 것은 그들이 처음 모임을 결성했을 때부터 해온 주장이기도 했습니다.86)

이런 리더들의 지지에 힘입어 미국에서는 2021년에 갑부세법(Ultra-Millionnaire Tax Act, 2021)이 통과되었습니다.87) 갑부세법은 5천만 달러 이상의 자산을 보유한 갑부들을 대상으로 하며, 자산 5천만~10억 달러를 보유한 갑부들에게는 2%의 세금을, 10억 달러가 넘는 자산을 보유한 갑부들에게는 3%의 세금을 적용합니다. 세금을 피하려고 미국 국적을 포기하는 갑부들은 자산의 40%를 세금으로 내야 합니다.

이런 갑부세법의 도입을 통해 미국에서는 이후 10년간 미국 전체 가정 중 99.95%의 세금 인상 없이도, 약 3조 달러의 세금을 더 거둘 수 있을 것으로 추정되고 있습니다.

왜 해외의 갑부 집단인 애국적 백만장자들은 세금을 기꺼이 더 내겠다고 했을까요? 일각에는 그들의 주장과 행동을 위선적이라고 보는 시선도 있습니다. 하지만 의도는 위선이었더라도, 그 결과로 나온 행동은 선입니다. 리더들이 기꺼이 더 낸 세금으로 더 많은 사람이 복지의 혜택을 누리고, 더 많은 산업 분야가 정부의 투자를 받고 일자리를 창출할 수 있습니다.

갑부들만이 조직을 위해 비용을 부담하는 것은 아닙니다. 훨씬 더 작은 조직의 리더들, 비영리 조직의 리더들, 종교단체의 리더들도 기꺼이 조직을 위해 지원을 하기도 합니다.

우리나라의 모 신부는 특별한 날을 축하하기 위해 신자들이 선물을 준비하려고 하자 그 돈을 성당을 위해 써달라고 부탁했습니다. 그는 신자들이 마련한 돈에 자신이 모아두었던 돈을 더해서 12인승 공용차량을 구매하여 성당의 활동에 쓰도록 했습니다. 신자들이 그의 선물을 위해 마련한 돈은 적지 않았습니다. 그 돈으로 구매한 선물을 받았다면, 개인적으로도 큰 도움이 될 수 있었을 것입니다. 그러나 그는 개인의 욕구보다 종교단체(=조직)에 필요한 것을 우선으로 생각했습니다. 따라서 자신이 갖고 있던 돈도 기꺼이 내놓았지요.

금전적인 내용에 대한 사례를 주로 들긴 했지만, 비용의 부담은 리더들이 할 수 있는 것 중 일부일 뿐입니다. 리더라는 위치에 동반되는 권한과 영향력이 그들에게 다른 사람들보다 더 많은 것을 할 수 있는 가능성과 기회를 열어줍니다. 이렇게 선한 영향력을 발휘하는 리더가 더 존경받게 되는 건 너무나 당연한 일이겠지요.

16. 조직변화에 직원을 참여시키는 리더(feat. 미츠비시-크라이슬러의 M&A)

새로운 사내 규정을 만들 때, 새로운 제도가 도입될 때, 조직 개편이 있을 때, 조직이 변화를 겪는 경우는 다양합니다. 리더가 의도해서 변화가 생길 때도 있고, 때로는 리더도 어쩔 수 없는 변화가 생길 때도 있습니다. 그런 조직의 변화는 직원에게 영향을 끼칩니다. 변화를 결정할 때, 실행할 때, 그 이후 단계까지 모두 직원에 대한 배려가 필요합니다.

조직이 겪을 수 있는 가장 큰 변화 중 하나인 M&A를 예시로 생각해보겠습니다. M&A는 규모가 비슷한 기업의 동의하에 합병되는 것을 뜻하는 Merger와 큰 기업이 작은 기업을 인수하는 것을 뜻하는 Acquisition이 합쳐진 단어입니다. 보통 1＋1＞2라는 시너지 효과를 노리고 추진됩니다.

하지만 시너지 효과를 노리고 추진된 M&A가 생각만큼의 성과를 내지 못하는 원인은 과연 무엇일까요? 그 분야의 전문가들이 모여서 판단한 결과를 바탕으로 추진되는데도 말이죠. 관련된 연구들을 찾아보면, 상당 부분은 '사람'과 관련된 것이었습니다.

👤 경력 포트폴리오를 위해 무리한 M&A를 추진하는 리더들

M&A를 추진하는 전문가와 리더들은 M&A의 잠재적인 이익을 과장하곤 합니다. 한 건, 한 건의 M&A가 그들에게는 경력이 되기 때문이죠. 즉, 본인의 경력 포트폴리오를 보기 좋게 만들기 위해

M&A를 추진한다는 것입니다. 포트폴리오를 보는 사람들은 M&A를 추진했다는 것만 볼 뿐이니까요. 이런 리더들 중 다수는 연령대가 높거나, 계약제로 일을 합니다. M&A 이후 기업에 문제가 발생할 때쯤이면 이미 은퇴했거나, 다른 기업으로 이직한 이후가 되겠지요. 이직한 경영진에게는 그 실패한 M&A가 새로운 사용자 앞에 내세울 경력이 되어줬을 것이고요.

👤 조직문화 차이로 혼란을 겪는 근로자들

전략적으로는 참 잘 맞는 회사들도 문화적으로는 조화를 이루지 못할 때도 있습니다. 같은 회사 안에서도 서로 분리되어 있던 부서들을 한 부서로 합치면 혼란이 발생합니다. 아예 다른 기업에 속했던 사람들을 합쳐놓고 함께 일하라고 한다면 그때의 혼란은 당연히 훨씬 더 크겠지요. 예컨대 한 기업은 약간만 수직적이고 관료적인데, 다른 기업은 좀 더 심하게 수직적이고 관료적인 문화를 가졌다면, 그런 차이만으로도 구성원들은 서로에게 적응하는 데 많은 어려움을 느끼게 됩니다.

게다가 표면적으로는 문화가 비슷한 두 기업이 합쳐진 경우에도 근로자들은 '다른 기업이었던 곳'이라는 이유로 차이점을 먼저 보게 됩니다. 같은 기업에서 일하던 사람들은 나와 같은 편, 다른 기업에서 일하던 사람들은 남의 편, 이렇게 쉽게 편을 가르게 되지요. 회사에서 같은 대학 나온 사람들끼리 쉽게 뭉치고, 다른 대학 나온 사람들과 거리를 두는 걸 생각해 보시면 이해가 쉬우실 겁니다.

👤 의사 결정에서 배제되어 의욕을 상실하는 근로자들

M&A를 추진할 때는 길고 복잡한 의사결정과정을 거치게 됩니다. 이런 의사결정에 근로자들을 참여시키지 않으면, 근로자들은 '카더라'로 떠돌아다니는 제한적인 정보만 전해들으며 불안과 혼란에 떨게 됩니다. 내가 소속되어 있던 곳이 사라지고, 전혀 다른 곳이 된다는 생각으로 상실감을 느끼기도 합니다.

변화는 이미 그 자체로 스트레스입니다. 제한적인 정보 공유 속에 참여를 배제당한 채, 변화가 진행되는 것만 바라봐야 하는 상황은 근로자들에게 무력감을 느끼게 하고, 스트레스를 유발합니다. M&A 결정이 알려지면, 근로자들은 흔히 최악의 상황을 예상합니다. 바로 합병 증후군(Merger Syndrome)이라고 불리는 것이죠.

불안과 혼란, 무력감, 온갖 스트레스 속에서 근로자는 일할 의욕을 잃고, 생산성이 떨어지게 됩니다. 회사에 대한 소속감이 사라지면서 이직하는 근로자가 증가하기도 합니다.

이렇게 M&A로 영향을 받게 될 '사람'들을 생각하지 않고, 리더 개인의 욕심이 앞선다면 M&A의 실패 가능성은 커질 수밖에 없습니다.

실패하지 않는 M&A를 위해서는 먼저 두 기업이 전략적으로, 조직적으로 잘 맞는지를 확인할 필요가 있습니다. 전략적으로 잘 맞는다는 것은 비슷한 비즈니스 전략과 목표를 가지고 있는가를 의미합니다. 서로 오랫동안 협력해 온 기업들이라면 보통 이 조건은 만족하기 쉬운 편이지요.

더 어렵고도 중요한 것은 조직적으로 잘 맞는지를 확인하는 것입니다. 조직 내에 조성된 분위기나 조직문화가 서로 잘 맞는지, 각 조직의 리더들이 유사한 경영방식으로 조직을 운영해 왔는지, 양측의 직원들이 서로 잘 어우러질 수 있을지 등을 고려하는 것입니다. 직원들 사이에 M&A가 필요하다는 합의가 되어 있는지도 확인해 볼 필요가 있고요.

직원에 대한 배려와 함께 추진된 M&A의 사례 중 하나로 미츠비시와 크라이슬러의 일화가 있습니다. 이 사례는 사실상 미츠비시가 크라이슬러를 인수하는 형태에 가까웠습니다. 크라이슬러의 직원들이 더 큰 불안을 느낄 수 있는 상황이었지요.

미츠비시는 처음부터 M&A 때문에 크라이슬러의 직원들이 손해를 보거나 일자리를 잃는 일은 결코 없을 것이라고 약속을 했고, 인수 후에도 그 약속을 지켰습니다. 크라이슬러 측에 친화적인 정책을 펴면서 자연스럽게 양 조직의 문화가 섞여가도록 했습니다. 크라이슬러에 낯선 정책을 도입할 때는 충분히 설명하고 이해시키는 과정을 거쳤습니다.

덕분에 크라이슬러 직원들은 미츠비시 측이 제안하는 변화를 잘 받아들일 수 있었으며, 서로 신뢰와 이해의 관계를 만들어갈 수 있었습니다. 미츠비시 측이 제품의 품질을 높이고 낭비를 줄이는 다소 엄격한 정책을 도입하려고 할 때도 기본 틀은 미츠비시가 마련했지만, 세부 지침은 크라이슬러 측이 직접 작성하도록 했습니다. 의사결정에 크라이슬러를 참여시키면서, 참여 의지를 높인 것입니다.

이런 과정은 짧은 시간 동안 이뤄진 것이 아닙니다. 크라이슬러의 직원들이 받아들일 수 있도록 서서히, 충분한 시간에 거쳐 진행되었습니다. 직원들에게 M&A에 대한 충분한 정보를 제공하고, 우려가 되거나 궁금한 점을 질문하며 답을 들을 기회를 마련하고, 의사 결정에 참여시켰습니다. 소통할 때의 표현도 직원들이 받아들이기 편한 단어를 사용하는 배려를 보였습니다. 지배적인 인수의 뉘앙스를 가진 Acquisition보다는 합병을 뜻하는 Merger라는 단어를 사용한 것이 그 예였습니다. 직원들은 M&A와 관련하여 배려를 받고 있고, 참여할 기회를 누리고 있다고 느꼈기 때문에 저항감이 줄었습니다.

미츠비시—크라이슬러와 같이 성공적이었던 M&A 사례를 바탕으로 몇 가지 추천 사항을 정리해 보면 다음과 같습니다.

- M&A 추진 이전부터 양측의 직원들을 포함한 사전대책위원회를 구성하여 운영할 것.
- M&A 이후, 양측 직원들이 의욕적으로 협력할 수 있도록 작은 목표를 세워서 추진하고 성공하는 경험을 누리게 할 것.
- M&A와 관련된 직원들의 고민과 걱정을 들어주고, 적절히 대응하는 배려를 보일 것.
- 합쳐진 두 기업이 서로 원활하게 융합되어 가는지 살펴보면서 대책을 마련하고 실행할 조직을 운영할 것
- 양측의 직원들이 협력해서 일하고 교류할 기회를 계속 만들어 갈 것
- 변화한 조직문화에 적합한 새로운 고용 계약과 심리적 계약을 수립할 것
- 양측의 직원들에게 필요한 교육훈련을 확인하고 평등한 기회

를 제공할 것

• 양측의 직원을 대하는 방식에 평등과 공정성을 유지할 것

현재 우리나라에서는 대한항공과 아시아나의 M&A가 추진되고 있습니다.[88] 이번 M&A가 과연 어떤 결말을 거둘지 많은 이들이 관심을 갖고 지켜보고 있으리라 생각합니다. 서로 경쟁 관계였던 두 항공사의 M&A는 과연 어떤 식으로 진행되고 있을까요? 두 조직의 문화가 원활하게 합쳐질 수 있도록 사전 준비는 진행되고 있을까요? 직원들은 충분한 정보를 공유받고 있을까요? 의사결정에 함께 참여할 기회를 누리고 있을까요?

▎ 17. 직원의 특성을 잘 파악하는 리더(feat. 벨빈의 팀 역할, MBTI)

리더는 직원들에게 역할을 주고, 목표에 맞춰 일을 잘 수행할 수 있도록 이끌어주고, 도움을 제공할 수 있어야 합니다. 팀을 구성하는 팀원들의 특성을 구분하여 적합한 역할을 맡기는 것도 중요하지요.

팀원들의 특성을 판단하기 위한 이론이나 모델에는 여러 가지가 있습니다. 그 중 명확하게 특성을 구분해주는 것으로 벨빈의 팀 역할과 MBTI를 살펴볼 수 있습니다.

(1) 벨빈의 팀 역할(Belbin's Team Role)[89]

벨빈의 팀 역할은 헨리 비즈니스 학교의 교수였던 메레디스 벨빈(Meredith Belbin)이 동료들과 함께 개발한 개념입니다.[90] 시작은 같은 목표로 과제를 시작했을 때 어떤 팀은 더 성공하고, 어떤 팀은 실패한다는 것, 지능이 뛰어난 사람들만으로 구성된 팀이 항상 성공하진 않는다는 것을 확인하면서였습니다. 이후 벨빈과 동료들은 무려 9년에 걸친 긴 연구를 통해 팀의 성공 요소는 지능이 아니라, 팀원 각각이 보여주는 행동 타입의 균형이었다는 걸 알아냈습니다. 그 성과가 바로 벨빈의 팀 역할이지요.

벨빈은 리더를 다른 팀원들보다 위에 있는 것이 아니라, 팀을 운영하는 구성원 중 하나라고 봤습니다. 기존 리더-팀원의 이분법적 분류에서 벗어나는 방식이었죠. 리더가 아닌 팀원 역시 각각의 특성에 따라 유형이 분류되며, 팀의 목적에 따라 필요한 팀원의 구성이 달라진다고 봤습니다.

벨빈이 처음 분류한 팀원의 유형은 8가지로 코디네이터(Coordinator), 셰이퍼(Shaper), 아이디어 메이커(Plant), 감사원(Monitor-Evaluator), 실행자(Implementor), 분위기 메이커(Team Worker), 자원 조사원(Resource Investigator), 종결자(Completer-Finisher)였습니다. 나중에 전문가(Specialist)가 포함되어서 총 9개 유형이 되었습니다. 벨빈의 9가지의 유형들은 특성에 따라 총 3개의 타입으로도 나눠 볼 수 있습니다.

생각하는 타입	행동하는 타입	사회적인 타입
아이디어 메이커	셰이퍼	코디네이터
감사원	실행자	분위기 메이커
스페셜 리스트	종결자	자원 조사원

[그림 7] 벨빈의 팀 역할91)

이 중 리더의 역할을 하는 것은 코디네이터와 셰이퍼입니다. 코디네이터는 팀원 간에 조화를 이루며 조직을 운영하고자 할 때 필요한 리더이며, 최상위급 리더에 적합합니다. 셰이퍼는 빠르게 목표를 달성하는 것이 우선될 때 필요할 수 있는 리더로 관리자 직급에 적합하지요.

🕴 코디네이터(Coordinator)

코디네이터는 프로젝트 시작 단계 때, 팀원의 특성에 맞춰서 역할을 잘 배분하는 리더입니다. 즉, 코디네이터는 팀원들이 어떤 강점과 약점을 갖고 있는지, 그런 특성들이 어떤 업무와 잘 어울리는지를 잘 파악하는 사람이어야 하는 것입니다.

코디네이터들은 보통 침착하고 사람을 대하는 기술이 뛰어나며, 성숙하고 자신감이 있는 사람들입니다. 가장 뛰어난 두뇌를 가진 사람은 아닐지 몰라도, 전체적으로 팀원들에게 존경받는 사람입니다.

벨빈과 동료들은 코디네이터를 지휘자의 이미지로 묘사했습니다.

🕴️ 셰이퍼(Shaper)

셰이퍼는 독립적인 리더가 될 수도 있지만, 코디네이터와 같은 리더 바로 밑의 매니저급으로 더 적합한 유형입니다. 팀원들에게 성과를 재촉하며 빠르게 목표 달성을 할 줄은 알지만, 팀원들을 아우르고 보듬는 역할은 하지 못하기 때문이지요.

셰이퍼는 무척 외향적이며, 경쟁심이 뛰어나고, 무언가를 해내고자 하는 욕구가 강합니다. 경쟁심이 강하기 때문에 팀원들을 이끌고 압력을 가하며 승리를 쟁취하는 데서 능력을 잘 발휘합니다. 고집이 세고 인간관계에서의 이해심은 부족할 수 있습니다만 팀 전체에 에너지를 불어넣는 역할을 잘 해냅니다.

벨빈과 동료들은 셰이퍼를 지시 내리는 손가락으로 묘사했지만, 현재는 채찍의 이미지로 더 잘 알려져 있습니다. 과녁에 꽂힌 화살로 묘사되기도 합니다.

🕴️ 아이디어 메이커(Plant)

아이디어 메이커는 새로운 아이디어 창조에서 강점을 발휘하는 멤버입니다. 혼자서 독립적으로 일하는 것을 좋아하며 내성적인 성향을 갖고 있습니다. 비판과 칭찬에 약한 편입니다.

아이디어 메이커는 새로운 프로젝트를 시작하기 위해 아이디어를 내고 기획서를 작성하거나, 복잡한 문제를 해결하는 데 특출난 역량을 발휘합니다. 하지만 아이디어 메이커가 팀 안에 너무 많으면 서로 자기의 아이디어가 더 낫다고 주장하다가 일을 망칠 수 있습니다. 반면, 아이디어 메이커가 전혀 없는 회사는 변화와 혁신을 꾀하기 어렵습니다.

벨빈과 동료들이 생각한 아이디어 메이커의 이미지는 반짝이는 전구입니다.

👤 감사원(Monitor-Evaluator)

감사원은 다른 팀원들이 자신들의 의무를 충실히 해나가고 있는지를 확인하고 검사하는 역할을 합니다. 팀원들이 지나치게 서두르다 일을 그르치는 것을 방지하며, 문제 분석과 해결 방식을 제안하는 능력이 뛰어납니다. 일의 속도는 느리지만 그 침착함 덕에 완성도 높은 일을 해냅니다. 몇 번의 의사결정만으로 일의 성패를 좌우할 수 있을 때, 뛰어난 능력을 발휘합니다.

벨빈과 동료들이 생각한 감사원의 이미지는 수평 저울이었지만, 현재는 감시하는 눈동자로 더 잘 알려져 있습니다.

👤 실행자(Implementer)

실행자는 실용주의자이며, 조선시대 실학자들과 매우 비슷한 특성을 보입니다. 아이디어 메이커들이 새로운 아이디어를 제시하면, 그 아이디어가 실현 가능한지, 투자 가치가 있는지를 조사합니다. 조직을 위해 충실하게 열심히 일하며, 체계적으로 꼼꼼하게 문제를 해결해나갑니다. 일의 처리가 꼼꼼하며 업무의 우선순위와 성공 가능성을 잘 파악합니다. 다만 유연성이 없고 자발성이 부족하다는 약점은 있습니다.

벨빈과 동료들이 생각한 실행자의 이미지는 톱니바퀴입니다.

👤 분위기 메이커(Team Worker)

분위기 메이커는 다른 팀원들을 잘 보좌하는 역할을 합니다. 부드러운 성정에 좋은 인간관계를 형성하고 있으며 타인을 배려하고 아껴주는 마음이 강합니다. 누군가의 말을 들어주는 것도 잘하고, 섬세합니다. 팀원 중 가장 인기가 있지만 우유부단하기도 합니다. 하지만 다른 팀원간에 의견 차이로 분쟁이 생기면 윤활제 역할을 하기도 합니다.

분위기 메이커는 보통 여럿이 함께 손잡은 사람들의 이미지로 묘사됩니다.

👤 자원 조사원(Resource Investigator)

자원 조사원은 프로젝트를 진행시키기 위해 필요한 자원이 무엇인지 잘 파악하고 확보하는 사람입니다. 예산, 물자, 인력 등의 자원이 있는 곳을 잘 알고, 자원을 끌어오기 위해 설득하는 능력이 뛰어납니다. 폭넓은 네트워크를 자랑하기도 하죠.

성격을 보면 무척 외향적이며 회사 안팎의 인물들과 쉽게 대화하고 친해집니다. 협상의 대가일 뿐만 아니라, 다른 사람들의 새로운 아이디어를 발전시키는 데도 뛰어납니다. 대체로 여유로우면서도 호기심이 많고, 새로운 것에서 가능성을 찾아냅니다. 회사 밖의 인물들과 연락을 취하고 모험심도 강합니다. 하지만 누군가에게서 지속적으로 자극을 받지 않는 한 일에 대한 열정을 쉽게 잃어버립니다.

자원 조사원의 이미지는 흔히 전화로 묘사되지만, 돋보기 이미지로 묘사되는 경우도 있습니다.

👤 종결자(Completer-Finisher)

종결자는 일의 마무리를 잘하는 사람들입니다. 새로운 일을 시작하려는 의지는 없지만, 막상 시작된 일을 주면 제한 시간 내에 깔끔하게 마무리 합니다. 일정을 반드시 지켜야만 직성이 풀리는 성향입니다. 내적으로는 쉽게 불안해하는 편이지만, 겉으로는 불안감을 잘 드러내지 않습니다.

종결자는 맡은 일을 책임감 없이 방치하는 사람들을 견디지 못합니다. 본인과 너무나 다르기 때문이죠. 종결자는 매우 높은 업무 집중력과 정확도로 일을 하며, 마감 기한을 놓치지 않습니다.

벨빈과 동료들은 종결자를 자료를 점검하는 돋보기의 이미지로 묘사했지만, 너트를 조이는 라쳇의 이미지로 흔히 알려져 있습니다. 톱니형 너트에 체크 표시가 된 이미지로 묘사되기도 합니다.

👤 스페셜리스트(Specialist)

스페셜리스트는 특수 분야의 기술이나 지식이 있는 사람입니다. 자신의 분야에 대한 자부심이 높지만, 다른 사람에 대해서는 별로 관심을 두지 않는다는 단점이 있습니다. 외곬으로 가기 쉬우며, 아주 좁은 분야로 깊이 파고들어 그 분야에 전문가로 거듭나는 사람들입니다.

스페셜리스트는 전문 분야에 있어서만큼은 타의 추종을 불허하기 때문에 다른 멤버로 대체가 불가능합니다. 동시에 전문성이 워낙 확고하기 때문에 프로젝트의 성격이 바뀌면 회사안에서 설 자리를 잃기도 합니다. 자신의 분야에 관련된 일자리를 찾아갈 때 빛을 발하는 사람입니다.

벨빈과 동료들이 묘사한 스페셜리스트의 이미지는 책입니다. 그 외에도 미세한 간격을 측정하는 도구, 톱니 나사 속의 사람의 이미지로 묘사되기도 합니다.

벨빈의 팀 역할은 전용 검사를 통해서 적합한 역할을 파악할 수도 있지만, 검사 자체가 유료이고 한국어로 번역된 버전을 찾기 어려워서 접근성이 다소 떨어지는 편입니다. 검사에 의존하기보다는 리더로서 평소 직원을 관찰하면서 확인한 결과를 바탕으로 각각의 팀 역할에 매칭해 보는 것도 좋은 방법이 될 수 있을 것입니다.

(2) MBTI(Myer-Briggs Type Indicator)

벨빈의 유형이 팀 단위로 일을 할 때의 역할에 따라 구분된 것이라면, 일상에서 보여주는 행동이나 생각에 따라 구분하는 모델도 있습니다. 요즘 인기를 끌고 있는 MBTI처럼 말입니다.

MBTI는 마이어와 브릭스 모녀가 개발한 측정도구로 각 문항에 대한 답변으로 두 개의 선택지 중 하나를 선택하는 입새티브(ipsative)

방식의 검사입니다. 둘 중 하나를 무조건 선택해야 한다는 점에서 요즘 유행하는 밸런스 게임과도 비슷한 면이 있습니다.

기존의 인성 검사는 각 질문에 대해 1점부터 4~10점 사이의 점수를 찍도록 하는 방식이었습니다. 그 결과를 바탕으로 나와 다른 사람들의 점수를 비교할 수 있습니다. 하지만 MBTI는 자신의 내면에 어느 쪽 성향이 더 강한지를 보는 검사이기 때문에 다른 사람과 비교하기에는 어려움이 있습니다.

MBTI는 16가지 유형으로 분류해준다는 점 때문에 직업상담에서 무척 인기를 끌었습니다. 애초부터 그런 목적으로 개발되기도 했고요. 검사로 유형을 분류한 다음, 그 유형에 적합한 직업 목록을 제시하는 식으로 간편한 상담이 가능해졌기 때문이었습니다. 애매한 것을 싫어하고, 명확하고 이해하기 쉬운 것을 선호하는 MZ세대의 성향과도 잘 맞아떨어지는 면이 있습니다.

MBTI는 외향형-내향형, 감각형-직관형, 사고형-감정형, 판단형-인식형의 4가지 지표를 바탕으로 유형을 분류합니다.

• 외향형(E)-내향형(I): 심리적인 에너지를 얻고 표출하는 것이 어디로 향하는 것인지 보여주는 지표입니다. 외향형은 다른 사람과 어울리는 것을 편안해하고 모임과 친구들의 격려로 힘을 얻습니다. 내향형은 혼자서 일하는 것을 좋아하고, 문제가 생기면 차근차근 되짚어 보는 성향을 갖고 있지요.

외향형인 사람이 반드시 겉으로 보기에도 외향적이고, 시끌시끌한 것은 아닙니다. 말수가 많진 않아도 사람들과 함께 하는 것을 좋아하고, 그런 활동을 통해 힐링을 하는 사람들이 있습니다. 이런 사람들은 전통적인 심리검사에서는 내향적으로 나오겠지만, MBTI에서만큼은 외향형으로 나오기 쉽습니다.

반대로 겉으로 보기에는 사람들과 활발하게 어울리고 말수가 많지만 그런 활동에서 에너지를 얻지 못하고 소모되는 사람도 있습니다. 그렇게 소모된 에너지를 집에서 혼자 조용히 보내는 것을 다시 충전하는 것이죠. 이들은 전통적 심리검사에서는 외향적으로 나오기 쉽지만, MBTI에서는 내향형으로 나올 가능성이 있습니다.

• 감각형(S) – 직관형(N): 주변의 상황이나 사람, 사물 등을 어떻게 인식하는지를 보여주는 지표입니다. 감각형은 오관과 현재에 집중하고, 현재와 실용성을 중요시하는 성향을 갖고 있습니다. 직관형은 보이는 그대로를 받아들이기보다 육감에 의존하기도 하고, 미래지향적이며, 큰 그림을 그리는 성향이 있습니다.

감각형 성향이 지나치게 강하면 "난 오늘만 산다."가 될 수 있습니다. 반대로 직관형 성향이 강하면 뜬구름 잡는 소리만 하는 것처럼 보일 수 있고요.

• 사고형(T) – 감정형(F): 문제 상황이 닥쳤을 때, 이성과 감정 중 어느 쪽에 더 의존하는가를 보여주는 지표입니다. 사고형은 냉정하고 이성적으로 상황을 분석하고 문제를 해결하려는 성향을 보입니다. 감정형은 동정심이나 본인이 중요하게 여기는 가치를 통해 대응하려는 성향이 있지요.

한 예로, 가까운 친지가 가족을 잃는 큰일을 겪었다고 할 때, 바로 달려가서 친지를 위로하고 함께 울어주는 것이 감정형입니다. 사고형은 장례식 준비와 같은 사후 대처를 돕습니다.

또 다른 예로, 친구가 살이 쪄서 다이어트를 해야겠다고 하면, 감정형은 전혀 살이 찌지 않았다고, 살 빼지 않아도 예쁘다며 친구 귀에 듣기 좋은 말을 해줍니다. 사고형은 살 빼는 데 좋다는 운동이나 PT 잘하는 트레이너를 알아봐 주려고 하지요.

• 판단형(J) – 인식형(P): 판단형은 문제 상황을 접하면, 그 문제가 무엇을 의미하고 어떻게 해결해야 하는지를 빠르게 판단하고, 바로 세세한 계획을 세워서 움직입니다. 단정하게 정리된 환경을 좋아하는 성향이 있습니다. 인식형은 그 문제가 의미하는 바가 무엇일지를 섣불리 판단 내리지 않고 열어두는 성향이 있습니다. 유연한 사고방식을 갖고 있으며, 겉으로는 무절제해 보일지 모르지만, 속으로는 나름의 규칙이 서 있습니다.

팀 단위로 프로젝트를 진행할 때, 판단형이 많은 팀은 바로 방향을 잡고 일을 추진합니다. 절대 마감을 어기는 법이 없고, 제시간에 일이 잘 정리되지요. 하지만 처음 잡은 방향성이 잘못되었다면, 프로젝트 전체가 망할 수도 있습니다. 반면, 인식형이 많은 팀은 초기 방향성을 잡는데 긴 시간을 활용합니다. 모든 방향의 가능성을 열어두고 생각하기 때문에 기대 수준을 훌쩍 넘어서는 좋은 방향성을 잡을 수도 있습니다. 하지만 그때까지 시간이 워낙 오래 걸리기 때문에 정작 시간 내에 일을 마치지 못할 수도 있습니다.

이렇게 네 가지 지표를 바탕으로 하는 16가지 지표 중 하나가 나오는 것이 MBTI의 결과입니다. ESTJ, ESFP, INTJ, INFP 이런 식으로 말이죠. 각 타입에 따라 강점과 약점이 다르고, 같은 상황에 부닥쳐졌을 때의 반응과 대처 방식이 다릅니다.

👤 변화를 마주했을 때,

- IS(내향형과 감각형)를 가진 사람들은 변화를 거부하고, 현행을 그대로 유지하길 원합니다.
- IN(내향형과 직관형)을 가진 사람들은 변화를 거부하지는 않지만, 다른 사람이 주도하는 변화에 순응하는 것이 아니라, 자신들 나름대로 변화를 이끌어 갈 방식을 생각합니다.
- ES(외향형과 감각형)들은 변화에 순종하고 쉽게 받아들입니다.
- EN(외향형과 직관형)들은 변화를 즐겁고 흥분되는 것으로 받아들이지만, 막상 변화 자체가 일어나고 나면 실망을 느낄 가능성이 큽니다.

👤 리더의 역할을 맡게 되었을 때,

- TJ(사고형과 판단형)들은 이성적이고 이론적인 판단을 하는 사람들로 시스템과 규칙을 철저하게 지키려고 합니다.
- TP(사고형과 인식형)들은 새로운 변화에 잘 적응하는 사람들로, 자신들 나름대로 이해하고 조직을 효율적으로 이끌어가기 위한 방식을 생각해냅니다.
- FP(감정형과 인식형)들은 부드럽고 팀 내의 하모니를 중시하는 리더이며, 격려와 포용력으로 온화하게 팀을 이끕니다.
- FJ(감정형과 판단형)을 지닌 사람들은 자애로운 관리자로 가치를 갖고 영감을 주는 리더가 됩니다.

👤 유형에 따라 잘 맞는 직업들을 살펴보면,

- ST(감각형과 사고형)들은 결과를 중시하는 사람들로 실용 과학이나, 비지니스 쪽, 혹은 관리 쪽의 일에 잘 맞습니다.
- SF(감각형과 감정형)들은 실용적이며, 다른 이들에게 서비스를 제공하는 것이 잘 맞는 사람들로, 보건과 사회보장, 교사직, 판매직에 잘 맞습니다.
- NF(직관형과 감정형)들은 다른 사람을 위해 가능성을 열어주는 사람으로 심리학, 연구, 문학 등의 학문이나 관련된 직업, 보건 분야의 일자리에 잘 맞습니다.
- NT(직관형과 사고형)들은 문제 해결과 분석, 디자인에 강한 사람들로, 물리 과학, 연구, 경영, IT, 법, 엔지니어링 등의 기술적인 분야에 잘 맞습니다.

물론 이런 패턴은 그 유형을 가진 사람들이 대체로 그렇다는 의미이므로, 검사 결과가 절대적이라고 믿는 것은 적절하지 않습니다. 게다가 MBTI 검사 때마다 결과가 다르게 나오는 사람도 있습니다. 바로 저처럼요. 맹신하지만 말고, 적당한 참고자료로 생각하면 나와는 다른 특성을 가진 직원들을 이해하는 데 잘 활용할 수 있을 것입니다.

벨빈의 팀 역할과 MBTI, 그 외에도 리더로서 사람을 파악하는 데 활용할 수 있는 자료들은 참 많습니다. 이런 이론적 지식이 없어도 직관적으로 잘 파악하는 리더들도 있습니다. 하지만 지식으로 알고 있다면 좀 더 리더의 역할이 쉬워지지 않을까요? 본인과 특성이 다른 팀원을 보면서 '저 사람은 왜 저래.'하고 고개를 갸웃거리기보다는, 그 팀원을 잘 활용할 수 있는 방안을 찾을 수 있을테니까요.

좋은 리더는 팀원의 특성을 잘 파악하고, 그 특성에 따라 팀원이 잘 할 수 있는 역할을 공정하게 분배하곤 합니다. 그런 리더의 노력이 있기 때문에 좋은 리더가 이끄는 팀은 높은 생산성과 성과를 보이면서도, 동시에 높은 직무 만족도를 보입니다. 자신들에게 잘 맞는 일을 척척 찾아 맡겨주는 리더 덕분에 일이 효율적으로 진행되고, 추진하는 일마다 높은 확률로 성공의 단맛을 느낄 수 있기 때문입니다.

사마천의 사기(史記)를 보면, 유방은 휘하의 명신 세 사람(소하, 장량, 한신)에 대해 삼불여(三不如)를 얘기합니다. 물자를 끊이지 않게 하는 것은 소하만 못하다. 전략과 전술로 승리를 결정짓는 것은 장량만 못하다. 공격하면 어김없이 빼앗는 전투 능력은 한신만 못하다. 셋 모두 뛰어난 능력을 가진 사람이지만 각각에 맞는 역할이 따로 있다는 것을 유방은 잘 알고 있었던 거죠. 그랬기에 초패왕 항우나 다른 정적들을 물리치고 황제의 자리에 오를 수 있었던 것일테고요.

사기에는 이런 장면도 나옵니다. 유방이 자신은 얼마나 많은 군사를 거느릴 수 있다고 생각하는지 한신에게 묻습니다. 한신은 유방이 10만을 거느릴 수 있다고 답하지요. 유방은 다시 묻습니다. 그렇다면 한신 본인은 몇 명이나 거느릴 수 있느냐고. 한신은 다다익선(多多益善)이라고 답합니다.

유방은 왜 고작 10만밖에 거느리지 못하는 본인의 휘하에 더 많이 거느릴 수 있는 한신이 있는 것이냐고 묻습니다. 그러자 한신은 유방이 불쾌해하고 있음을 알고 아차 싶어서 본인은 군사를 거느리는 장수지만, 유방은 장수를 잘 다루는 선장장(善將將)이라고 답합니다. 여기서 나오는 말이 장수지장(將帥之將)입니다.

한신의 말처럼 리더 본인이 가장 뛰어난 사람일 필요는 없습니다. 항우처럼 본인이 초인간적인 능력을 가졌던 리더보다, 유방처럼 본인의 팀 안에 있는 사람들을 잘 파악하고 활용한 리더가 더 큰 승리를 쟁취한 것처럼 말입니다.

마무리하며 …

우리나라 초기 경제 성장의 근간은 노동집약적인 경공업이었습니다. 이후에는 높은 교육열을 통해 양성된 고학력 인력들이 다양한 연구개발을 통해 산업의 첨단화를 이끌었습니다. 1950년대, 최극빈국이었던 우리나라는 이제 세계적인 수준의 경제 규모를 갖게 되었습니다. 우리나라가 이토록 빠르게 발전할 수 있었던 배경에는 근로자의 노력이 있었습니다.

하지만 최근까지도 우리나라의 근로자에 대한 대우는 박한 편이었습니다. 법령이 개선되고, 최저 시급이 올라가고, 근로자의 보호 의무가 강화되었지만, 여전히 여러 사용자의 인식 수준은 과거에 머물러 있습니다. 적은 인건비로 고강도 노동을 시키던 80~90년대 이전, 평생 직장이라는 거의 유일한 혜택 앞에 근로자들이 기꺼이 희생을 감수했던 그때 그 시절 말입니다.

그 시절의 근로자와 비교하면 현재의 근로자는 조직에 대한 충성도나 신뢰도 낮고, 개인주의 성향도 강합니다. 이제는 조직이 평생직장이라는 미끼를 그들에게 선뜻 내밀 수 있는 것도 아니니,

우수인력을 끌어오기 위한 마땅한 유인책도 없습니다. 과거에 비해 차, 포 떼고 시작하는 장기와 마찬가지인 상황, 더욱 중요해진 건 리더들의 역량과 역할입니다.

근로자들은 이미 과거 IMF 국제금융위기의 경험으로 리더들에 대한 신뢰가 한차례 크게 무너진 상태입니다. 당시 직장을 잃고 빈곤에 시달렸던 근로자 본인들은 이미 은퇴했거나 은퇴를 앞둔 상태지만, 그들의 자녀인 MZ세대는 노동시장에서 핵심적인 위치를 차지하고 있습니다. 국제금융위기 당시 한참 민감한 나이에 부모를 매정하게 쫓아내던 사용자들을 지켜봐야 했던 M세대와 그 후의 빈곤 속에 태어나 자란 Z세대, 그들의 마음을 돌리기 위해서는 과연 어떤 리더가 되어야 할까요?

이미 상황이 이렇게까지 악화 되었는데 무슨 소용이 있겠냐고 포기하고 싶은 리더들도 있을 겁니다. 하지만 리더가 포기하면 그때는 정말 되돌릴 길이 없습니다.

아래에서 시작해서 위로 가는 변화는 보통 투쟁과 갈등, 큰 희생을 동반해 왔습니다. 프랑스 대혁명이 그랬고, 우리나라의 인권 운동이 그랬습니다. 만약 이런 운동이 위에서부터 아래로 전해지는 방식으로 진행되었다면 변화는 한결 평화적으로, 마치 사회에 스며들 듯이 이뤄질 수 있었겠죠.

첫 시작을 리더가 하는 것이 얼마나 중요한지를 우리는 역사를 통해 반복적으로 확인해 왔습니다. 형편없이 어그러졌던 노사관계도 리더가 먼저 희생하고, 먼저 손을 내밀어 다가감으로써 회복될 수 있습니다. 신뢰받는 경영진, 존경받는 기득권층, 구성원과 함께 가는 조직, 이 모든 것들은 리더들이 먼저 나설 때 이룰 수 있습니다.

이 책은 그런 관점에서 시작되었습니다. 리더십 이론들을 다루기보다는 현실의 사례에 집중한 것도 그 때문이었습니다. 우리가 주변에서 볼 수 있는 리더십의 문제들을 피부로 느끼고, 그런 상황을 타파하기 위해 나섰던 현실 속 리더들의 노력을 알기 위해서였습니다.

누군가는 이 책을 보면서 '맞아, 우리 부서장 딱 이래.' 할지도 모릅니다. 누군가는 막장 드라마보다 더 막장이라며 공분하거나, 내 직장은 여기보다는 좀 낫다며 위안을 느낄 수도 있겠지요. 또 누군가는 그래도 좋은 리더들이 있고, 나 자신이 좋은 리더가 될 수 있다며 희망을 가질 수도 있을 것이고요.

근로자들이 공감하고 속풀이를 하게 되는 책이 될 수 있다면 그것만으로도 이미 큰 의미가 된다고 생각합니다. 하지만 좀 더 욕심을 부려보자면 리더들이 본인의 리더십을 돌아보고 구성원들과의 관계를 재정립하는 계기를 마련하는 책이 될 수 있다면 더욱 좋겠습니다.

참고 문헌

1) 조선일보 (1999.3.23). [함상구타] "억울한 젊은 죽음 의견이로 끝났으면…". https://www.chosun.com/site/data/html_dir/1999/03/23/1999032370461. html (17 Jun 2022)

2) 조선일보 (1998.12.16.) [흔들리는 군] 졸속 수사가 군 의문사 양산. From https://www.chosun.com/site/data/html_dir/1998/12/16/1998121670199. html (17 Jun 2022)

3) 조선일보 (2006.4.14.). '내무반의 황제'로 군림하던 건 옛날 얘기…병장의 변신 https://www.chosun.com/site/data/html_dir/2006/04/14/20060414 70054.html (17 Jun 2022)

4) KBS News (2022.6.15). 군인권센터 "윤 일병 사건 은폐 의혹…사건 관계자 진술 엇갈려"https://news.kbs.co.kr/news/view.do?ncd=5486665&ref=A (17 Jun 2022)

5) 스포츠월드 (2015.2.3.) [임병장 사건일지]. 총기난사 임병장, 사형 선고받기 까지…(종합). From http://www.sportsworldi.com/newsView/201502030 03086?OutUrl=naver (17 Jun 2022)

6) JTBC 뉴스 (2021.8.8). [취재썰] "군대는 바뀐 것이 없었습니다" 세 차례 은폐 시도…공군 성추행 사망 후 벌어진 일들. From https://news. jtbc.joins.com/article/article.aspx?news_id=NB12019142 (17 Jun 2022)

7) 이투데이 (2014.8.11.). [온라인 와글와글] 참으면 윤 일병, 못 참으면 임 병장? From https://www.etoday.co.kr/news/view/965712 (17 Jun 2022)

8) 라포르시안 (2019.2.14.). "숨진 길병원 전공의 주당 110시간 이상 근무…병원 근무표엔 87시간" From https://www.rapportian.com/news/ articleView.html?idxno=116001 (17 Jun 2022)

9) 시사저널 (2015.5.21.). 삼성 엔지니어링, 직원 사망 사건 진실 게임 http://www.sisajournal.com/news/articleView.html?idxno=141361 (17 Jun 2022).

10) 시사상식사전 (2016.1.5.) 삼성전자 백혈병 사태. From https:// terms.naver.com/entry.naver?docId=2119312&cid=43667&categoryId= 43667 (17 Jun 2022)

11) AnneFrank.Org (n.d.). Hitler's antisemitism. Why did he hate the Jews? From https://www.annefrank.org/en/anne−frank/go−in−depth/why−did−hitler−hate−jews/ (17 Jun 2022).

12) Llewellyn, J. & Thompson, S. (2020). Adolf Eichmann. From https://alphahistory.com/holocaust/adolf−eichmann/ (17 Jun 2022)

13) Colson, C. (2017.8.18.). BreakPoint: The Eichmann in All of Us. https://breakpoint.org/breakpoint−the−eichmann−in−all−of−us/ (17 Jun 2022).

14) Arendt, H. (1963.2.8.). Eichmann in Jerusalem—Ihttps://www.newyorker.com/magazine/1963/02/16/eichmann−in−jerusalem−i (17 Jun 2022)

15) 마빈 토카이어 지음, 현용수 옮김 (2017). 탈무드의 지혜. 쉐마.

16) 서유정(2022). 내 일생을 흔드는 학교 괴롭힘, 내 가정도 흔드는 직장 내 괴롭힘 (p. 85) 사례

17) 참조: 유튜브 채널 UN음주오락부장관 (2021.5.3.). 북한 군인들의 주민 약탈과 폭행. From https://www.youtube.com/watch?v=P8l_IeF4Rb8 (26 Jun 2022)

18) 한경 (2010.1.29.). 내 상사는 무슨 유형?⋯개인비서형부터 가정교사형까지 From https://www.hankyung.com/society/article/201001298712g (26 Jun 2022)

19) 조선일보 (2016.9.6.). [국회 갑질 실태]② 자료 요청만 2만7000건⋯ 피감기관 괴롭히는 '자료 폭탄' 요구. From https://www.chosun.com/site/data/html_dir/2016/09/06/2016090602182.html (29 Jun 2022).

20) Whicker, M.L. (1996). Toxic Leaders: When Organizations Go Bad. Westport, CN: Quorum Books

21) Watters, S. (2021.6.2.). The 8 toxic leadership traits (and how to spot them). From https://www.betterup.com/blog/8−toxic−leadership−traits−to−avoid−plus−how−to−spot−them (21 Jun 2022).

22) MasterClass (2022.3.16.). Toxic Leadership: 4 Ways to Address Toxic Leadership Behaviors. From https://www.masterclass.com/articles/toxic−leadership#what−is−toxic−leadership (21 Jun 2022)

23) 서유정 (2022). 내 일생을 흔드는 학교 괴롭힘, 내 가정도 흔드는 직장 내 괴롭힘 (p. 90)의 사례.

24) France24. (2022.6.6.). Death toll from Iran building collapse rises to 41.

From https://www.france24.com/en/live−news/20220606−death−toll−from−iran−building−collapse−rises−to−41 (20 Jun 2022).

25) Britanica (2022.05.19.). Sampoong Department Store collapse disaster, Seoul, South Korea. From https://www.britannica.com/event/Sampoong−Department−Store−collapse (20 Jun 2022).

26) The Guardian (2015.05.27.). Learning from Seoul's Sampoong Department Store disaster – a history of cities in 50 buildings, day 44. From https://www.theguardian.com/cities/2015/may/27/seoul−sampoong−department−store−disaster−history−cities−50−buildings (20 Jun 2022).

27) 매일노동뉴스 (2002.1.26.). 보타와 신부 "외국인근로자 학대 너무 창피한 일". From https://www.labortoday.co.kr/news/articleView.html?idxno=21471 (19 Jun 2022)

28) 머니투데이 (2002.4.9). 외국인근로자 학대기업, 강력제재. From https://news.mt.co.kr/mtview.php?no=2002040910154611003 (19 Hun 2022)

29) 연합뉴스 (2020.6.8.). 착취·욕설·학대에도…배 못 떠나는 외국인 선원들 https://yonhapnewstv.co.kr/news/MYH20200608024600641 (19 Jun 2022)

30) MBS 뉴스데스크 (2021.9.30.). 바닷물 끓여먹는 외국인 선원들…인권위, 차별 개선 권고. From https://imnews.imbc.com/replay/2021/nwdesk/rticle/6304126_34936.html (19 Jun 2022).

31) 조선일보 (2016.12.9.). [정책이 헛돈다] ⑲ 외국인 범죄에 떠는 국민들… 안전한 사회 만든다던 정부는? From https://www.chosun.com/site/data/html_dir/2016/12/08/2016120802744.html (20 Jun 2022).

32) IOM이민정책연구원 (2015). 체류 외국인 범죄에 대한 진실과 오해. IOM MRTC Issue Brief 2015−14.

33) 노컷뉴스 (2010.1.29.). 세탁물 수거·자녀 돌보기…상사에 시달리는 부하직원. From https://www.nocutnews.co.kr/news/678526?c1=248&c2=527 (20 Jun 2022).

34) 헤럴드경제 (2017.8.22.). 직장인 10명 중 6명 "여행·출장시 직장상사 등 선물 부담". From http://news.heraldcorp.com/view.php?ud=20170822000056 (20 Jun 2022).

35) 헤럴드경제 (2015.10.28.). [어떻게 생각하십니까] 직장상사 자녀 수능선물…정(情)? 乙의 숙명? From http://news.heraldcorp.com/view.php?ud=20151028000058 (20 Jun 2022).

36) Time (2017.7.4.). These Are the Most Productive Countries in the World. From https://time.com/4621185/worker-productivity-countries/

37) OECD (2021a). OECD Employment Outlook. From https://data.oecd.org/emp/hours-worked.htm (29 Jun 2022).

38) OECD (2021b). OECD Compendium of Productivity Indicators. From https://data.oecd.org/lprdty/gdp-per-hour-worked.htm (29 Jun 2022).

39) 서유정·신재한 (2013). 학교 따돌림과 직장 따돌림의 연관성 분석과 따돌림 방지 방안 연구. KRIVET.

40) 서유정 (2022). 내 일생을 흔드는 학교 괴롭힘, 내 가정도 흔드는 직장 내 괴롭힘. 박영스토리.

41) 서유정 (2022). 내 일생을 흔드는 학교 괴롭힘, 내 가정도 흔드는 직장 내 괴롭힘 (p. 200). 박영스토리.

42) 가해 사실이 입증되기 전, 신고된 행동을 한 사람을 일컫는 용어

43) 서유정 (2022). 내 일생을 흔드는 학교 괴롭힘, 내 가정도 흔드는 직장 내 괴롭힘 (p. 189). 박영스토리.

44) 서유정 (2022). 직장 내 괴롭힘 금지법 전후 조직의 인식 및 대응변화, KRIVET Issue Brief 240호.

45) 매일경제 (2019.1.30.). 롯데마트, 직장 내 괴롭힘 '0건'에 도전한다. From https://www.mk.co.kr/news/business/view/2019/01/63328/ (20 Jun 2022).

46) 서유정 (2022). 내 일생을 흔드는 학교 괴롭힘, 내 가정도 흔드는 직장 내 괴롭힘 (p. 96). 박영스토리.

47) 서유정 (2022). 내 일생을 흔드는 학교 괴롭힘, 내 가정도 흔드는 직장 내 괴롭힘. 박영스토리.

48) 통계청 (2021). 전국 사업별, 성별, 규모별 사업체수 및 종사자수(종사상지위별) 통계. 통계청.

49) 고용노동부 (2022). 소규모 사업장을 위한 7가지 노른자 노동법 2022년. 고용노동부.

50) 고용노동부 (n.d.). 직장 내 괴롭힘 금지제도. From http://www.moel.go.kr/policy/policyinfo/lobar/list20.do (23 May 2022)

51) 동아일보 (2020.10.8.). [단독]대형 유통업체의 횡포… 반품비, 중기엔 떠넘기고 대기업은 면제. From https://www.donga.com/news/Economy/article/all/20201007/103296139/1 (20 Jun 2022).

52) 시사저널 (2018.5.24.). '대기업 납품단가 깎기' 엄격 제재… 中企 숨통 트이나. From http://www.sisajournal-e.com/news/articleView.html?idxno=

184322 (20 Jun 2022).

53) 뉴시스 (2014.10.7.). 대기업의 중소기업 '특허 빼앗기' 심각. From https://news.jtbc.joins.com/article/article.aspx?news_id=NB10599319 (20 Jun 2022).

54) 예시: Prospects (n.d.). Sales Associate. From https://www.prospects.ac.uk/employer−profiles/emg−uk−30900/jobs/sales−associate−2691184?sortBy=dp&careers=7209,25&size=20&page=0 (22 Jun 2022).

55) 펜스룰: 과거에는 빌리 그레이엄 룰(Billy Graham Rule)이라고 불렸으며, 남성들이 아내가 아닌 다른 여성과 단둘이 있는 것을 기피하던 현상. 미국 전 대통령 마이크가 역시 아내와 딸 외의 다른 여성과 단둘이 있는 걸 피했던 것이 알려지면서 펜스룰이라는 명칭으로 알려지게 됨. *출처: The New York Times. (2017.11.10.). Men at work wonder if they overstepped with women. https://www.nytimes.com/2017/11/10/business/men−at−work−wonder−sexual−harassment.html (22 Jun 2022).

56) CBC (2021.1.16.). Saskatoon manager 'flabbergasted' by wave of reaction to post about gender, workplace inequality during COVID. From https://www.cbc.ca/news/canada/saskatoon/gender−workplace−inequality−twitter−discussion−siemens−1.5876311 (20 Jun 2022).

57) 서유정 (2022). 내 일생을 흔드는 학교 괴롭힘, 내 가정도 흔드는 직장 내 괴롭힘 (p. 91). 박영스토리.

58) 서유정 (2022). 내 일생을 흔드는 학교 괴롭힘, 내 가정도 흔드는 직장 내 괴롭힘 (p. 93). 박영스토리.

59) Mayo, E. (1945). Hawthorne and the Western Electric Company. From http://www.practiceselfreliance.com/wa_files/Hawthorne_20Studies_201924_20Elton_20Mayo.pdf (22 Jun 2022).

60) Meyerding, S.G.H. (2015). Job Characteristics and Job Satisfaction: A Test of Warr's Vitamin Model in German Horticulture. The Psychologist−Manager Journal, 18(2), pp. 86-107.

61) Reproduced from: Warr, P.B. (1987). Work, Unemployment, and Mental Health (p. 234). Oxford University Press.

62) Meyerding, S.G.H. (2015). Job Characteristics and Job Satisfaction: A Test of Warr's Vitamin Model in German Horticulture. The Psychologist−Manager Journal, 18(2), pp. 86-107.

63) 현재 가장 많은 출간물로 기네스북에 오른 사람은 미국의 L. Ron Hubbard

로 1934년 2월부터 2006년 3월까지 무려 1,084개의 출간물을 냈습니다. 출처: Guiness World Records (n.d.). Most published works by one author. From https://www.guinnessworldrecords.com/world−records/ most−published−works−by−one−author (28 Jun 2022).

64) UNESCO (2019). Global education monitoring report, 2020: Inclusion and education: all means all. Paris: UNESCO (22 Jun 2022).

65) NACE (n.d.). Equity. From https://www.naceweb.org/about−us/equity −definition/ (22 Jun 2022).

66) Greenberg, J. (1987). A Taxonomy of Organizational Justice. Theories Academy of Management Review, 12(1), pp. 9−22

67) Oxford Bibliographies (2015.7.28.). Organizational Justice. From https://www.oxfordbibliographies.com/view/document/obo−978019982 8340/obo−9780199828340−0044.xml (24 Jun 2022).

68) Saunders, M.N.K. & Thornhill, A. (2003), Organisational justice, trust and the management of change: An exploration. Personnel Review, 32(3), pp. 360−375.

69) Zohar, D. & Fussfeld, N. (1981) Modifying Earplug Wearing Behavior by Behavior Modification Techniques:, Journal of Organizational Behavior Management, 3(2), pp. 41−52

70) 머니투데이 (2016.12.15.). "'출산의 의무'를 헌법에 넣어 애 낳지 않으면 군대 보내자." From https://news.mt.co.kr/mtview.php?no=201612141057 3349478 (22 Jun 2022).

71) SHRM (2012.1). Job Creation Through Corporate Social Responsibility. From https://www.shrm.org/hr−today/news/hr−magazine/pages/0112 meinert1.aspx(22 Jun 2022).

72) EMG (2014.9.16.). Job Creation through CSR. From https://www. emg−csr.com/job−creation−through−csr/ (22 Jun 2022).

73) BBC (2020.6.16.). Firefly: Education platform creating 52 jobs in Belfast. From https://www.bbc.com/news/uk−northern−ireland−53057827 (22 Jun 2022).

74) BBC (2020.8.6). From Bromborough meat factory to reopen creating 120 jobs https://www.bbc.com/news/uk−england−merseyside−53671960 (22 Jun 2022).

75) BBC (2020.10.14.). Broadband firm Spectrum expands creating 140 jobs.

From https://www.bbc.com/news/uk−wales−54539248 (22 Jun 2022).

76) BBC (2020.12.8.) Openreach creating 5,300 new jobs to speed fibre rollout. From https://www.bbc.com/news/business−55357346 (22 Jun 2022).

77) BBC (2021.4.8.). Basingstoke warehouse creating 1,400 jobs approved by council. From https://www.bbc.com/news/uk−england−hampshire−56674350 (22 Jun 2022).

78) BBC (2021.5.6.). Tech firm Igale creating 100 jobs in Belfast. From https://www.bbc.com/news/uk−northern−ireland−56998442 (22 Jun 2022)

79) BBC (2021.6.2.). Almac creating up to 100 new jobs in Londonderry. From https://www.bbc.com/news/uk−northern−ireland−57328419 (22 Jun 2022)

80) BBC (2021.9.28). Asos creating almost 200 jobs in Belfast tech hub. From https://www.bbc.com/news/uk−northern−ireland−58709189 (22 Jun 2022)

81) BBC (2021.10.19.). Shotton: £500m to be invested in mill, creating 300 jobs. From https://www.bbc.com/news/uk−wales−58966446 (22 Jun 2022)

82) LSE (2014.8.6.). The problems in the Greek public sector cannot be solved simply by reducing the size of salaries or the numbers of staff. From https://blogs.lse.ac.uk/europpblog/2014/08/06/the−problems−in−the−greek−public−sector−cannot−be−solved−simply−by−reducing−the−size−of−salaries−or−the−numbers−of−staff/ (22 Jun 2022)

83) News1 (2022.5.11.). [영상] 1500억 상속세 완납한 함영준 회장⋯오뚜기가 '갓뚜기'인 이유 추가? From https://www.news1.kr/articles/?4677432 (1st Jul 2022).

84) BBC (2022.1.19.). Millionaires ask to pay more tax. From https://www.bbc.com/news/business−60053919 (24 Jun 2022).

85) BBC (2022.5.23.). Millionaires at Davos say 'tax us more'. From https://www.bbc.com/news/business−61549155 (24 Jun 2022).

86) The Guardian (2022.4.8.). Tax the rich: these one percenters want people like them to pay higher taxes. From https://www.

theguardian.com/us−news/2022/apr/08/patriotic−millionaires−one−p ercenters−pay−higher−taxes (24 Jun 2022).

87) Warren, E. (2021.3.1.). Warren, Jayapal, Boyle introduce Ultra− Millionaire Tax on Fortunes over $50 million. From https://www. warren.senate.gov/newsroom/press−releases/warren−jayapal−boyle−i ntroduce−ultra−millionaire−tax−on−fortunes−over−50−million (27 Jun 2022)

88) 뉴시스 (2022.6.22.). 조원태 "대한항공−아시아나 합병, 연말까지 EU·미국 승인 얻을 것". From https://newsis.com/view/?id=NISX20220622_ 0001916859&cID=13001&pID=13000 (23 Jun 2022)

89) Belbin (n.d.). The nine Belbin Team Roles. From https://www.belbin. com/about/belbin−team−roles (22 Jun 2022).

90) Belbin (n.d.). Our Story. From https://www.belbin.com/about/our− story (22 Jun 2022).

91) Belbin Italy (n.d.). Team Feedback Idea. From http://www.belbin− italy.com/rtefc8f.html?id=503 (22 Jun 2022).

저자 약력

서유정

2005년 9월: 영국 University College London 심리학 학사 취득
2006년 9월: 영국 University of Manchester 조직심리학 석사 취득
2010년 7월: 영국 University of Nottingham 응용심리학 박사 취득
2010년 10월~현재: 한국직업능력연구원 재직 중
2019년 2월~2020년 1월: UNESCO Bangkok 파견 근무

실패로 배우는 리더십-독 되는 리더, 득 되는 리더

초판발행   2022년 9월 30일
지은이   서유정
펴낸이   노 현

편 집   김윤정
기획/마케팅   조정빈
표지디자인   이솔비
제 작   고철민·조영환

펴낸곳   ㈜ 피와이메이트
               서울특별시 금천구 가산디지털2로 53, 210호(가산동, 한라시그마밸리)
               등록 2014. 2. 12. 제2018-000080호
전 화   02)733-6771
f a x   02)736-4818
e-mail   pys@pybook.co.kr
homepage   www.pybook.co.kr
ISBN   979-11-6519-323-2   03320

정 가   20,000원

박영스토리는 박영사와 함께하는 브랜드입니다.